MA VIE À CONTRE-CORAN
UNE FEMME TÉMOIGNE SUR LES ISLAMISTES
de Djemila Benhabib
est le huit cent quatre-vingt-onzième ouvrage
publié chez VLB ÉDITEUR
et le quarante-septième de la collection
« Partis pris actuels ».

D1216726

Visitez le site Internet de l'auteure : *www.djemilabenhabib.com*

VLB éditeur bénéficie du soutien de la Société de développement des entreprises culturelles du Québec (SODEC) pour son programme d'édition.

Gouvernement du Québec – Programme de crédit d'impôt pour l'édition de livres – Gestion SODEC.

Nous reconnaissons l'aide financière du gouvernement du Canada par l'entremise du Programme d'aide au développement de l'industrie de l'édition (PADIÉ) pour nos activités d'édition.

Nous remercions le Conseil des Arts du Canada de l'aide accordée à notre programme de publication.

# MA VIE À CONTRE-CORAN

Djemila Benhabib

# Ma vie à contre-Coran
## Une femme témoigne sur les islamistes

**vlb éditeur**
Une compagnie de Quebecor Media

VLB ÉDITEUR
Groupe Ville-Marie Littérature inc.
Une compagnie de Quebecor Media
1010, rue de La Gauchetière Est
Montréal (Québec) H2L 2N5
Tél.: 514 523-1182
Téléc.: 514 282-7530
Courriel: vml@sogides.com

Maquette de la couverture: Martin Roux
Photo de la couverture: © Esther Campeau

Catalogage avant publication de Bibliothèque et Archives
nationales du Québec et Bibliothèque et Archives Canada
Benhabib, Djemila, 1972-
     Ma vie à contre-Coran: une femme témoigne sur les islamistes
     (Collection Partis pris actuels)
     Autobiographie.
     Comprend des réf. bibliogr.
     ISBN: 978-2-89649-103-2
     1. Benhabib, Djemila, 1972- . 2. Islamisme. 3. Musulmans – Québec
(Province) – Biographies. 4. Canadiens d'origine algérienne – Québec (Province) –
Biographies. I. Titre. II. Collection Partis pris actuels.
FC2950.M88B46 2009     305.6'97092     C2009-940279-3

DISTRIBUTEURS EXCLUSIFS:
• Pour le Canada et les États-Unis:
MESSAGERIES ADP*
2315, rue de la Province
Longueuil, Québec J4G 1G4
Tél.: 450 640-1237
Télécopieur: 450 674-6237
Internet: www.messageries-adp.com
* filiale du Groupe Sogides inc.,
     filiale du Groupe Livre Quebecor Media inc.

• Pour la Suisse:
INTERFORUM editis SUISSE
Case postale 69 – CH 1701 Fribourg – Suisse
Tél.: 41 (0) 26 460 80 60
Télécopieur: 41 (0) 26 460 80 68
Internet: www.interforumsuisse.ch
Courriel: office@interforumsuisse.ch
Distributeur: OLF S.A.
ZI. 3, Corminboeuf
Case postale 1061 – CH 1701 Fribourg – Suisse
Commandes: Tél.: 41 (0) 26 467 53 33
               Télécopieur: 41 (0) 26 467 54 66
               Internet: www.olf.ch
               Courriel: information@olf.ch

• Pour la France et les autres pays:
INTERFORUM editis
Immeuble Paryseine, 3, Allée de la Seine
94854 Ivry CEDEX
Tél.: 33 (0) 1 49 59 11 56/91
Télécopieur: 33 (0) 1 49 59 11 33
Service commandes France Métropolitaine
Tél.: 33 (0) 2 38 32 71 00
Télécopieur: 33 (0) 2 38 32 71 28
Internet: www.interforum.fr
Service commandes Export – DOM-TOM
Télécopieur: 33 (0) 2 38 32 78 86
Internet: www.interforum.fr
Courriel: cdes-export@interforum.fr

• Pour la Belgique et le Luxembourg:
Interforum Benelux S.A.
Fond Jean-Pâques, 6
B-1348 Louvain-La-Neuve
Téléphone: 00 32 10 42 03 20
Fax 00 32 10 41 20 24
Internet: www.interforum.be
Courriel: info@interforum.be

Dépôt légal: 1er trimestre 2009
Bibliothèque et Archives nationales du Québec, 2009
Bibliothèque et Archives Canada

*À mes parents*
*Fewzi et Kety*
*pour tout l'amour qu'ils m'ont donné*
*et bien plus…*

# Liste des sigles

| | |
|---|---|
| AIS | Armée islamique du salut |
| ANCAP | Association nationale des cadres de l'administration publique |
| APN | Assemblée populaire nationale |
| AQMI | Al-Qaida au Maghreb islamique |
| BJN | British Jihadi Network |
| CEQ | Centrale de l'enseignement du Québec |
| CERN | Conseil européen pour la recherche nucléaire |
| CFCM | Conseil français du culte musulman |
| CIA | Central Intelligence Agency |
| CISR | Commission de l'immigration et du statut de réfugié |
| CNC | Conseil national consultatif |
| CNSA | Comité national de sauvegarde de l'Algérie |
| CSP | Code du statut personnel |
| DEA | Diplôme d'études approfondies |
| ETS | École de technologie supérieure |
| FCEE | Fédération canadienne des étudiantes et des étudiants |
| FFQ | Fédération des femmes du Québec |
| FFS | Front des forces socialistes |
| FIDA | Front islamique du jihad armée |
| FIS | Front islamique du salut |
| FLN | Front de libération nationale |
| FLQ | Front de libération du Québec |
| FMI | Fonds monétaire international |
| FMSQ | Fédération des médecins spécialistes du Québec |
| GIA | Groupes islamiques armés |
| GPL | Gaz de pétrole liquéfié |
| GRC | Gendarmerie royale du Canada |

| | |
|---|---|
| GSPC | Groupe salafiste pour la prédication et le combat |
| HCE | Haut comité de l'État |
| IFRI | Institut français des relations internationales |
| INRS | Institut national de la recherche scientifique |
| ISI | Inter-Services Intelligence (services secrets pakistanais) |
| MIA | Mouvement islamique armé |
| MIT | Massachusetts Institute of Technology |
| MLAC | Mouvement pour la liberté de l'avortement et de la contraception |
| OCI | Organisation de la Conférence islamique |
| ONU | Organisation des Nations unies |
| PAGS | Parti de l'Avant-Garde Socialiste |
| PAP | Programmes anti-pénuries |
| PRS | Parti de la révolution socialiste |
| SAAQ | Société de l'Assurance automobile du Québec |
| SCRS | Service canadien du renseignement de sécurité |
| UGTA | Union générale des travailleurs algériens |
| UNEA | Union nationale des étudiants algériens |
| UNJA | Union nationale de la jeunesse algérienne |
| UOIF | Union des organisations islamiques de France |
| ZEP | Zone d'éducation prioritaire |

# Introduction

J'ai vécu les prémisses d'une dictature islamiste. C'était au début des années 1990. Je n'avais pas encore 18 ans. J'étais coupable d'être femme, féministe et laïque. J'habitais Oran en Algérie. Une dictature politico-religieuse sous l'égide du Front islamique du salut (FIS)[1] menaçait mon pays. On ne frôle pas une dictature sans être quelque peu, sinon beaucoup, transformé, et pour toujours. La vie prend tout son sens. La mort aussi. Depuis ce temps-là, l'histoire a jeté son dévolu sur moi, bien malgré moi, pour me convoquer à d'innombrables rendez-vous. Mon histoire personnelle a cessé d'être personnelle. Elle s'est confondue avec les convulsions de mon pays.

La terreur islamiste, je l'ai subie. Il n'y a pas de mots pour la décrire. Cette terreur-là, elle m'habitait jour et nuit, voulait s'imposer entre la vie et moi, érigeant des murs suffocants de laideur. Cette terreur-là, elle me nouait les entrailles, m'écorchait la gorge, paralysait mon être et j'essayais tant bien que mal de l'amadouer pour m'abandonner à la beauté du monde et de ma jeunesse. Des rêves, j'en avais plein la tête, de la détermination aussi. La terre entière me semblait à portée de main. Les idées les plus farfelues, réalisables. Faisant partie de la graine des frondeurs, je pensais que rien ne pouvait m'arrêter. Je n'étais venue au monde ni pour baisser les yeux ni pour courber la tête. L'adversité ne me faisait pas peur. Lorsque je tombais, je me relevais. Quand le

---

1. Front islamique du salut: parti politique fondé en 1989 qui prônait ouvertement, dès sa création, la violence contre l'État et demandait l'instauration d'une théocratie islamiste. Il fut interdit en 1992.

doute et l'incertitude me rongeaient, je me jetais dans les bras de cette Méditerranée avec ses mythes et ses légendes qui ont bercé mon enfance. Ma peau respirait le soleil. Plouf! Je me jetais à l'eau. J'en sortais pour manger une tranche de pastèque. Je replongeais. Par moments, mes parents se détournaient de leurs livres pour nous surveiller. Il ne leur manquait qu'un sifflet pour faire ombrage au maître-nageur. «Ne t'éloigne pas trop, me répétait ma mère, tu vas toujours trop loin. Tu vois ton frère?» Salim, mon cadet de six ans, s'oubliait sur les rochers. Le dos courbé, accroupi, muni de son équipement de pêche qu'il avait ingénieusement conçu, il s'occupait de ses poissons et de ses crabes. Pour rassurer ma mère, il venait faire quelques incursions dans le panier ou la glacière pour emporter quelques provisions et s'en aller sur son rocher non loin de notre parasol. Mon frère était gourmand et il n'a pas changé. Nous attendions le coucher du soleil pour faire griller les sardines que nous partagions avec de nombreux amis. Nos repas étaient de véritables festins et se terminaient souvent par des chants et des déhanchements. Mon père, avec ses *aywa, aywa*[2], ne se souciait guère de suivre le rythme. Même s'il chantait faux, il chantait quand même. Gênés de sa performance, mon frère et moi nous lancions des regards complices. Nous étions heureux. Je pensais que rien ne pouvait nous atteindre ou presque. Pour moi, le bonheur n'était guère éphémère. Il avait le parfum du *yâsmîn*[3] et la sonorité de l'*oud*[4]. Mon avenir était tout tracé, celui de mon frère aussi. J'avais déjà un homme dans ma vie. Nous allions poursuivre des carrières scientifiques comme mes parents et continuer leur engagement politique et social, si précieux à leurs yeux.

2. *Aywa* est un cri d'exaltation que l'on lance en chantant dans les pays arabes.

3. Nom arabe d'origine perse qui désigne le jasmin. Il est considéré en Orient comme le symbole de l'amour et de la féminité.

4. Mot arabe qui désigne le luth, instrument de musique d'origine orientale. Au Xe siècle, Ziryab ajouta une cinquième corde au luth et du même coup révolutionna la musique arabe qui vivait, jusque-là, repliée sur elle-même. Ce fut le début de la musique arabo-andalouse.

Vivre c'est s'engager, disait Camus, et mes parents en faisaient un principe. Conscients que le bonheur de l'individu n'a de sens que dans un monde juste et solidaire, mes parents militaient au Parti de l'avant-garde socialiste (PAGS)[5]. Peu importait que ses militants fussent traqués, emprisonnés ou torturés, mes parents avaient le sens de l'engagement. Ils y mettaient temps, argent et énergie. Nullement « installés » dans le confort que leur conférait leur situation, ils militaient pour la justice sociale. Restituer la coloration singulière de l'union de mes parents et de leurs engagements a toujours été un rêve enfoui au fond de moi. Je comprenais parfaitement le sens manifeste de leur militance et de sa portée. C'est ici sur cette rive de la Méditerranée, sur cette terre millénaire de saint Augustin[6], de Kahena[7], de Tinhinane[8] et d'Ibn Khaldoun[9] que j'allais fleurir. J'attendais. J'attendais ce jour où je pourrais enfin contribuer, à mon tour, à la richesse de ce pays comme l'avaient fait mes parents, ces deux pionniers de la Faculté des sciences exactes de l'université d'Oran. Ils y ont mené tous les deux de remarquables carrières : ma mère en mathématiques, mon père en physique. Je ne pouvais évoluer dans un tel environnement sans être gagnée par une certaine rigueur intellectuelle. Rigueur acquise à travers de nombreux échanges et un effort soutenu dans le

5. Parti d'obédience communiste, créé en 1966, le Parti de l'avant-garde socialiste est resté interdit jusqu'en 1989, début du multipartisme.

6. L'un des principaux Pères de l'Église latine. Berbère d'expression latine, saint Augustin (354-430) est né à Souk-Ahras et a vécu une partie de sa vie à Annaba (Hippone) dont il était évêque.

7. Reine guerrière berbère qui a combattu l'expansion islamique en Afrique du Nord au VIIe siècle.

8. Tinhinane veut dire « Maîtresse des tentes » en touareg. Selon la légende, elle fut la première reine du Hoggar et de la tribu des Touaregs.

9. Hispano-musulman, historien et philosophe du Moyen Âge (27 mai 1332-17 mars 1406), Ibn Khaldoun fut l'un des plus grands intellectuels de la civilisation musulmane. Sa façon d'analyser les changements sociaux lui valut d'être considéré comme le précurseur de la sociologie. Il défendit une conception non religieuse de la fonction politique et juridique.

travail. Que de fois ai-je vu mes parents piocher sans relâche pour préparer leurs cours et mener leurs recherches! Que de fois les ai-je entendus discuter de façon passionnée de théorèmes et de démonstrations! Que cette atmosphère était vivifiante pour l'esprit! On dit que les mathématiques et la physique ne font pas bon ménage. On reproche aux mathématiciens d'être des rigoristes. Les physiciens, pour leur part, sont des philosophes de la nature. Je conviens que cette définition s'applique bien à mon père. Posez-lui une question sur un quelconque sujet anodin et le voilà parti dans des explications interminables! Frida, ma fille, et Elias, mon neveu, devront s'y habituer. Ils auront des réponses plus que savantes à leur pourquoi le ciel est bleu et pourquoi l'arc-en-ciel a sept couleurs. Ma mère, quant à elle, est d'une redoutable efficacité, bien organisée et forte de caractère. C'est elle qui dirige à la maison. Inutile de contester son autorité. C'est probablement pour prêter main-forte à mon père que j'entrepris des études de physique à l'âge de 18 ans.

L'union de mes parents ne ressemblait à aucune autre. Lui, algérien. Elle, chypriote grecque. Tous deux étaient étudiants à Kharkov en Ukraine au début des années 1970, lorsqu'ils se sont connus. C'est d'ailleurs là que je suis née le 28 septembre 1972. Je ne garde de cette époque que quelques photos en noir et blanc sauvées in extremis, que mes parents développaient dans leur minuscule chambre de la cité universitaire. Très jeune, j'ai compris que j'incarnais l'unité possible de ce qu'on considérait comme des composantes antagoniques. J'étais un chaînon entre l'Orient et l'Occident, entre l'islam et la chrétienté, entre la culture chypriote-grecque et la culture algérienne. J'étais la somme de toutes ces identités qui se complétaient comme les cordes d'un luth. Au début de notre installation en Algérie, notre langue commune à tous les trois était le russe. Mon père ne parlait pas le grec et ma mère, ni le français ni l'arabe. À l'âge de quatre ans, j'étais la seule à maîtriser les quatre langues. J'ai appris le français avec ma meilleure amie Naouel qui était de mère française et de père algérien.

L'arabe, avec mes grands-parents, ma tante et mon petit oncle. Petite, je ne comprenais pas l'étonnement des adultes face à l'aisance que j'avais à passer d'une langue à une autre. Lorsqu'ils me demandaient : « Djemila au fond, au fond de toi tu es quoi ? », je restais coite. Comment leur dire que j'avais deux points d'ancrage fort différents mais ô combien enrichissants ? Comment leur avouer que j'aimais me placer à égale distance de mes parents ? Pourquoi me poussaient-ils à choisir une allégeance au détriment de l'autre ? Pourquoi n'avais-je pas le droit de remplir les interstices de mon identité tel que je le souhaitais ? Nous vivions dans une société fortement communautarisée où l'identification à la famille et au clan était la norme. Ce n'était pas notre cas. Mon père avait franchi la ligne rouge. Il s'était affranchi du carcan de sa tribu pour épouser une étrangère. C'est ce que mon grand-père lui fit remarquer lorsque mon père lui annonça ma naissance. Ce n'est qu'après ma naissance que mon père annonça aux siens son mariage. Le choix d'une épouse ou d'un époux reste toujours une affaire de clans. Mon père était destiné à une cousine, destin que son père avait scellé sur le lit de mort de sa sœur. Toute dérogation est interprétée comme une insulte à la famille. Je symbolisais, quelque part, cet outrage.

À l'été 1974, je me trouvais à Chypre, seule, chez mes grands-parents. Ma mère m'y avait laissée pour quelques mois. Elle était repartie à Moscou pour finir sa dernière année d'étude. Nous avions fait le voyage en bateau à bord de l'*Amiral Nakhimov*. Nous étions parties d'Odessa. Avant d'accoster à Limassol, nous avions fait des arrêts à Constantza, Varna, Istanbul, Izmir, Lattaquié et Beyrouth. C'est sur ce bateau que j'ai fait mes premiers pas. Mon père, lui, était retourné en Algérie, son Ph. D. en main. Il devait accomplir son service militaire d'une durée de près de deux ans et, par la suite, préparer notre installation. Ma vie chypriote fut aussi brève que ma vie russe et mon épopée algérienne commença plus tôt que prévu. Le régime des colonels en Grèce ayant organisé un coup d'état à Chypre, la guerre éclata. Les

Turcs envahirent l'île[10]. Mes oncles furent appelés à grossir les rangs de l'armée. C'était la partition du pays de part et d'autre de la «ligne verte» avec Grecs d'un côté et Turcs de l'autre. La partie nord, autoproclamée République turque de Chypre du Nord, ne fut reconnue que par la Turquie, une situation qui n'a pas changé à ce jour. J'allais m'abriter sous le lit de ma tante pour échapper au bruit des bombardements qui pleuvaient sur la ville. Rien ni personne ne pouvait me protéger de cette guerre qui a déchiré cette paisible terre où il faisait si bon vivre. Pas même l'immense figuier planté dans le jardin de la maison familiale. J'ai quitté Chypre au grand dam de mes grands-parents et c'est sur l'autre rive que j'ai échoué.

Ma vie a basculé alors que je n'avais pas encore 20 ans. Un écran noir s'est posé sur mon Algérie de lavande et de mimosa. Mon Algérie, que j'aimais forcément avec passion, saignait de toute part. Je courais les enterrements d'amis et d'anonymes tombés sous les balles du FIS. J'avais terriblement peur. Peur de la sonnerie du téléphone avec ses rumeurs les plus folles et ses nouvelles les plus macabres. Peur des pages des journaux maculées du sang des innocents. Peur des yeux enflammés de haine. Peur du bruit de bottes annonciateur d'une nuit sans fin. Peur du bruit de la balle souillée dans ma tête. Peur du glissement de l'immonde lame sur ma gorge. Peur de la traîtrise de ma langue. Peur de la désinvolture de ma plume. Bien que j'eusse peur de la mort, je l'attendais. Je la souhaitais douce : une balle, deux balles, trois balles, peu importe le nombre de balles. Ce dont j'avais le plus peur, et qui me terrifiait jour et nuit, c'était le

10. Le 15 juillet 1974, la dictature des colonels tente un coup d'État contre le président chypriote grec Makarios. Le 20 juillet, la Turquie intervient militairement, prétextant la protection des intérêts de la communauté turque, et occupe le nord de l'île en deux jours (s'assurant le contrôle de 38 % du territoire). Le conflit marque en Grèce la fin de la dictature des colonels. Une fois la république chypriote restaurée, la Turquie refuse de se retirer et 200 000 Chypriotes sont contraints à l'exode entre 1974 et 1975.

viol, la torture, la décapitation, l'égorgement[11]. De ça, j'étais tétanisée. Je savais que les crimes les plus barbares étaient désormais possibles sur cette terre d'Algérie. J'habitais dans un pays où 99,99 % des habitants se réclamaient de l'islam et où les prophètes sanguinaires du FIS promettaient « l'islamisation ». Comment peut-on islamiser une société qui est déjà musulmane depuis quatorze siècles ? On ne pourra jamais dire les souffrances infligées au peuple algérien tout entier par cette horde de barbares sanguinaires, véritable Inquisition, déterminée à vider la société de son intelligence et de sa vitalité. Je ne pardonnerai jamais à ceux qui ont marqué de cette tache noire le front de mon peuple. Comme je ne pardonnerai jamais à ceux qui ont déroulé à nos bourreaux le tapis rouge du pardon dans leurs énièmes tentatives de « réconciliation nationale » en s'offusquant en même temps des attentats et des massacres de civils ! On ne peut laisser entrer le loup dans la bergerie et se surprendre par la suite du sort réservé aux agneaux !

Si l'intégrisme demeure l'expression d'une minorité de musulmans à travers le monde, ses répercussions sont désastreuses, en premier lieu dans les sociétés musulmanes elles-mêmes. Car, reconnaissons-le, ce sont elles qui payent le plus gros prix depuis de longues années, et souvent, malheureusement, dans l'indifférence la plus totale des sociétés occidentales. Tous les jours à Téhéran, à Gaza, à Riyad, à Amman, au Caire, à Damas, à Khartoum, à Alger, à Mogadiscio, à Lahore, à Kaboul, à Kuala Lumpur, à Rabat, de simples citoyens, en particulier des femmes, subissent le fondamentalisme musulman dans la solitude la plus absolue, sans que cela n'émeuve qui que ce soit ou presque. Tout compte fait, « c'est dans leur culture », dit-on, pour se donner bonne conscience. « Nous devrions respecter leur culture et ne pas nous mêler de leurs affaires. » C'est précisément cette spécificité culturelle qui sert de justification aux islamistes en

---

11. Les intégristes algériens ont innové dans la barbarie en commettant les crimes les plus odieux contre l'élite et le peuple algérien, faisant plus de 200 000 victimes en dix ans.

Occident. Ces islamistes, qui revendiquent benoîtement les auspices du respect de la religion et du droit à la différence, pervertissent l'esprit de la démocratie. Qu'on se le tienne pour dit, il ne s'agit pas là de liberté individuelle, mais de prosélytisme, d'intégrisme, de fascisme vert. Car dès lors qu'une religion s'affiche ostensiblement dans la sphère publique, il y a confusion des genres. La liberté religieuse peut s'exercer pleinement pourvu qu'elle ne remette pas en cause le vivre-ensemble.

C'est avec beaucoup d'intérêt, d'émotion et de larmes que j'ai suivi au Québec le débat sur les accommodements raisonnables à travers la télévision, les journaux, la radio et de nombreuses discussions[12]. Je me promenais d'un bout à l'autre du Québec en tendant attentivement l'oreille aux remarques

---

12. Notion juridique canadienne du droit du travail, instituée à l'origine en 1985 par la jurisprudence pour permettre aux employés souffrant d'une quelconque discrimination fondée sur le sexe, l'âge, le handicap et la religion d'exercer leur emploi tout en bénéficiant de certains assouplissements. La notion a d'abord profité principalement aux personnes handicapées et victimes de discrimination en fonction de la race et de l'âge avant d'être petit à petit détournée de son sens. En effet, elle a été abusivement utilisée par divers groupes religieux pour revendiquer des droits collectifs sans égard à l'espace public et aux valeurs québécoises. C'est ce qui a irrité la population. À la suite de quoi, le 8 février 2007, le premier ministre du Québec Jean Charest a annoncé la création de la commission Bouchard-Taylor qui porte le nom de ses coprésidents, deux intellectuels québécois réputés. La commission avait pour mandat d'examiner les enjeux liés aux pratiques d'accommodements raisonnables consentis sur des bases culturelles ou religieuses et de faire des recommandations. Elle a tenu des audiences publiques d'un bout à l'autre du Québec, en recueillant des mémoires de citoyens et d'organismes. Du même souffle, le premier ministre a rappelé les valeurs qui ne peuvent faire l'objet d'aucun accommodement : l'égalité entre les femmes et les hommes, la primauté du français et la séparation entre l'État et les religions. Rappelons également que la commission Bouchard-Taylor a élargi son mandat à des questions telles que l'interculturalisme, la place de la religion, l'immigration, l'intégration, la laïcité et l'identité québécoise. Elle a rendu public son rapport le 22 mai 2008.

des uns et des autres. Bien que certains fussent mal à l'aise devant ce qui se dégageait de ce «défouloir collectif», il n'en fut rien pour moi. Jour après jour, je constatais l'attachement des participants à la laïcité et aux droits des femmes, deux valeurs fondamentales d'une démocratie. J'en étais fortement soulagée. J'étais immensément reconnaissante à toutes ces femmes et à tous ces hommes qui se tenaient debout face à l'intégrisme, de l'Abitibi à Joliette en passant par Chicoutimi, Gatineau, Québec, Drummondville, Laval et Montréal. D'autant que cette adhésion s'inscrivait, la plupart du temps, dans l'universel et le respect de l'autre. Soit, les Québécois souhaitent mieux définir les fondements de leur société pour bien accueillir les nouveaux arrivants et intégrer les immigrants. Il y a là, d'un côté, une affirmation identitaire totalement légitime de la part d'un peuple en mutation et, par ailleurs, une volonté d'ouverture vers l'autre. Contrairement à ce qui se passe en Europe avec la montée des mouvements nationalistes d'extrême droite[13], le Québec nous fait la remarquable démonstration que le débat identitaire n'est pas nécessairement voué au repli sur soi et à l'exclusion de l'autre. C'est sur ce terrain que doit se situer le débat sur le crucifix à l'Assemblée nationale, le sapin et la crèche de Noël ou encore la croix sur le mont Royal qui ne sont autres que des éléments d'un patrimoine culturel et historique collectif. Il n'y a pas de crispation religieuse à l'égard de ces symboles. Dans des témoignages très émouvants, de nombreux immigrants, qui ont subi l'intégrisme musulman dans leurs pays d'origine, ont montré leur attachement aux valeurs fondamentales du Québec moderne : laïcité, égalité hommes-femmes et pérennité du fait français. Comme pour

---

13. Depuis le début des années 1990, des partis populistes d'extrême droite ont fait des percées électorales inattendues en Europe : le Front national en France, le Vlaams Belang en Belgique, le Freiheitliche Partei Österreichs (Parti libéral d'Autriche) en Autriche, la Liste Pim Fortuyn aux Pays-Bas, la Ligue du Nord en Italie, le Parti du peuple au Danemark, le Parti du progrès en Norvège et l'Union démocratique du centre en Suisse.

toute nation, il y a, au Québec, nécessité d'une mémoire commune, d'une langue commune et de valeurs communes. Il n'y a donc, dans la défense de ce qui représente la nation québécoise, aucune arrogance ni mépris des autres. L'identité nationale est bien, en ce sens, l'enjeu primordial de la citoyenneté.

Face à l'altérité, l'identité est l'interaction d'appartenances plurielles et complexes, contradictoires et complémentaires, constamment en mouvement. Et il est normal qu'à ce stade historique du développement de la nation québécoise, nous soyons portés à la redéfinir collectivement. Et tant mieux si l'on arrive à en parler avec civilité. «La sagesse est un chemin de crête, la voie étroite entre deux précipices, entre deux conceptions extrêmes, nous dit Amin Maalouf. La première conception extrême considère le pays d'accueil comme une page blanche où chacun pourrait écrire ce qui lui plaît, ou, pire, comme un terrain vague où chacun pourrait s'installer avec armes et bagages, sans rien changer à ses gestes ni à ses habitudes[14]. » L'autre conception extrême est celle qui ferme la porte à l'immigrant et à toutes ses contributions. Au Québec, cette conception est marginale. Quoi qu'en disent ses détracteurs, le Québec reste une nation ouverte et accueillante. J'ai vécu dans deux régions différentes : en Outaouais (Ottawa et Gatineau) et à Montréal, dans plusieurs quartiers. J'ai souvent séjourné à Québec et à Sherbrooke. J'ai été invitée dans une dizaine de villes pour parler de la condition des femmes musulmanes devant des centaines d'élèves, d'étudiants, d'enseignants et de citoyens. Que ce soit à Saint-Hyacinthe, à L'Assomption, à Laval ou en Abitibi, on m'a toujours accueillie à bras ouverts. C'est en plein mois de février que j'ai pris l'autobus avec ma complice d'alors, Karima, une jeune femme généreuse et dynamique, pour Rouyn-Noranda. La chaleur de ce jeune couple qui nous a reçues, sans même nous connaître, contrastait avec la rudesse de l'hiver. J'en étais déjà à mon troisième hiver et mon acclimatation au pays de Vigneault

14. Amin Maalouf, *Les identités meurtrières*, Paris, Grasset, 1998, p. 49.

restait encore difficile. Je tenais bon. Cette hospitalité, je l'ai vue battre au cœur du Québec profond, lors de mes vacances en région. Cette générosité, elle s'exprime à travers les gestes de la famille de Gilles, mon compagnon ; tendresse qui se renouvelle à chaque rencontre familiale qui comble notre nid de bonheur. Cette ouverture ne signifie pas pour autant que le cheminement de l'immigrant soit exempt de difficultés et de contraintes. Je sais tout le poids que peuvent avoir un nom arabe et un accent étranger lorsque vient le moment d'intégrer le marché du travail. Plusieurs catégories professionnelles restent sous-représentées chez les immigrants lorsqu'elles ne leur sont pas carrément fermées. D'ailleurs, de nombreux participants aux audiences de la commission Bouchard-Taylor ont clairement expliqué leur parcours du combattant lorsqu'il s'agissait de se trouver un emploi et de faire reconnaître leurs compétences professionnelles ; raison pour laquelle beaucoup s'accordent à dire que là réside l'un des plus grands défis de l'intégration.

Même des nations aussi « vieilles » que l'Italie, l'Allemagne, la Suède, la Norvège, le Danemark, la Suisse, l'Angleterre, les Pays-Bas, la France, la Belgique et l'Espagne sont traversées par de complexes questions identitaires qui mettent à nu des politiques d'immigration à bout de souffle. L'Europe occidentale, qui compte entre 7 et 10 millions de musulmans, a vu se constituer, avec les flux migratoires, des minorités musulmanes d'importance inégale. Ainsi, l'islam est devenu la deuxième religion de France avec une population estimée, selon les sources, entre 3,5 et 4,3 millions de musulmans. Aux Pays-Bas, il y en a près de 850 000, ce qui représente 5 % de la population. L'Allemagne compte également une importante minorité musulmane dont le nombre est estimé à quelque 2 à 2,5 millions. Il en est de même pour la Grande-Bretagne : entre 1 et 2,5 millions. Des minorités moins importantes existent en Italie, en Espagne, en Suisse, en Autriche, en Belgique et dans les pays scandinaves. Tant au Canada qu'au Québec, la religion musulmane a fait un bond considérable avec l'arrivée d'immigrants. Au recensement de 2001, on comptait une augmentation du nombre de musulmans de 141,8 % en dix ans au Québec où l'on dénombrait près de 150 000 musulmans dont la plupart étaient installés dans la région montréalaise [15]. Au Canada, il y en avait 579 640[16]. Face à cette nouvelle donne migratoire, l'Europe, le Québec et le Canada doivent envisager des modèles d'intégration qui concilient les nécessités du vivre-ensemble et le respect des différences.

L'érosion de l'espace public, du fait des revendications politico-religieuses de plus en plus insistantes de groupes organisés, constituait une source d'inquiétude pour bien des participants à la commission Bouchard-Taylor. Inquiétude que je partage. Je vois se dissimuler au Québec l'expression d'un islam radical qui n'augure rien de bon pour la santé de notre démocratie. L'intrusion du religieux dans les sphères publique et privée, je l'ai vécue sous toutes ses formes, des plus petites au plus grandes, de ma petite enfance à l'âge adulte. Je sais de quoi je parle. Je sais ce qu'est l'intégrisme. C'est cette expérience que je souhaite partager dans cette conjoncture particulière que traverse le Québec. Si j'ai décidé d'écrire ce livre, c'est certes pour témoigner de mon vécu, mais c'est aussi pour rendre hommage à tous ceux, morts ou vivants, qui se sont tenus debout face à la barbarie islamiste. Je pense particulièrement à tous ceux que nous avons perdus en Algérie. Je pense à mon ami Abderrahmane Fardeheb, professeur d'économie, assassiné à Oran le 26 septembre 1994. Ce livre lui est dédié, ainsi qu'à tous ceux qui, à travers le monde, se sont portés solidaires de notre combat.

Lorsque le religieux revêt l'accoutrement du politique et lorsque la justice est rendue au nom d'Allah, les dérives les plus barbares deviennent possibles. On assassine, on égorge, on lapide,

15. Se référer au document intitulé *Données sur la population recensée en 2001 portant sur la religion* publié sur le site du ministère de l'Immigration et des Communautés culturelles du Québec. Au Québec, l'islam est la religion qui progresse le plus rapidement. En 1991, il représentait 0,7 % de la population du Québec alors qu'en 2001, il atteignait 1,5 %.

16. Selon le recensement de 2001 compilé par Statistique Canada.

on pend, on coupe des mains, on tranche des têtes. Lorsqu'on égorge rageusement des femmes et des hommes en hurlant «*Allah Akbar, Allah Akbar*», lorsque des islamistes arc-boutés sur la démocratie s'en servent pour lui tordre le cou, nous avons le devoir de nous interroger sur la nature de ces dérives et sur le sens même de cette religion. S'il y a une chose que je retiens de mon expérience algérienne, c'est qu'il ne faut pas sous-estimer l'islamisme politique et surtout ne jamais banaliser ses revendications. En Occident, c'est à travers des manifestations «culturelles ou identitaires», comme le port du voile ou l'exigence de salles de prière dans les universités, que se camoufle sournoisement une vision du monde archaïque qui vise à embrigader les communautés immigrantes pour s'imposer comme acteur politique et peser sur les enjeux de société. C'est par un processus d'entrisme et de prédication, tactique chère aux Frères musulmans[17], que se fait la contagion islamiste. Avant que l'intégrisme ne gangrène une société, il y a «métastases» des années durant. Il y a donc l'intégrisme et avant cela les prémisses de l'intégrisme. Avant de se révéler dans toute son horreur, l'intégrisme est un état d'esprit. Il y eut l'Holocauste et, une quarantaine d'années avant, en France, l'affaire Dreyfus[18]. Il y eut l'exode des Palestiniens, dès 1947, avec le massacre de Deir

17. Organisation islamiste fondée en 1928 en Égypte par Hassan al-Banna, instituteur, dans le but d'instaurer un État panislamique. Sa stratégie d'islamisation était axée sur deux aspects : l'un moral, à travers l'appel à une pratique religieuse rigoriste, au port du voile pour les femmes et au rejet de l'Occident et de ses valeurs, et un autre politique et social qui consistait en un travail de terrain au sein des institutions politiques. Dans une lettre adressée à l'un de ses disciples, il résume bien sa pensée : «Orants la nuit, chevaliers le jour! L'islam est religion et État, Coran et glaive, culte et commandement, patrie et citoyenneté. Dieu est notre but, le Prophète notre modèle, le Coran notre loi, le jihad notre voie, le martyre notre vœu.»

18. Capitaine de l'armée française, Alfred Dreyfus, juif alsacien, fut arbitrairement accusé (à cause de ses origines) d'avoir livré aux Allemands des documents secrets, et fut condamné au bagne à vie pour trahison en 1894. Dénonçant cette injustice, Émile Zola publia *J'accuse*, plaidoyer qui entraîna le ralliement de nombreux intellectuels.

Yassin[19] et, avant cela, l'assassinat de Lord Moyne[20] en 1944, puis l'assassinat du comte Bernadotte[21] en 1948. Il y eut le génocide rwandais[22] de 1994 et, avant cela, les massacres génocidaires au Burundi de 1972[23]. Les convulsions du passé, si elles ne sont pas désamorcées à temps, finissent par exploser en dérive sanguinaire.

19. Des miliciens des organisations terroristes juives de l'Irgoun, du Lehi, de la Haganah et du Palmach ont attaqué le village palestinien au petit matin du 9 avril 1948 et y ont assassiné de nombreux civils.

20. Ministre britannique résidant au Moyen-Orient, ami personnel de Churchill, il fut accusé d'être l'ennemi de « l'indépendance juive », et fut assassiné le 6 novembre 1944 au Caire par deux membres du groupe Stern, dirigé à l'époque par Yitzhak Shamir, futur premier ministre. C'est à la suite de ce meurtre que Churchill retira son soutien au plan de partage de la Palestine. Lire sur le sujet Boutros Boutros-Ghali et Shimon Peres, *60 ans de conflit israélo-arabe. Témoignages pour l'Histoire*, Bruxelles, Complexe, 2006.

21. Depuis le 19 novembre 1947, jour du vote de la résolution 181 recommandant le partage de la Palestine en deux États séparés (juif et arabe), les affrontements entre Juifs et Arabes faisaient rage en Palestine. En mai 1948, le comte Folke Bernadotte, neveu du roi de Suède, fut nommé médiateur de l'ONU pour la Palestine. Le 17 septembre 1948 alors qu'il se rendait à Jérusalem en compagnie du colonel français André Sérot, chef des observateurs des Nations unies, ils furent assassinés tous les deux par des membres du groupe Stern.

22. Alison Des Forges *et al.*, *Aucun témoin ne doit survivre*, Paris, Karthala, 1999. Directrice de recherche sur l'Afrique des Grands Lacs à Human Rights Watch, Allison Des Forges a mené une enquête sur l'histoire du génocide au Rwanda. Lors d'une entrevue qu'elle m'a accordée en 1999, elle a déclaré : « Le Rwanda, c'est trop noir et trop pauvre, alors personne ne s'y intéresse (…) on savait que des tueries se préparaient et que des crimes étaient commis, mais on se gardait de qualifier le crime de génocide parce qu'une série de mesures en découlerait inéluctablement. L'obligation d'intervenir s'imposait à partir du moment où on reconnaissait le génocide ; alors on a préféré interpréter la convention sur le génocide de manière à ne pas le reconnaître. »

23. Une lutte sans merci entre les deux communautés ethniques principales du pays, Hutu et Tutsi, a fait entre 80 000 et 100 000 morts, soit 3,5 % de la population totale du pays (3,5 millions) en l'espace de quelques semaines.

Depuis les attentats terroristes du 11 septembre 2001, nous ne pouvons que constater la prospérité de l'intégrisme islamique et son expansionnisme planétaire à visée hégémonique. Jamais les démocraties occidentales n'ont semblé aussi fragiles. Rongées par ce mal nébuleux et contagieux qu'est l'islamisme politique, elles vivent des questionnements profonds : sécurité contre droits de la personne, droits individuels contre droits collectifs, ouverture à la mondialisation contre contrôle des flux migratoires et fermeture des frontières. Les intégristes ne se posent plus seulement comme une alternative politique pour remplacer des régimes arabes ou musulmans despotiques et corrompus, ils n'incarnent plus uniquement la faillite des régimes postcoloniaux, qu'ils soient de gauche ou de droite. L'islamisme politique a créé des brèches dans des citadelles autrefois intouchables, nous renvoyant aux contradictions de la démocratie, aux complicités et aux alliances empoisonnées d'un Occident prêt à tout pour se débarrasser du communisme. Maintenant que la bête immonde s'est affranchie de ses encombrants alliés occidentaux, elle les défie sur leur terrain.

Contrairement à ce qu'on croit trop souvent, les musulmans ne forment pas un bloc monolithique. Ils appartiennent à des classes sociales, des cultures, des nations différentes. L'islam se décline au pluriel et regroupe plusieurs visions antagoniques. Reconnaître cette diversité, c'est permettre l'expression de voix jusque-là inaudibles parmi les musulmans, notamment celle des laïcs. Il ne peut exister UNE communauté musulmane, mais DES communautés musulmanes, parmi lesquelles on compte une majorité respectueuse des valeurs démocratiques de ce pays. Dans le débat concernant les accommodements raisonnables, les immigrants de foi ou de culture musulmane sont les grands perdants. Ils sont devenus des suspects alors que la plupart d'entre eux ne demandent aucun accommodement, mais simplement la possibilité de partager leurs diverses expériences avec leurs coreligionnaires. De grâce, ne les rendons pas coupables par association. Ne les stigmatisons pas. Ils sont porteurs d'expériences formidables ; ils sont une richesse pour le

Québec. S'il est vrai qu'il existe une multitude d'islams, reste à savoir lequel est soluble dans la démocratie. C'est cette épineuse et complexe question qui nous interpelle collectivement. Ne laissons pas aux seuls musulmans la responsabilité historique d'en décider. Cet enjeu, nous devons y répondre ensemble dans la transparence, l'échange, l'ouverture et la vigilance. Doit-on réinventer notre démocratie pour accommoder les islamistes ou s'assurer plutôt qu'ils n'interfèrent pas dans les affaires de la Cité? Faut-il le faire? Veut-on le faire? Peut-on le faire?

Si une partie de la réponse tient à notre capacité à nous mobiliser pour défendre nos valeurs, elle dépend aussi de nos politiciens et de leur volonté de traduire nos aspirations en mesures concrètes. Car il incombe à l'État d'assurer la cohésion sociale et aux citoyens de respecter le pacte social. Dans cette perspective, l'égalité des chances et la mixité sociale me semblent deux éléments tout aussi importants dont il faut tenir compte. Si l'État continue de faire l'autruche et de fermer les yeux sur l'énorme malaise des immigrants face au marché de l'emploi[24], il contribuera à nourrir un ressentiment qui ne peut conduire qu'à un immense gâchis et à l'exclusion. «Changer de métier n'est rien,

---

24. «En 2006, alors que le taux de chômage au Québec était à peine de 6,3 % parmi les 25-54 ans, il atteignait 27,9 % pour les immigrants nés dans un pays d'Afrique du Nord et installés au Québec entre 2001 et 2006. Ceux qui sont arrivés au cours des cinq années précédentes, soit de 1996 à 2001, s'en tirent un peu mieux. Mais avec un taux de chômage de 18,7 %, ils ne rattrapent ni la population québécoise en général, ni l'ensemble des immigrants récents, qui ont un taux de chômage de 13,4 %. Dans le triste palmarès du chômage au Québec, les immigrés d'Afrique du Nord sont suivis de près par les autres nouveaux arrivants d'Afrique (27,1 %), d'Amérique latine (15,4 %), d'Asie (13,3 %) et d'Europe (13,2 %). (…) Le chômage des immigrés: chez les 25-54 ans en général, au Canada, 4,9 %, au Québec, 6,3 %, chez les immigrants très récents (établis entre 2001 et 2006), au Canada, 11,1 %, au Québec, 17,8 %, chez les immigrants récents (établis entre 1996 et 2001), au Canada, 7,3 %, au Québec, 13,4 %, chez les immigrés de longue date (établis avant 1996), au Canada, 5,5 %, au Québec, 9,2 %.» Laura-Julie Perreault, «Les Nord-Africains ont de la difficulté à trouver un emploi», La Presse, 14 février 2008.

mais renoncer à ce qu'on sait, à sa propre maîtrise n'est pas facile[25] », expliquait l'un des héros de Camus dans *L'exil et le royaume*. J'ai retrouvé un écho de cette citation dans le personnage de Mohsen, militante et féministe afghane, dans le recueil de Frans Van Dun intitulé *Tout quitter pour la liberté*[26], un recueil de textes fort intéressants qui retracent les parcours migratoires de cinq familles d'immigrants au Québec. Momena, sage-femme, a dû quitter l'Afghanistan clandestinement dans l'urgence en compagnie de ses enfants. Elle a traversé les montagnes d'Iran et de Turquie avant de se voir accorder le statut de réfugiée, puis celui de résidente permanente au Canada. Elle s'y est sentie totalement démunie lorsqu'elle fut contrainte de renoncer à son métier.

Cela étant dit, l'islamisme ne peut s'expliquer uniquement à travers le prisme socio-économique. L'enquête sur les attentats manqués à Londres et à Glasgow de juin 2007 a conduit à l'interpellation de huit suspects, dont au moins trois médecins et un titulaire d'un doctorat en aéronautique. C'est ce qui fait dire à Marc Hecker, chercheur au Centre des études de sécurité de l'Institut français des relations internationales (IFRI)[27], que «penser que les individus séduits par l'islam radical et capables de fomenter des attentats sont uniquement des désœuvrés, en rupture sociale et sans éducation, est un mythe qu'il convient de briser». Tendance confirmée par Marc Sageman, expert américain du terrorisme, auteur d'un ouvrage intitulé *Understanding Terror Networks,* dans lequel il analyse le profil de près de 200 jihadistes: «60 % d'entre eux avaient suivi des études et 4 % possédaient un doctorat. Le fait de trouver des médecins engagés dans le jihad n'est donc pas une nouveauté. Ayman al-Zawahiri lui-même est docteur.» Pour éviter qu'une telle idéologie fascisante ne se répande, l'État doit notamment veiller à l'encadrement des imams et de l'enseignement dispensé dans

25. Albert Camus, *L'exil et le royaume*, Paris, Gallimard, 1957, p. 64.

26. Frans Van Dun, *Tout quitter pour la liberté*, Montréal, Libre Expression, 2005.

27. *Le Nouvel Observateur*, 3 juillet 2007.

les mosquées. Dans son *Traité sur la tolérance*, Voltaire disait : « Que répondre à un homme qui vous dit qu'il aime mieux obéir à Dieu qu'aux hommes, et qui en conséquence est sûr de mériter le ciel en vous égorgeant ? Lorsque le fanatisme a gangrené un cerveau, la maladie est presque toujours incurable. »

Ce livre porte sur mes réflexions et mon combat contre l'intégrisme musulman. Combat que j'ai mené inconsciemment dès l'âge de cinq ans lorsque j'ai découvert avec stupeur que mes égarements d'enfant concernant Allah étaient source de grandes suspicions puis de condamnations. Mon institutrice s'est inquiétée de cette grave anomalie et a convoqué mon père pour lui en faire part. Mon père, qui allait devenir mon protecteur des années durant, a usé de mille tours pour estomper l'anxiété de mes enseignants. Lorsque mes interrogations devenaient inquisitrices à leurs yeux, je les refoulais de toutes mes forces. Je comprenais qu'il y avait des « vérités absolues » et un prix à payer pour un mot de travers. J'ai appris alors ce qu'il fallait dire et ce qu'il ne fallait pas dire. Ce n'est pas pour autant que j'ai arrêté de « m'égarer ». J'ai vieilli prématurément en devenant schizophrène à temps partiel. C'est avec la même stupeur que j'ai découvert que j'étais devenue femme sous les regards enflammés de libidos débordantes, en quête d'un amas de tissus glandulaires alors que je n'avais qu'une dizaine d'années. Et c'est contre le corps de ma mère que j'allais me réfugier. Ce corps aguerri et réconfortant qui se dressait tel un rempart contre l'obscénité pour rabrouer des mains baladeuses.

PREMIÈRE PARTIE

# L'arbre qui cache la forêt

# CHAPITRE PREMIER

# Le relativisme culturel
## au service de l'intégrisme musulman

Il n'y a rien dans ma culture qui me prédestine à être éclipsée sous un linceul, emblème ostentatoire de différence. Rien qui me prédétermine à accepter le triomphe de l'idiot, du sot et du lâche, surtout si on érige le médiocre en juge. Rien qui prépare mon sexe à être charcuté sans que ma chair n'en suffoque. Rien qui me prédestine à apprivoiser le fouet ou l'aiguillon. Rien qui me voue à répudier la beauté et le plaisir. Rien qui me prédispose à recevoir la froideur de la lame rouillée sur ma gorge. Et si c'était le cas, je renierais sans remords ni regret le ventre de ma mère, la caresse de mon père et le soleil qui m'a vu grandir. L'islamisme politique n'est pas l'expression d'une «spécificité culturelle», comme on prétend çà et là; c'est une affaire politique, une menace collective qui s'attaque aux fondements mêmes de la démocratie en faisant la promotion d'une idéologie misogyne, raciste et homophobe; c'est en cela qu'il interpelle chacun d'entre nous quelle que soit sa culture d'origine. Au nom du «relativisme culturel», les intégristes veulent imposer UNE norme commune aux musulmans. UNE unique Vérité révélée: la leur. Autrement dit, les intégristes veulent réformer les lois et les pratiques sociales pour qu'elles se conforment à leur dogme, grâce à une conquête sociale puis politique. Qui sait, peut-être qu'un jour entendrons-nous parler en Occident d'une «démocratie islamiste », prônant ouvertement la polygamie, le port du voile, la répudiation et l'excision ? Les musulmans sont-ils condamnés à reproduire des coutumes barbares, tels l'esclavage, la loi du talion, la crucifixion, la lapidation, l'amputation et la flagellation qui étaient encore en vigueur dans la société tribale de l'Arabie du VIIᵉ siècle ? C'est ce que veulent les intégristes. C'est cela la charia¹. Couper la main du voleur et lapider les femmes adultères. Voilà une conception ethnocentriste de la culture. Quant à moi, j'estime qu'on ne devrait accepter ces pratiques sous aucun prétexte. Lorsqu'on s'intéresse de plus près aux discours de ces nouveaux prophètes semi-lettrés, on ne peut qu'être frappé par leur ignorance crasse dans tous les domaines, y compris dans celui de l'islam et de la civilisation arabo-musulmane.

Que ce soit clair ! Je parle des islamistes, mais je ne m'adresse pas à eux. Il n'y a pas de terrain d'entente possible entre eux et moi. Ces derniers ne savent pas échanger. Ils imposent leurs diktats de mille façons. J'en ai été témoin en Algérie. Leur machine infernale broyait même des nourrissons, des vieillards, des femmes enceintes. Les islamistes, même s'ils sont animés par le même objectif (le pouvoir), ne sont pas tous des terroristes. Certains se déguisent en démocrates. Pour ceux-là, la démocratie n'est qu'un jeu qui leur permet d'asseoir leur hégémonie.

1. La loi islamique – la charia – s'inspire du Coran, des paroles rapportées du prophète (les *hadith*), des commentaires des textes, des commentaires des commentaires ou encore des *fatwas*, réponses particulières des juristes musulmans. À partir du XIᵉ siècle, en raison de la « fermeture de la porte de l'*ijtihad* » (de la clôture de l'effort législatif et de l'interprétation doctrinale) elle s'est figée et s'est muée en droit immuable et sacré, entretenant par là le mythe de son absolue identité avec les prescriptions de source sacrée. Le mot « charia », qui n'apparaît qu'une fois dans le Coran, n'est pas un strict corpus de lois mais plutôt un ensemble de législations dans lequel les musulmans peuvent puiser pour fonder le droit musulman. « Il n'y a donc jamais eu de code véritablement unifié qui globalise, comme on aurait tendance à le croire, l'ensemble de la loi musulmane », explique l'*Encyclopédie des religions* des Éditions Bayard.

Ils ne la respectent pas pour ce qu'elle représente mais seulement parce qu'elle sert leurs intérêts. Le reste n'est que foutaise pour eux. Mes années algériennes m'ont appris qu'on ne peut pas être à moitié démocrate et à moitié islamiste. Car l'islamiste finit toujours par avaler le démocrate. Alors que le second s'adresse à la raison, le premier, lui, reste toujours enfermé dans le domaine de la foi, qui échappe à la raison : c'est Allah qui dit, c'est Allah qui veut, c'est Allah qui prescrit, c'est Allah qui punit, c'est Allah qui pardonne. Pour toutes ces raisons, je ne peux considérer les islamistes comme des partenaires politiques. Ils représentent un totalitarisme comme l'ont été le fascisme, le nazisme et le stalinisme. Et de toute façon, comment puis-je dialoguer avec ceux qui me considèrent comme une sous-humaine ou, dans le meilleur des cas, comme une demi-portion d'homme ? Le Dieu des autres, lorsqu'il est confiné dans l'espace privé, ne me regarde pas. Mais, lorsque le Dieu des autres s'égare sur son chemin pour vouloir s'imposer à tous, il devient un véritable danger public. Ce qui compte pour moi, c'est notre monde commun. «En quoi consiste donc notre monde commun ?», s'interroge Henri Pena-Ruiz qui avance la réponse suivante : «Il réside dans le fait que nous sommes capables de ne pas nous enfermer dans nos différences ou plus exactement d'assumer nos options spirituelles respectives mais avec assez de distance pour ne jamais oublier l'autre. Respecter l'altérité de l'autre, c'est admettre qu'il ait une autre option spirituelle et refuser, à l'évidence, qu'un tel fait lui donne des droits différents dans l'espace public[2]. » C'est en combattant l'islamisme politique que l'islam retrouvera la paix comme l'a retrouvée le christianisme en s'affranchissant de l'Inquisition. L'islam n'est pas l'islamisme politique. Les musulmans ne sont pas tous des islamistes. Les chrétiens n'étaient pas tous des croisés. L'islamisme

---

2. Henri Pena-Ruiz, « Fondements et actualités de l'idéal laïc », in Thomas Ferenczi (dir.), *Religion et politique. Une liaison dangereuse ?*, Bruxelles, Complexe, 2003, p. 246.

politique deviendra ce que les sociétés humaines feront de lui. Il n'est pas une fatalité pour les pays arabes et musulmans.

## Mon identité : ma richesse

Je sais d'où je viens. Je sais où sont mes racines. Mon identité n'est pas coagulée. Le monde ne me fait pas peur. La diversité non plus. Je n'ai aucune appréhension ni envers l'un ni envers l'autre. Je ne crains nullement qu'ils m'engloutissent. Bien au contraire, j'aime qu'ils m'emportent dans leurs contrées les plus éloignées et les plus mystérieuses. Ce que je redoute, par contre, ce sont les identités collectives préfabriquées qu'on instrumentalise pour dresser les uns contre les autres et les enfermer dans des prisons ethniques et communautaristes. Surtout, n'essayez pas de me clouer, de me visser et de m'attacher à une communauté. D'autres ont essayé et n'y sont pas parvenus. Ma communauté, c'est l'humanité tout entière. Ma religion, ce sont les Lumières. Montaigne m'appartient tout autant qu'Averroès. Je revendique le droit de m'arrimer dans plusieurs girons. N'essayez surtout pas de me dire qu'il aurait fallu que je sois née en France, de parents français, de grands-parents français et d'arrière-grands-parents français pour que je me revendique de cet héritage. N'essayez pas de me dire que Spinoza, Nietzsche, Gramsci et Voltaire ne sont pas des miens. Ils le sont. Tout autant que le sont Averroès, Khayam, Abou Nuwas et Ibn Arabi. N'essayez pas de me dire qu'il aurait fallu que je me débarrasse de mon nom pour m'imprégner de l'universel. N'essayez pas de me dire qu'il aurait fallu que je taise le *h* de mon nom pour ne pas trop ébruiter mes origines. Cet *h*-là qui vous brûle la gorge, il est là pour rester. Il est là pour rappeler à tous ceux qui seraient tentés de me faire passer pour celle que je ne suis pas, que moi aussi je porte un nom arabe. Un nom que j'assume entièrement. Qui signifie, qui plus est, le fils de l'aimé. Ma différence n'est pas une succession de braderies. Elle est accomplissement et épanouissement. Qu'ai-je à voir, moi, avec Milan Kundera et Garcia Marquez ? La consonance du nom ? Certainement pas. Le lieu de naissance? Pas du tout. Les ancêtres? Pas que je sache. Ce qui rend Kundera et Marquez intelligibles pour moi, c'est notre appartenance à la même communauté d'humains. C'est cela l'universel. Rendre le spécifique accessible aux autres. Cela ne peut se faire que si l'identité est vécue comme une affirmation de soi et non comme une crispation ou une aliénation aux autres. Maintenant que j'ai clarifié ces quelques points, allons à l'essentiel.

## À chacun sa maladie

L'humanité a évolué grâce à l'apport des uns et des autres à travers les siècles. Il nous incombe d'intégrer toutes ces avancées et de les explorer davantage. La modernité implique forcément l'innovation et le changement social en dépassant des us et coutumes que nous jugeons trop archaïques. C'est ainsi que les sociétés avancent et se renouvellent. Si nous ne souscrivons pas à l'évolution historique des sociétés humaines, nous vivons en marge des processus historiques. Or, «en figeant l'islam au VII$^e$ siècle, les islamistes refusent que l'islam fasse partie de l'histoire de la pensée et qu'il puisse être soumis à l'évolution de la pensée. L'histoire finit là où commence l'islam», explique Wassyla Tamzali[3]. Pourtant, l'apport de la civilisation arabo-musulmane à la civilisation universelle est indéniable. Ce sont cependant les héritages de la Grèce, de l'Inde, de la Perse et de la Mésopotamie qui ont permis son éclosion. La civilisation arabo-musulmane a été le creuset d'une transmutation de l'Antiquité en modernité. Car, ne l'oublions pas, c'est à travers Averroès, père du rationalisme, et en langue arabe, que les Latins ont découvert Aristote.

L'Europe chrétienne, avec ses tribunaux religieux, ses guerres de religions et ses croisades, a fait couler beaucoup de sang. Les exemples abondent. Galilée n'a-t-il pas été jugé en 1633 et condamné par l'Inquisition pour hérésie? Avant lui, en 1600,

3. Wassyla Tamzali, *Il Manifesto*, 4 avril 2004.

c'est Giordano Bruno, philosophe italien d'une rare audace, disciple de Copernic, qui fut condamné au bûcher après un procès pour hérésie qui dura huit ans. Le 24 août 1572, jour de la Saint-Barthélemy, des protestants furent massacrés à Paris par des catholiques candidats au paradis. Selon les historiens, il y aurait eu environ 3500 victimes. Accusé du meurtre de son fils, Jean Calas, condamné par le tribunal de Toulouse le 9 mars 1762, périt sur la roue. Bouleversé par le sort réservé à ce père de famille protestant livré aux mains du fanatisme, Voltaire publia, une année plus tard, son *Traité sur la tolérance*. Ouvrage qui fut d'ailleurs interdit mais qui aura un retentissement considérable. Le grésillement de la chair sous la morsure du fer rouge a marqué l'Europe pendant des siècles ainsi que les chasses aux sorcières et les enfermements de filles ayant «fauté». Saint Thomas d'Aquin, le théologien le plus influent du Moyen Âge, donna le ton de ce qu'allaient subir les femmes en Europe en donnant naissance à leur progéniture. «Si elles se fatiguent ou meurent, cela n'a pas d'importance. Laissez-les mourir en couche, c'est ce pour quoi elles sont là», affirmait-il. Spinoza fut excommunié par la synagogue d'Amsterdam en 1656 à cause de son attitude jugée trop libre par rapport aux enseignements du judaïsme et un juif fanatique tenta même de l'assassiner. Avec cinq siècles de retard, l'Église s'excusa d'avoir «intimidé» Galilée. Il aura fallu attendre 1966 pour voir disparaître l'*Index des livres interdits* (*Index librorum prohibitorum*). Parmi lesquels on retrouvait ceux de Descartes, La Fontaine, Montesquieu, Voltaire, Stendhal, Victor Hugo, Gustave Flaubert et Émile Zola. En s'affranchissant de la tutelle de l'Église, l'Europe a vertigineusement progressé et on peut espérer que ce progrès sera irréversible.

Malheureusement, on ne peut pas en dire autant pour le monde musulman. La civilisation arabo-musulmane, après avoir rayonné intellectuellement, de l'Inde à l'Espagne, par ses sciences et sa philosophie[4] – en témoignent les nombreux sa-

---

4. *L'âge d'or des sciences arabes*, exposition présentée à l'Institut du monde arabe, Paris, 25 octobre 2005-19 mars 2006, Paris, Institut du monde arabe et Arles, Actes Sud, 2005.

vants de l'époque et leurs brillantes recherches dans des domaines aussi variés que les mathématiques, l'optique, la chimie, la médecine, l'astronomie et la philosophie –, vit un déclin profond depuis le XIIᵉ siècle[5]. Cet ankylosement, même s'il est attribuable à de nombreux facteurs, porte en lui la contradiction principale entre la foi et la raison. Abdelwahab Meddeb, écrivain et poète tunisien, considère que l'islam porte en lui les germes de sa maladie. « Aucune religion n'est dénuée d'intolérance. Si le fanatisme fut la maladie du catholicisme, si le nazisme fut la maladie de l'Allemagne, il est sûr que l'intégrisme est la maladie de l'islam[6] », affirme-t-il. Instrumentalisé dans un projet politique, l'islam est pris en otage par les tenants d'une orthodoxie réactionnaire ayant pour idéologue Ibn Taymiya[7], théologien du XIIIᵉ siècle, et se manifeste avec une violence inouïe à l'égard de toute réforme le concernant.

## L'histoire de Fatima et la consternation de l'Italie

En août 2007, la justice italienne acquitte des parents bourreaux d'origine maghrébine malgré les terribles violences infligées à leur fille Fatima, une mineure qui « vivait à l'occidentale[8] ». Même si les juges ont reconnu les mauvais traitements, la séquestration et les coups portés à la jeune fille, ils ont estimé que les parents le faisaient « pour son bien et pour son style de vie non conforme à leur culture ». Dans cette affaire qui a soulevé un tollé en Italie, les juges ont rendu un jugement au nom du respect des traditions culturelles, créant un profond malaise au

---

5. Fereydoun Hoveyda, *L'islam bloqué*, Paris, Robert Laffont, 1992.

6. Abdelwahab Meddeb, *La maladie de l'islam*, Paris, Seuil, 2002, p. 12.

7. Penseur de l'école orthodoxe hanbalite de Ibn Hanbal (780-855), Ibn Taymiyya (1263-1328) a été un auteur prolifique, il a notamment écrit un petit livre intitulé *La politique au nom de la loi divine*, qui constitue le bréviaire de l'intégrisme.

8. Eric Jozsef, « La justice italienne absout la charia en famille », *Libération*, 10 août 2007.

sein de la société. Des imams qui soufflent sur les braises en prêchant la haine des femmes et des étrangers (non musulmans) ont installé un véritable climat d'animosité. Mohammed Khohaila, marchand de fruits et légumes d'origine marocaine, installé en Italie depuis dix-neuf ans et qui s'est improvisé prédicateur est devenu tristement célèbre à cause de ses prêches incendiaires captés par une caméra cachée et diffusés à la télévision italienne. En parlant des femmes, il disait : « Elles sont inférieures à l'homme. Soumettez-les. N'hésitez pas à les battre. Elles fileront droit. » S'agissant des catholiques et des juifs, il disait encore : « Ne fréquentez aucun étranger [à l'islam]. Ne faites aucun compromis avec les athées. Il faut les tuer. Un point c'est tout. » Des dizaines d'actes d'intolérance dont les femmes musulmanes sont les premières victimes sont rapportés par la presse. « Cela va du mari, installé à Vérone, qui fracasse la mâchoire de sa femme sans raison apparente et que le juge relaxe au prétexte que cela "fait partie de leurs habitudes culturelles", au médecin syrien qui conseille à ses patients d'avoir plusieurs femmes "parce que cela fait du bien à la prostate", en passant par des mariages arrangés dès le plus jeune âge, ou des imams qui célèbrent en douce des unions polygames en infraction avec la loi italienne, et d'innombrables cas de séquestration de femmes et de filles à la maison[9]. » Fortement ébranlé par la multiplication d'actes de violence, à l'égard des femmes notamment, le gouvernement italien a fini par adopter une Charte des valeurs de la citoyenneté et de l'intégration qui réaffirme le caractère laïque de l'État et l'égalité entre les hommes et les femmes « tant à l'intérieur qu'à l'extérieur du cadre de la famille », rejette la polygamie et définit les critères d'obtention de la nationalité italienne. On y apprend entre autres qu'« il est important de connaître la langue italienne et les éléments essentiels de l'histoire et de la culture nationales, et [d']adhérer aux principes régissant notre société. Vivre sur le même territoire

9. Richard Henzé, « Un imam radical piégé par la télévision italienne », *Le Figaro*, Rome, 3 avril 2007.

signifie également avoir la possibilité d'être, tous et ensemble, pleinement citoyens en respectant de façon loyale et cohérente les valeurs et les responsabilités communes. »

## Le sang des crimes d'honneur souille l'Europe

Le traitement qu'ont subi des musulmanes en Italie n'est malheureusement pas chose si rare en Europe. Martine Gozlan rapporte de nombreux incidents survenus en France. Elle relate notamment la mort de Louisa Ladjnoune, exorcisée par un imam de Roubaix en juillet 1994. En 1993, la mort de la jeune Nasmyie, d'origine turque, étranglée par sa famille en raison de sa relation amoureuse avec un non-musulman. La mort tragique en Corse de la jeune Latifa, d'origine marocaine, éventrée par son père, pour les mêmes raisons. « La guerre des intégristes, en Europe, est aussi une affaire de famille, une chirurgie interne. Son objectif ? Couper le cordon ombilical qui relie les musulmans à leur pays d'accueil, leur ôter l'envie sincère de devenir français, allemands, britanniques, pour les précipiter dans l'univers émotionnel de la *oumma*, la communauté islamique, cette Internationale de la foi qui fait fi des passeports, des langues et des drapeaux. La Oumma exige de vivre selon ses lois, qui nient celles de l'Europe, ou bien les manipulent[10]. » Depuis quelques années, l'explosion en France de la violence à l'égard des jeunes femmes d'origine maghrébine est devenue un véritable phénomène symptomatique de l'état de déliquescence et de délabrement du tissu social. Les populations maghrébines, laissées à elles-mêmes, sont poussées à l'islamisme. Beaucoup de jeunes y succombent. Dans un contexte socio-économique difficile, l'islamisme est tombé à pic. Il sert de paravent pour justifier la barbarie à l'égard des femmes. Lorsque la crise identitaire se mêle au chômage et à la perte des valeurs, la fracture sociale explose. Les femmes en payent le prix le plus lourd. Dans les cités françaises, on ne brûle plus

10. Martine Gozlan, *Pour comprendre l'intégrisme islamiste*, Paris, Albin Michel, 2002, p. 168.

seulement des voitures. On brûle également des femmes. Des voyous se font « justiciers » et déversent une bestialité, jusque-là inimaginable, sur de jeunes femmes qui n'aspirent qu'à vivre avec leur temps. Les crimes sont commis en plein jour, au su et au vu de tous. Les viols collectifs[11] et les kermesses de la mort se multiplient. Le spectacle est ouvert aux amis et aux voisins.

En octobre 2004, une jeune femme âgée de 23 ans est lapidée dans les quartiers nord de Marseille à quelques jours de son mariage, par trois mineurs dans des circonstances qui dépassent l'entendement. Le corps de Ghofrane (qui signifie « pardon » en arabe) Haddaoui est abandonné sur un terrain vague, la boîte crânienne complètement défoncée[12]. « Ghofrane avait été massacrée. On avait taillé son oreille droite et arraché à vif le lobe de son oreille gauche. Ses lèvres étaient éclatées, et on lui avait cassé les dents, qu'elle avait pourtant si belles. Elle avait un trou à la tempe gauche, par lequel son œil avait été déplacé. Tous les doigts de sa main gauche avaient été écrasés, et particulièrement l'annulaire, qui avait été littéralement broyé. Ses côtes avaient été brisées, et elle portait des hématomes sur le torse. Le médecin légiste l'avait rasée, et elle était marquée des entailles de l'autopsie. Mais surtout, son crâne avait été fracassé. On pouvait voir l'impact de trente et un coups à la tête. Trente et un trous[13] », raconte sa mère Monia Haddaoui dans un livre qui retrace la tragédie. Femme courage, elle mène un combat hors du commun pour faire connaître et reconnaître le crime de lapidation commis contre l'aînée de ses six enfants.

Le 13 novembre 2005, à Neuilly-sur-Marne dans la région parisienne, Shérazade Belayni, 18 ans, est aspergée d'essence dans une rue non loin de chez elle et brûlée à 60% par un jeune homme dont elle avait refusé la demande en mariage. Après le

11. Samira Bellil, *Dans l'enfer des tournantes*, Paris, Gallimard, 2003.

12. Michel Henry, « La lapidation de Ghofrane aux assises », *Libération*, 11 avril 2007.

13. Monia Haddaoui et Anne Becart, *Ils ont lapidé Ghofrane*, Paris, Des femmes – Antoinette Fouque, 2007, p. 18.

crime, ce dernier s'est envolé pour le Pakistan où il est resté pendant près d'un an avant de se livrer à la justice française le 17 novembre 2006. La presse fut peu bavarde. Au début, l'information n'a circulé qu'à petite échelle grâce à des réseaux de femmes. Comme dans le cas de Ghofrane, on a invoqué l'alibi amoureux, le crime passionnel. Les qualificatifs ont abondé de façon lénifiante pour atténuer ces actes ignobles. On a affiché l'origine des assassins comme pour excuser leurs gestes. Comme pour nous dire, dans un paternalisme gargouillant, que finalement ces violences inhumaines et insupportables sont innées chez les musulmans. Comme pour nous dire que les musulmans ne peuvent être que des barbares et rien d'autre.

En Allemagne, où vit une importante communauté turque, on dénombre également plusieurs cas de filles et de femmes victimes de la sauvagerie de leur famille à cause de leurs mœurs «occidentalisées». Quarante-sept femmes musulmanes y ont été tuées entre 2000 et 2006. La chaîne de télévision franco-allemande ARTE y a consacré plusieurs reportages. Le 7 février 2005, le cadavre d'une jeune femme de 23 ans d'origine turque née en Allemagne, Hatun Sürücü, est découvert dans une banlieue de Berlin. Ses bourreaux : ses propres frères, âgés de 18, 24 et 25 ans. Mariée de force à 16 ans avec un cousin demeuré au pays et qu'elle connaissait à peine, renvoyée en Turquie, Hatun en était revenue, un an plus tard, avec dans les bras un petit garçon, laissant derrière elle mari, traditions et voile. «L'affaire a quitté la page des faits divers lorsque, dans le collège Thomas-Morus, voisin du lieu où l'assassinat a été perpétré, un professeur de 8e – l'équivalent de la classe de 4e dans le système français – a abordé le thème des crimes dits "d'honneur". "Elle n'a eu que ce qu'elle méritait", a lancé l'un des gamins. "Une pute qui cavalait comme une Allemande", a renchéri un autre. Choqué, le principal du collège, Volker Steffens, a rédigé une lettre ouverte transmise à la presse[14]. » Necla Kelek, sociologue allemande

14. Georges Marion, «Un nouveau "crime d'honneur" scandalise l'Allemagne», *Le Monde*, 8 mars 2005.

d'origine turque, a fait plusieurs recherches sur l'intégration des Turcs en Allemagne. Elle a publié deux livres sur la question qui ont suscité un débat dans son pays d'adoption. Elle s'est elle-même affranchie de la brutalité de son père pour pouvoir vivre pleinement. «J'avais dix ans quand je suis venue d'Istanbul en Allemagne. Je m'y sentais chez moi. À ma puberté, mes parents m'ont interdit tout contact approfondi avec mes camarades de classe allemands, mes professeurs, l'Allemagne. Pendant quatre ans, je ne voyais la vie qu'à travers la fenêtre de mon appartement. Un jour, j'ai cessé d'obéir à mon père. Il y a eu l'éclat. Je savais dès lors que je ferais mon chemin toute seule. Mon père est parti et ma mère m'a laissée étudier. Cela m'a sauvée», explique-t-elle.

Dans son édition du 26 octobre 2007, le journal belge *Le Soir* rapporte la tragédie de Sadia Sheikh, une jeune Pakistanaise de 20 ans qui a succombé à ses blessures dans la localité de Lodelinsart. Son assassin n'était nul autre que son frère qui a tiré une série de coups de feu sur elle et sa sœur Sarya, âgée de 18 ans, en pleine rue. C'est encore une histoire de mariage forcé et d'une femme «occidentalisée» que l'on saigne pour sauver l'honneur de la famille, honneur qui loge entre les cuisses des femmes.

Le 23 janvier 2006, Banaz Mahmoud Bakabir, une jeune femme d'origine kurde, est sauvagement assassinée dans la banlieue de Londres. Étranglée et enterrée dans une malle dans le jardin de la maison familiale, son corps est retrouvé le 28 avril. Ses assassins : son père et son oncle. Le 30 avril 2007, la BBC ébruite l'affaire de celle qui fut mariée de force une première fois, puis avait divorcé et comptait se remarier avec l'homme de son choix, un Kurde iranien, provoquant la colère de sa famille. Cette dernière avait menacé de mort les deux tourtereaux. «Nous allons te tuer, toi et Banaz, parce que nous sommes kurdes et musulmans. Nous ne sommes pas comme les Anglais où on peut être petit copain et petite copine», avait déclaré le père de la victime à l'amoureux de celle-ci. Ce qui est d'autant plus scandaleux dans cette affaire, c'est l'inaction de la police métropolitaine de Londres à qui Banaz avait exprimé ses craintes d'être tuée, à maintes reprises, sans qu'aucune protection ne lui soit offerte. « Mais l'exemple britannique illustre comment une forme relativiste de multiculturalisme peut entrer en conflit avec les droits des femmes et la façon dont les crimes d'honneur, loin de disparaître au fil des générations de migrants qui s'établissent dans de nouveaux pays, sont peut-être même à la hausse », rapporte James Button, qui a constaté que la plus grande crainte de nombreuses femmes musulmanes n'était pas le racisme mais bien les menaces de leurs familles. « (…) la police rapporte 12 à 13 crimes d'honneur par année (principalement des femmes). Cependant, des activistes contestent les chiffres et la police est en train de se pencher sur le cas de 117 femmes disparues dans des circonstances mystérieuses les quinze dernières années[15]. » L'article se réfère à une étude du Center for Social Cohesion intitulée *Crimes of the Community* et qui a recueilli de nombreux témoignages de femmes victimes de violence familiale. L'enquête montre également comment l'indifférence complice des autorités publiques banalise les crimes d'honneur et sert les chefs religieux intégristes.

### Que vaut la vie de Aqsa Parvez ?

C'était le soir du 10 décembre 2007. Installés autour de la table, Gilles et moi mangions tranquillement dans notre maison d'Aylmer. La neige s'accumulait à l'extérieur. Ce soir-là, il faisait doux, si bien que le bonhomme de neige que Frida avait fait la veille avec son père s'est trouvé amputé de son nez et s'est mis à dégouliner. Je ne sais si cette lente disparition a suscité de la peine chez ma fille. Elle regardait attentivement le processus de décomposition de son bonhomme de neige et criait à répétition : « Le nez, le nez. » Gilles et moi l'observions, amusés. Un œil sur Frida, assise entre nous deux sur sa chaise haute, je prêtais

---

15. James Button, « *My family, my killers* », *The Sydney Morning Herald*, 2 février 2008.

une oreille distraite aux nouvelles à la radio et, comme à l'accoutumée, Gilles et moi discutons de choses savantes et moins savantes un verre de vin à la main. Soudain, aux informations, on a rapporté le drame d'une jeune fille assassinée par son père. Nous nous sommes tus abruptement. J'ai bondi sur la radio pour augmenter le volume. J'avais bien compris.

Aqsa Parvez, une jeune adolescente de 16 ans, venait d'être étranglée par son père... à quelques centaines de kilomètres de chez nous, à Mississauga, en Ontario. Transportée à l'hôpital, son état était jugé critique. C'est son père qui avait alerté les policiers et leur avait avoué son crime. Quant à la fille, elle est morte dans la nuit[16]. La nouvelle m'a momifiée. Les informations à la télévision et sur Internet n'étaient que sommaires. Il fallait attendre encore pour en savoir un peu plus sur la tragédie. Le lendemain, les informations ont commencé à se multiplier, notamment à travers les témoignages des jeunes amis de la victime. J'ai appris alors que Aqsa Parvez était une adolescente bouillonnante de vie, qui aimait la mode et les sorties entre amis. Des photos d'elle ont circulé dans les médias. Tantôt habillée d'une somptueuse robe de bal rose ou d'un simple jean, arborant un joli sourire ou une grimace coquine. À travers plusieurs clichés de la jeune adolescente, on était en mesure de constater qu'elle respirait la vie. C'est d'ailleurs ainsi que la décrivaient ses camarades de classe. Ce qui n'était pas vraiment pour plaire à son père, qui aurait préféré la voir ensevelie de la tête au pied sous un hidjab. Le port du hidjab était devenu très vite un sujet de discorde entre les deux. Avec la complicité du frère qui était chargé de surveiller Aqsa, le père lui avait imposé le voile, qu'elle ne portait que sporadiquement. Une fois qu'elle s'éloignait du regard de sa famille, elle redevenait la fille qu'elle voulait être. Tous les matins dans les toilettes de son école secondaire Applewood Heights, elle se prêtait au même rituel : se débarrasser du hidjab pour enfiler un jean. C'est ainsi qu'elle

16. Josh Wingrove, Jim Wilkes et Bob Mitchell, « *Teen died of strangulation* », *Toronto Star*, 12 décembre 2007.

s'était installée dans une double vie. Lorsque sa famille s'était rendu compte de son stratagème, elle l'avait menacée. Terrorisée par son père et son frère qui augmentaient la pression sur elle, elle craignait pour sa vie[17]. Elle avait fini par quitter la maison familiale, a indiqué sa compagne de classe, Ashley Garbutt, au *Toronto Star*[18]. Elle avait trouvé refuge chez la famille Tahir qui connaissait bien la famille Parvez, toutes deux étant pakistanaises[19]. Les deux familles avaient eu d'ailleurs une discussion sur le comportement de la jeune adolescente en sa présence au domicile des Tahir. Ses parents l'avaient suppliée de retourner vivre avec eux, ce qu'elle avait refusé énergiquement. Cette journée fatidique du 10 décembre, elle était retournée chez ses parents pour prendre quelques affaires. La suite, nous la connaissons.

En Ontario, la tragédie a suscité un vif débat. La montée de l'intégrisme musulman au Canada a été clairement montrée du doigt. Au Québec, les médias ont préféré jouer la carte de la « prudence », laissant passer une occasion en or de dénoncer les violences faites aux femmes de culture ou de foi musulmane. Le sujet reste tabou. Les journalistes ne parviennent pas à percer le mur de silence des communautés musulmanes. Leurs reportages ne sont que partiels. Rares sont les personnes qui osent parler des pressions que subissent les femmes musulmanes et rares sont les journalistes qui se risquent à les évoquer. Ceux qui le font reçoivent critiques et intimidations des associations islamistes qui sont déjà montées au créneau pour nous donner leur interprétation concernant l'assassinat de la jeune Ontarienne. « Le 11 décembre 2007, sur les ondes de Radio-Canada, la Fédération des femmes musulmanes rappelle que le drame aurait pu survenir dans toutes les familles, de toutes les religions. La

17. Chris Wattie, « *Dead girl was "scared of her father": friend* », *National Post*, 12 décembre 2007.

18. Bob Mitchell et Jim Wilkes, « *Dad charged in teen's death* », *Toronto Star*, 11 décembre 2007.

19. Natalie Alcoba, « *Aqsa's last days* », *National Post*, 15 décembre 2007.

porte-parole de l'organisme, Zahaida Murtaza, ne croit pas que le meurtre puisse s'expliquer par le refus de porter le hijab. De nombreux facteurs sont à l'origine de conflits intergénérationnels entre un père et sa fille, dit-elle.» Les mots sont lâchés: «drame intergénérationnel». Au Québec, ils reviennent souvent dans les médias. C'est pratiquement le consensus général. Depuis la commission Bouchard-Taylor, les islamistes occupent toutes les tribunes, à travers les femmes essentiellement. L'écrasante majorité porte le hidjab. Elles défilent les unes après les autres pour fustiger les médias et pour jurer qu'elles ne sont pas soumises et qu'elles sont même féministes jusqu'au bout des ongles. Les journalistes marchent sur des œufs. L'interprétation la plus audacieuse est venue de Farrukh Saleem à Islamabad, un analyste pakistanais qui a écrit une chronique intitulée «Le crime d'honneur est notre exportation vers le Canada[20]». «Le crime d'honneur est notre exportation vers le Canada. Les femmes qui ne portent pas le hijab ne sont pas vertueuses. Le hijab est l'identité d'une femme musulmane. Le hijab est la religion. Le hijab est le sixième pilier. Le hijab symbolise la modestie sexuelle. L'Occident conspire pour écraser l'identité islamique. Réalité ou fiction? Voici un fait: Aqsa a été assassinée. Pour nous, le déni n'est pas une option. Selon le Fonds des Nations unies pour la population, plus de 5000 femmes dans le monde sont victimes de crimes d'honneur. Le déni n'est pas une option. Selon le rapporteur spécial de l'ONU, des «crimes d'honneur ont été signalés en Égypte, en Iran, en Jordanie, au Liban, au Maroc, au Pakistan, en Syrie, en Turquie et au Yémen».

Le mardi matin, quand je me suis réveillée pour me rendre au bureau, le nom de Aqsa résonnait dans ma tête. Il ne m'a pas quitté de la semaine. Je pensais à Frida. J'avais hâte de me jeter dans les bras de mes parents. Le vendredi 14 décembre, dans *Le Devoir*, Lise Payette a dédié sa chronique à Aqsa et l'a intitulée: «Une minute de silence, s'il vous plaît!» Elle y parlait d'une femme «qui refusait de se soumettre aux exigences reli-

20. *The Daily Times*, 19 décembre 2007.

46

gieuses qu'on lui imposait ». « Le port du voile est un libre choix, ont répété des dizaines de musulmanes devant la commission Bouchard-Taylor. "Personne ne nous oblige à le porter", ont-elles insisté. Ni les pères, ni les frères, ni le Coran. Aujourd'hui, devant la mort de Aqsa, je me pose de sérieuses questions. (…) Une minute de silence, ce ne sera pas de trop pour y penser et saluer la mémoire d'une autre femme tombée au champ d'honneur de l'égalité. » Moi aussi je veux saluer le courage de Aqsa. Moi aussi je vous demande une minute de silence pour elle, s'il vous plaît.

## Au pays de Van Gogh, Theo est assassiné

L'expérience néerlandaise, bien que différente, est tout aussi édifiante. Ayaan Hirsi Ali, ancienne députée néerlandaise d'origine somalienne, condamnée à mort pour ses positions critiques à l'égard de l'islam et son combat pour les droits des femmes, raconte dans son livre *L'insoumise* comment les pouvoirs publics ont nourri l'intégrisme musulman en adoptant de nombreuses mesures d'accommodement telles que la construction de mosquées, l'abattage rituel, les jours de congé pour des motifs religieux, l'enseignement coranique dans les écoles publiques et la subvention par l'État d'écoles islamiques et de diverses organisations et associations musulmanes. La militante féministe relate également les énormes difficultés des femmes musulmanes néerlandaises à s'émanciper de l'autorité des mâles de leurs communautés. Il y aurait une dizaine de crimes d'honneur commis chaque année sur le territoire hollandais et une centaine de femmes musulmanes doivent se cacher en permanence parce que la famille (mari, père ou frère) menace de les tuer pour prétendument sauver leur honneur. « Les Pays-Bas se sont vus comme un modèle de tolérance, mais cantonner les immigrés dans leurs communautés, laisser les femmes musulmanes prisonnières du carcan fondamentaliste et de l'excision, est-ce de la tolérance ou de l'aveuglement ? », s'interrogeait-elle. C'est cette réalité vécue par les femmes musulmanes que le réalisateur néerlandais Theo Van Gogh a montrée dans *Soumission*, un court métrage de onze minutes co-écrit avec Ayaan Hirsi Ali, sur une chaîne de télévision néerlandaise et pour lequel il fut poignardé en pleine rue d'Amsterdam, le 2 novembre 2004, par Mohammed Bouyeri, un fils d'immigrant marocain, âgé de 26 ans à l'époque des faits, né et élevé aux Pays-Bas et qui a quitté la voie de l'intégration pour se rallier à l'islamisme radical lors d'un séjour en prison. Bouyeri a planté dans la poitrine de Theo Van Gogh un couteau de boucher accompagné d'un texte de cinq pages où on pouvait lire la phrase suivante : « Les Néerlandais doivent payer de leur sang la torture et le meurtre de nos frères et sœurs. » Une autre lettre, retrouvée sur lui, contenait une liste de cinq autres personnalités condamnées à mort dont Ayaan Hirsi Ali, le chef des parlementaires libéraux, Jozias van Aartsen, et le maire d'Amsterdam, Job Cohen. L'assassinat de Theo Van Gogh, arrière-petit-neveu du peintre, a créé une véritable onde de choc non seulement aux Pays-Bas, où on a découvert l'existence de plusieurs cellules islamistes[21], mais partout en Europe.

La conception, selon laquelle l'intégration peut se faire tout en préservant pleinement l'identité culturelle des minorités, a fini par voler en éclat. L'idée bucolique du « jardin multiculturel hollandais » où les communautés, protestante, catholique, juive, musulmane ou gay, cohabitent en liberté s'est évanouie et l'immigration est devenue un immense enjeu politique, notamment pour le parti d'extrême droite Démocrates du centre de plus en plus populaire. Sous la pression de l'opinion publique, est entrée en vigueur le 30 novembre 1998 une

21. « Bouyeri est lié à d'autres militants, en Espagne, au Royaume-Uni, comme aux Pays-Bas. Parmi ceux-là, le "groupe Hofstad", une cellule de 12 membres inculpés pour terrorisme qui seront jugés à l'automne. Selon le ministre de l'Intérieur, Johan Remkes, de 10 à 20 noyaux radicaux, regroupant quelques centaines d'individus, seraient actifs dans le royaume. Des "allochtones" de sexe masculin, pour la plupart. Mais aussi, de plus en plus, des femmes et des Néerlandais de souche convertis à l'islam. » Jean-Michel Demetz, « Le djihadiste d'Amsterdam », *L'Express*, 25 juillet 2005.

loi qui oblige le nouvel arrivant à suivre un programme d'intégration comprenant des cours de néerlandais, des cours sur la société néerlandaise ainsi que des cours d'orientation professionnelle. « Nous n'attendons pas des étrangers qu'ils fassent du patin à glace! clame Rita Verdonk, ministre de l'Immigration, mais qu'ils apprennent notre langue et qu'ils acceptent des valeurs de base, comme l'égalité homme-femme. » Et lorsqu'un imam refuse de lui serrer la main « pour des raisons religieuses », elle annule tout de go la rencontre. « Et quand nous nous reverrons, j'espère que vous parlerez néerlandais! » lui lance-t-elle[22].

Sans surprise, les islamistes se sont réjouis de l'assassinat de Theo. Pas seulement eux. Dans leur sale guerre liberticide, ils ont trouvé des alliés inespérés. Je pense à Marie Bernard-Meunier, ancienne diplomate canadienne, qui a publié dans *La Presse* une contribution dans laquelle elle a écrit: « Peu de temps après, c'est le réalisateur Theo Van Gogh qui a été assassiné, par un jeune musulman, pour avoir réalisé un film délibérément provocateur sur l'islam. On a fait de lui un martyr de la liberté d'expression[23]. » Cette prise de position est extrêmement grave: elle donne à penser que le droit à la vie n'est qu'une broutille. Voilà un réalisateur qui est assassiné, en plein jour, atteint de huit coups de revolver, son meurtrier a égorgé son cadavre, lui a planté deux couteaux dans la poitrine, et Marie Bernard-Meunier pousse l'indécence jusqu'à en faire porter l'odieux à la victime, traitant son film de « délibérément provocateur sur l'islam ». Dire ce que nous pensons ne devrait jamais compromettre notre vie.

Lors de son procès, Mohammed Bouyeri a déclaré aux juges: « "J'ai agi par conviction, pas par haine. (...) Si jamais j'étais relâché, je referais la même chose. Exactement la même

22. Stéphane Kovacs, « Les Pays-Bas bloquent l'immigration musulmane », *Le Figaro*, 8 mars 2006.

23. Marie Bernard-Meunier, « Une leçon d'harmonie », *La Presse*, 22 octobre 2007.

chose." Bouyeri récuse la justice de son pays. Il a refusé toute défense. Ses actes sont fondés sur "la loi qui m'ordonne de couper la tête de quiconque insulte Allah ou le Prophète". Manifestement, s'il éprouve un regret, c'est de ne pas être mort en plein djihad. Aux policiers sur lesquels il a ouvert le feu lors de son arrestation il a ainsi lancé : "J'ai tiré pour tuer et être tué. Vous ne pouvez pas comprendre[24]." » Même si l'on admet que Van Gogh ait délibérément insulté l'islam, pourquoi les musulmans s'offusqueraient-ils de ces insultes ? Le Coran n'est-il pas lui-même truffé d'injures à l'égard des chrétiens et des juifs et de condamnations à mort des non-croyants ? Le respect n'a de sens que s'il est réciproque et que si le principe d'égalité de tous les êtres humains est observé. Or, en islam, les musulmans sont considérés comme supérieurs aux autres êtres humains, ce qui est inacceptable dans une démocratie. « Il n'y a pas plus à respecter des croyances ou des idéologies politiques qu'il n'y aurait à censurer la pensée et à lui interdire le droit de critique et de satire. Si quelqu'un, dès que sa croyance ou sa conviction politique est publiquement tournée en dérision, attaque en justice, on aura des procès sempiternels. Il faut se souvenir qu'après avoir publié la *Lettre sur les aveugles*, Diderot avait été accusé d'insulte au christianisme, et embastillé[25] », explique Henri Pena-Ruiz.

À mes yeux, il n'y a aucune justification possible pour accepter l'inacceptable. L'insensé. L'absurde. Le crime. Rien. Pas même la mauvaise conscience d'un Occident qui essaie de revaloriser des cultures et des coutumes qui avaient été piétinées par l'ethnocentrisme colonial. La spécificité culturelle fige l'individu dans une essence immuable et le renvoie à sa communauté de naissance et de sang. L'ordre politique, voire juridique, ne doit pas tenir compte du prisme communautaire. L'argument

---

24. « Le djihadiste d'Amsterdam », *loc. cit.*

25. Henri Pena-Ruiz, « Fondements et actualités de l'idéal laïc », in Thomas Ferenczi (dir.), *Religion et politique. Une liaison dangereuse ?*, Bruxelles, complexe, 2003, p. 254.

culturel et identitaire relève du pur mépris. Pourquoi des traditions injustes, façonnées dans des sociétés patriarcales, que des hommes et des femmes ont combattues partout dans le monde, seraient-elles acceptables pour les musulmans? Ce n'est pas parce que ces pratiques immondes existent encore qu'on devrait les tolérer ou que ça leur donne un caractère éternel. Il y a une mentalité «différentialiste», comme le fait remarquer Emmanuel Todd, «basée sur l'idée qu'il y a des races différentes et qu'il faut les séparer». La tolérance des Anglais repose sur cette idée: «Les Anglais partent du principe que la communauté pakistanaise ne doit pas se dissoudre dans la leur: un Anglais ne tient pas à ce que son fils épouse une Pakistanaise. À l'opposé, l'attitude française part d'un présupposé universaliste: si les gens ont un comportement semblable au nôtre, eh bien, ils sont les bienvenus! Nous sommes pour le métissage, pour le mélange des populations[26].»

## Londres: La Mecque de l'islamisme et le pacte rompu

Le 17 février 2006, j'étais à Londres pour quelques jours en pleine controverse des caricatures de Mahomet. Je me promenais tranquillement à Trafalgar Square avec Gilles et Frida, lorsque nous avons été littéralement happés par une marée humaine complètement déchaînée qui demandait rien de moins que la tête de l'auteur des caricatures sous le regard stoïque des policiers de Scotland Yard. J'étais renversée et tétanisée par l'ampleur de la manifestation qui a rouvert, encore une fois, ma blessure algérienne. Blessure qui me renvoie à mon passé que je porte douloureusement mais que je garde aussi jalousement. Non, pour rien au monde je ne m'en départirais. J'ai grandi de mes blessures, m'agrippant à des paroles, des rires et des gestes d'êtres chers qui m'ont témoigné leur amour. C'est cet oxygène qui a fait de moi la femme que je suis devenue. Ce sont ces

26. «Invitons-les à devenir Françaises», entrevue avec Emmanuel Todd publiée dans *L'Express*, 2 octobre 2007.

amitiés, ces amours et ces rencontres qui m'ont permis de continuer à croire en l'humanité. «Salut, la jeunesse!» me disait d'un ton doux et ricaneur Abderrahmane Fardeheb qui venait souvent chez mes parents à Oran, et qui traînait avec lui son fils, Mourad, un adorable gamin aux cheveux blonds haut comme trois pommes. Cet homme-là, je l'adorais. Je ne me lassais jamais de discuter avec lui. Son assassinat a bouleversé ma vie. Ce jour-là, à Londres, je n'ai pu m'empêcher de penser à lui et à tous ceux qui sont tombés, en Algérie, sous les balles de l'intégrisme sans que cela n'affecte le moindrement tous ces fous d'Allah. Il a suffi d'un gribouillis dans un journal danois pour que leur âme s'enflamme et leur colère explose.

Où étaient-ils tous ces musulmans lorsque des femmes et des enfants se faisaient saigner par les bourreaux des armées du FIS? Qu'ont-ils fait lorsque mon ami Abderrahmane Fardeheb fut lâchement assassiné sous les yeux horrifiés de sa fille, Amel, ce matin maudit du 26 septembre 1994? Qu'ont-ils dit lorsque Kheira Djellid fut férocement égorgée sous les yeux de ses deux filles qui hurlaient de douleur? Où étaient-ils lorsque M'hammed Boukhobza fut bestialement égorgé, dans son lit, sous les yeux meurtris de sa fille, le 22 juin 1993? Pas un mot. Seul un silence honteux et complice.

Je savais que Londres était un haut lieu du jihad mondial et que des centaines d'intégristes en avaient fait leur Mecque, si bien qu'on baptisa leurs quartiers le Londonistan. Je savais que la mosquée de Finsbury Park, sinistre bâtisse de cinq étages, était devenue l'épicentre du djihad. Je savais que c'était là qu'on apprenait à manier des kalachnikovs et à fabriquer des bombes et que des centaines d'assassins[27] y avaient prié. Je savais

---

27. Fréquentaient cette mosquée, entre autres, trois des kamikazes des attentats londoniens du 7 juillet 2005, ainsi que Zacarias Moussaoui, Richard Reid, l'homme aux chaussures piégées, et Djamel Beghal, l'un des responsables du Groupe islamique armé (GIA) à l'étranger, qui fut condamné à dix ans d'emprisonnement, en mars 2005, par le tribunal correctionnel de Paris pour avoir fomenté un projet d'attentat contre des intérêts américains en France.

que c'était là, dans ces salles de prière aux moquettes défraî-
chies, que l'imam borgne et manchot Abou Hamza al-Masri
(l'Égyptien)[28] et le célèbre Abou Qatada al-Filistini (le Palestinien)[29], le chef spirituel d'Al-Qaida en Europe, appelaient
« à saigner à mort » les ennemis d'Allah. Je savais tout cela. Mais
assister en direct à ce déchaînement de haine, sous couvert de
respect de la liberté de religion, m'était insupportable. Cette

28. Anglo-Égyptien, arrivé en Grande-Bretagne en 1979, Abou Hamza al-
Masri a été videur dans des boîtes de nuit durant plusieurs années. Reconverti en imam après avoir perdu un œil et les deux mains en Afghanistan, il
était connu pour ses prêches haineux et soutenait ouvertement Al-Qaida. Il
a été arrêté le 26 août 2004 et reconnu coupable par la justice britannique
de 11 chefs d'incitation au meurtre. Le 16 novembre 2007, un tribunal londonien a autorisé son extradition vers les États-Unis, où il est accusé de
participation à des complots terroristes et de liens avec le réseau Al-Qaida.
Il a déclaré que les services de sécurité britanniques lui auraient promis à
plusieurs reprises l'impunité pour ses appels au meurtre : « nous vivons dans
un pays libre » – « tant que le sang ne coule pas dans la rue ». C'est d'ailleurs
ce qui fait dire à Kenan Malik, intellectuel d'origine indienne, que « le multiculturalisme n'a pas créé l'extrémisme islamiste, mais lui a fait une place au
sein des communautés musulmanes de Grande-Bretagne ».

29. Arrivé au Royaume-Uni en 1993, ce père de famille de cinq enfants a
obtenu le statut de réfugié politique et subsistait grâce à de généreuses aides
sociales. Ce prédicateur dévoré de prosélytisme passait son temps à exhorter
les musulmans au jihad. Membre de la secte extrémiste Hijra wa Takfir
(Expiation et Exil), qui juge indispensable de réislamiser – même au fil de
l'épée – l'ensemble des musulmans corrompus par une pratique erronée de
l'islam, Abou Qatada était le rédacteur en chef du bulletin *Al-Ansar* (Les
partisans) – organe du Groupe islamique armé (GIA). L'enquête sur les attentats du 11 septembre 2001 avait révélé la présence de 18 cassettes de ses
prêches dans l'appartement de Mohamed Atta, l'un des pirates de l'air. Des
cassettes de ses sermons avaient été également trouvées aux domiciles des
auteurs des attentats de 2003 à Casablanca au Maroc. Le juge espagnol Bal-
tasar Garzon le soupçonnait, dès 2001, d'être le chef spirituel des terroristes
d'Europe. Les services de sécurité allemands et italiens l'accusaient d'être au
centre d'un réseau international de terroristes. Les États-Unis, l'Algérie, la
France l'impliquaient au plus haut niveau dans la nébuleuse Al-Qaida, sans
qu'il fasse l'objet de poursuites au Royaume-Uni. Abou Qatada fut arrêté le
10 août 2005.

manifestation m'a blessée, non pas seulement par son caractère violent, mais parce qu'elle me démontrait crûment, encore une fois, que ce qui s'était passé dans mon pays durant la décennie noire des années 1990 se jouait aussi ailleurs, sans même que les politiciens ou les services de sécurité britanniques n'agissent. Alors je ne pouvais que m'interroger sur les positions politiques et intellectuelles qui avaient permis de telles dérives meurtrières. Combien de vies auraient pu être sauvées si on avait pris la mesure de ce qui se passait en Algérie avec responsabilité et intégrité?

« Les règles du jeu ont changé[30] », a déclaré Tony Blair à propos des salafistes qui s'adonnaient à l'apologie du terrorisme au nom de la spécificité culturelle après les attentats des 7 et 21 juillet 2005, qui ont fait 56 morts et près de 700 blessés. Mais pourquoi avoir attendu si longtemps? Le « pacte de non-agression » islamo-anglais qui reposait honteusement sur le communautarisme, c'est-à-dire sur la primauté des identités religieuses et culturelles par rapport à l'identité nationale, s'est écroulé comme un château de cartes. On a découvert avec consternation que les auteurs des attentats du « 7/7 » étaient tous de jeunes Britanniques, nés en Grande-Bretagne, d'origine pakistanaise certes, mais relativement bien intégrés, qui avaient fréquenté de bonnes écoles anglaises. La « tolérance » britannique ne s'est pas seulement arrêtée à l'accueil des chefs intégristes. En refusant leur extradition, elle les a également protégés contre des poursuites auxquelles ils faisaient face dans d'autres pays. Ce fut le cas notamment de Rachid Ramda, l'un des responsables du Groupe islamique armé à Londres, accusé par la France d'être le cerveau de plusieurs attentats commis à Paris en 1995[31]. La France demandait son extradition depuis 1995 et a

---

30. Marc Epstein, « Le multiculturalisme, parlons-en! », *L'Express*, 26 janvier 2006.

31. Il y eut, d'abord, l'attentat du boulevard Saint-Michel le 25 juillet (8 morts, 168 blessés), puis celui de Maison-Blanche du 6 octobre (18 blessés) et celui du RER-Musée d'Orsay du 17 octobre (26 blessés).

fini par l'obtenir… douze ans plus tard, soit en 2007[32]. Le politologue Gilles Kepel note qu'«au Royaume-Uni, le multiculturalisme a fait l'objet d'un consensus implicite entre l'aristocratie sociale issue des *public schools* se retrouvant dans les clubs fermés, et la gauche travailliste: le développement séparé des musulmans permettait aux uns de gérer au moindre coût la main-d'œuvre ouvrière pakistanaise immigrée, aux autres d'en capter les suffrages à travers les leaders religieux au moment des élections». Selon lui, le multiculturalisme n'a de sens que s'il parvient à une forme de paix sociale «où les dirigeants communautaires contrôlent leurs ouailles[33]». Rappelant le cheminement des auteurs des attentats de Londres et de New York, Kepel conclut que le traumatisme de la société britannique est bien plus profond que celui de la société américaine. À New York, les 19 pirates de l'air étaient des étrangers, alors qu'à Londres, les 8 responsables des attentats étaient des produits du multiculturalisme.

Aussi bien à Londres, à Rome, qu'à Amsterdam ou Berlin, le communautarisme est fortement remis en cause. Rien n'est pourtant acquis, non plus, en France, pays qui compte de loin le plus grand nombre de musulmans d'Europe occidentale. D'une part, le blocage de l'ascenseur social pour de trop nombreux jeunes d'origine maghrébine ou africaine fournit les ingrédients du même cocktail explosif qu'ailleurs. D'autre part, la complicité, la lâcheté et le cynisme de certains politiciens ont contribué à l'émergence d'un mouvement islamiste radical extrêmement bien organisé qui affiche ouvertement son allégeance aux Frères musulmans. Le président de l'Union des organisations islamiques de France (UOIF) se permet même de lancer dans *Le Parisien* du 12 février 2003: «Le Coran est notre Constitution.» J'analyserai plus longuement, dans le chapitre VII, le modèle d'intégration français.

32. «Pendant dix ans, Londres a refusé d'extrader le djihadiste», *Le Monde*, 1er octobre 2007.

33. Gilles Kepel, «Fin du Londonistan, fin du communautarisme?», *Le Monde*, 23 août 2005.

## New York vit son deuil

Un impressionnant et infranchissable cordon de sécurité encerclait le quartier financier du sud de l'île de Manhattan. Policiers, pompiers et ambulanciers s'étaient retroussé les manches pour fouiller dans les décombres. Cet après-midi du 14 septembre 2001 où j'étais à New York pour une série de reportages, une foule d'enquêteurs grouillait et l'effervescence était peu commune. Incroyable destin des tours jumelles! Qui aurait cru qu'un jour cette coquetterie qui avait coûté 700 millions de dollars aux frères Reichman éclaterait en mille morceaux? Le 11 septembre, c'est un mythe qui s'est écroulé. Celui de la puissance des intouchables. Un autre mythe est né[34]. Celui de la nébuleuse Al-Qaida, puissance planétaire destructrice. Jamais le territoire américain proprement dit n'avait fait l'objet d'une attaque extérieure, pas même pendant les pires moments de la guerre froide. Le quartier new-yorkais le plus huppé était devenu un vulgaire campement de militaires, dans une véritable ambiance de guerre... Un peu comme à Alger avec l'état de siège, au lendemain de l'interruption du processus électoral[35]. Un peu comme à Paris avec le plan Vigipirates, au lendemain des attentats de 1995. Pas de grosses

34. Dans *Les sirènes de Bagdad*, l'un des personnages de Yasmina Khadra, Jalal, un médecin qui a vécu de nombreuses années en Occident et qui, reconverti en islamiste, éprouve à son égard un immense ressentiment, discute avec Mohamed, un romancier, qui lui explique ce besoin du mythe : « Les musulmans sont avec celui qui portera le plus loin leurs voix. Ils se fichent qu'il soit un terroriste ou un artiste, un imposteur ou un injuste, une obscure éminence ou une éminence grise. Ils ont besoin d'un mythe, d'une idole. Quelqu'un qui soit capable de les représenter, de les dire dans leur complexité, de les défendre à sa manière. Avec la plume ou avec les bombes, ça leur importe peu. Et c'est à nous de décider du choix des armes » (p. 302).

35. Le deuxième tour des élections législatives de 1991 qui avaient vu la victoire du FIS a été interrompu par l'armée, invalidant ainsi les résultats du premier tour.

grues, ni même de balayeuses en vue. Tous les débris étaient pris avec délicatesse, minutieusement disposés dans des camions, triés avec des râteaux (on parle d'un million de tonnes de gravats) et analysés par des milliers de chercheurs. Les effets personnels étaient photographiés et envoyés au laboratoire du FBI alors que les restes humains étaient gardés dans des camions réfrigérés. Les enquêteurs farfouillaient çà et là à la recherche du moindre signe de vie. Comme s'ils étaient gênés de dire aux familles des victimes, installées au quai 94, le long du fleuve Hudson, là où les autorités leur avaient offert un centre d'aide, que plus rien n'était possible. Un peu plus loin, au Union Square, au coin de la 17e Rue, entre Broadway et Park Avenue, la place était devenue un lieu de recueillement en mémoire des victimes du World Trade Center. Des artistes, des intellectuels, des gens ordinaires affluaient de tous les États d'Amérique. Des discussions animées enflammaient le parc. On parlait d'islam, de musulmans, de terrorisme. La rue en colère demandait des actions. À l'échelle du pays, quelque 85 % des Américains estimaient que les États-Unis devaient entreprendre une action militaire contre les auteurs des attentats, selon un sondage *New York Times*/CBS News publié le 16 septembre 2001. William, que j'ai rencontré au Union Square, venait de Chicago et ne connaissait rien des musulmans, rien de l'islamisme, encore moins du Pakistan, de l'Afghanistan ou des pays arabes. Il était rouge de colère. «Il faut frapper les Arabes. Ils frappent Israël», me répétait-il. «Tous les Arabes?» lui demandai-je. «Non, il y a de bons Arabes, mais pas beaucoup. La majorité d'entre eux sont devenus fous. Ils sont comme des chiens… fous… fous enragés. Enfin, tu vois ce que je veux dire? D'ailleurs, il faut faire attention là où tu vas», m'a-t-il conseillé. William n'a jamais fréquenté d'Arabes. C'est ce qu'il prétend, ni de musulmans d'ailleurs. De toute façon pour lui c'était du pareil au même. Tous des chiens. Je ne lui ai pas dit que j'étais arabe et que j'avais moi-même fui l'intégrisme alors que son pays accueillait depuis une dizaine d'années l'un des plus grands sanguinaires du

FIS : Anouar Haddam[36]. Probablement qu'il ne le savait pas. Bizarrement, le discours de William, si creux et menaçant qu'il fût, ne m'a pas affectée. Le cauchemar de ces morts absurdes me montait à la tête comme en ce jour du 30 janvier 1995 où une quarantaine de personnes ont trouvé la mort dans un autobus sur le boulevard Amirouche à la suite d'un attentat contre le commissariat central d'Alger. Une fumée noire et une odeur de chair brûlée s'échappaient du bus carbonisé. Ceux qui avaient survécu à l'explosion furent rattrapés par les flammes qui emportèrent l'ensemble des passagers. Quelques heures après, Anouar Haddam, de Washington, revendiquait l'attentat, regrettant néanmoins le passage du bus au moment de l'explosion.

Dans cet autobus bondé d'Alger, il n'y avait pas choc de civilisations. C'était une guerre entre des gens qui se revendiquaient de la même religion et de la même culture. Considérer l'intégrisme comme une fatalité culturelle n'est qu'une façon de dédouaner l'Occident de ses responsabilités et de confiner l'Orient dans l'immobilisme. La menace islamiste qui plane sur le monde est le résultat d'un processus historique plutôt que d'une spécificité quelconque. L'intégrisme ne coule pas « naturellement » dans les veines des musulmans. L'affrontement que nous vivons n'oppose pas l'Orient à l'Occident. La problématique est bien plus complexe. Si l'islamisme politique a connu une vertigineuse ascension planétaire, c'est parce qu'aussi bien en Orient qu'en Occident, il a bénéficié de conditions favorables à son émergence. En Occident, c'est principalement par le

36. Ancien président de la délégation parlementaire du FIS à l'étranger, Anouar Haddam s'est réfugié à Washington. Interrogé sur l'assassinat des journalistes en Algérie, il déclarait au journal français *Libération*, le 16 mai 1994 : « Je refuse de rentrer dans de tels détails. Nous avons suggéré à nos frères moudjahidine de cibler ceux qui étaient derrière le coup d'État (interruption du processus électoral en 1991). C'est-à-dire toute une équipe de laïcs extrémistes qui refusent le choix du peuple algérien. Il s'avère que, parmi eux, il y en a qui sont universitaires, journalistes, politiciens, militaires. »

concours des États-Unis et de leurs alliances contre-nature pendant la guerre froide que s'est amorcé un virage significatif et décisif. Pour arrêter le « fléau communiste », les différentes administrations américaines ont soutenu aveuglément des régimes militaro-islamistes comme au Pakistan et au Soudan, sans parler de l'alliance avec la famille Saoud qui dirige l'un des régimes les plus réactionnaires au monde. Les Américains n'ont jamais imaginé qu'un jour ils seraient dépassés sur leur droite par leurs « alliés » antisoviétiques. Dans *Les dollars de la Terreur*, Richard Labévière a mené une minutieuse enquête qui déconstruit l'idée reçue d'une Amérique phare de la démocratie : « Les responsabilités américaines sont décelables, à la fois dans la sourde guerre qui oppose les islamistes au pouvoir égyptien depuis 1992 ; dans l'escalade meurtrière des Groupes islamiques armés (GIA) algériens et leurs attentats commis en France durant l'été 1995 ; dans l'installation des sanctuaires islamistes en Bosnie, en Tchétchénie, en Albanie et aux Philippines, mais aussi dans les nouveaux foyers comme Madagascar, l'Afrique du Sud de même que le Brésil[37]. » Une autre enquête a été faite par John K. Cooley, reporter américain, qui a vécu au Moyen-Orient pendant plusieurs décennies et qui a couvert les principaux conflits de la région. Elle aboutit à des conclusions tout aussi troublantes sur le rôle des Américains dans la mise sur pied des mouvements islamistes. « L'engagement de volontaires étrangers [pour l'Afghanistan] fut confié par la CIA et l'ISI [les services secrets pakistanais] aux organisations religieuses et caritatives islamiques. Il s'agissait parfois de simples couvertures, dirigées, plus ou moins directement, par la CIA[38]. » « Bien avant le retrait final des Soviétiques en 1989, de nombreux volontaires "afghans", arabes ou non arabes, comme les Turcs, les Iraniens, les Philippins et les Afro-Américains, purent rapporter chez eux des armes et des munitions ainsi que les manuels de formation de la CIA, qui leur seraient utiles pour les guerres qu'ils mèneraient

37. Richard Labévière, *Les dollars de la Terreur*, Paris, Grasset, 1999, p. 16.
38. John K. Cooley, *CIA et jihad 1950-2001*, Paris, Autrement, 2002, p. 93.

en Algérie, en Égypte, au Yémen, dans la bande de Gaza et en Cisjordanie, aux Philippines et dans d'autres zones associées à la cause islamiste, comme la Bosnie et le Cachemire[39]. »

Si j'évoque les liens étroits entre les mouvements islamistes et les administrations américaines, c'est qu'il est important de tenir compte de cette réalité pour analyser ce qui s'est passé le 11 septembre 2001 et pour comprendre la question islamiste. Lorsque j'ai quitté Oran en 1994, je pensais avoir laissé l'intégrisme derrière moi. Je pensais pouvoir l'oublier, le dépasser, le vaincre. Or, je me suis rendu compte à Paris, comme à New York, à Montréal et à Londres que l'islamisme politique était partout désormais une réalité agissante. Ce qui ne veut pas dire que l'islamisme est là pour rester. L'une des conditions de sa mise en échec se trouve dans la marginalisation du système communautariste, vivier de l'intégrisme, et l'adhésion à un système citoyen qui met en avant l'intérêt général et le bien commun.

39. *Ibid.*, p. 68.

CHAPITRE II

# Le voile islamique, emblème de l'intégrisme

« L'homme n'a pas été créé pour la femme mais la femme pour l'homme : voilà pourquoi la femme doit porter sur sa tête une marque de l'autorité à laquelle elle est soumise[1]. » Saint Thomas d'Aquin commente cette prescription par l'apôtre Paul du port du voile : pourquoi est-il honteux pour l'homme de prier la tête couverte, alors qu'il est déshonorant pour la femme de le faire la tête non voilée ? « On connaît la réponse de l'apôtre : l'homme ne doit pas se couvrir la tête, puisqu'il est l'image et la gloire de Dieu, tandis que la femme est la gloire de l'homme. » Au Moyen Âge, la femme était considérée, par les chrétiens, comme un être incomplet, inachevé, une mineure dont l'infériorité justifiait qu'elle subisse le pouvoir de l'homme. Bien que le port du voile ait existé dans la tradition chrétienne et même bien avant[2], aujourd'hui, la grande majorité des chrétiennes l'ont totalement abandonné. Personne n'oserait dire qu'il fait partie de la « spécificité culturelle chrétienne ».

Pour les intégristes, être musulmane c'est porter le voile islamique. S'il peut prendre une multitude de formes, hidjab, burka, nikab, khimar, jilbab, tchador ou tchadri, il renvoie

1. 1ʳᵉ Épître aux Corinthiens, XI, 4-10.
2. Cette coutume, reprise par les trois religions monothéistes, date de l'époque mésopotamienne. Elle n'a donc rien de religieux à la base.

61

à la même réalité: l'apartheid sexuel. Il y a des centaines, voire des milliers de sites radicaux à travers l'Europe et l'Amérique du Nord qui prêchent le «prêt-à-porter religieux», selon l'expression de Malek Chebel, et qui font l'apologie du voile islamique. Le Centre islamique de Genève[3], dans son 21e bulletin daté de mai 2002, explique aux musulmanes dans un article intitulé *Femme musulmane engagée* la ligne de conduite qu'elles doivent tenir en Occident. «En dehors du cadre familial, la femme musulmane peut être appelée à intervenir dans sa société, à participer à certaines activités, afin de faire connaître sa religion et prouver sa présence dans son espace géographique. Avant de quitter son domicile, il faut être bien sûr qu'elle a toutes les capacités physiques et intellectuelles lui permettant de relever ce défi. S'engageant sur le terrain, elle doit garder sa particularité et les vertus qui la caractérisent. Le voile, c'est une partie intégrante de sa spiritualité[4]. »

La revendication du droit de porter le voile islamique en Occident n'a jamais fait autant de bruit ni fait couler autant d'encre. C'est comme si le voile était la seule expression possible de l'identité musulmane, devenant ainsi le mètre étalon de tout ce qui se rattache à l'islam. C'est comme si l'honneur de l'islam et la dignité des musulmans d'Occident se cristallisaient dans un bout de tissu. C'est comme si ce voile en Occident, associé à la liberté de religion, était différent du voile imposé à mes sœurs de combat iraniennes[5],

3. Ce centre fondé par Saïd Ramadan, gendre et héritier spirituel du fondateur des Frères musulmans Hassan al-Banna, est la branche suisse de la confrérie des Frères musulmans. Said Ramadan est le père de Tarik et Hani Ramadan. Ce dernier, qui dirige le centre genevois, s'est particulièrement fait connaître en Europe pour ses positions concernant la lapidation des femmes adultères. Son pamphlet intitulé *La charia incomprise* a été publié dans *Le Monde* du 10 septembre 2002.

4. <http://www.cige.org/DocPDF/Bulletin_21.pdf>.

5. La législation iranienne comporte des dispositions prescrivant l'emprisonnement jusqu'à douze mois, des amendes et la flagellation pouvant aller jusqu'à 74 coups de fouet pour des infractions relatives au code vestimentaire.

saoudiennes[6] et afghanes[7] ensevelies dans des étoffes moye-
nâgeuses. C'est comme si ce voile de la honte s'était soudainement transformé en un ultime hymne à la vie. En mars 2002,
dans l'incendie d'une école de filles de La Mecque[8], qui accueillait 800 élèves, la police religieuse avait empêché les fillettes de
fuir sous prétexte qu'elles ne portaient pas le foulard. Plusieurs
témoins oculaires, y compris des membres des équipes de la
sécurité civile, ont expliqué que leur travail de sauvetage avait
été entravé par des membres de la police religieuse qui s'inquié-
taient que des hommes pénètrent dans une école de filles ou
que celles-ci en sortent non voilées, d'autant qu'aucun homme
appartenant à leur famille n'était là pour les recueillir. Selon le
quotidien saoudien de langue anglaise *Arab News*, des témoins
ont affirmé que la police religieuse les forçait à retourner dans
les flammes lorsqu'elles réussissaient à s'échapper. Il y a quelque
chose de pitoyable et de pathétique dans cette hystérie collective
qui traduit une profonde crise de sens et de valeurs.

« Jamais auparavant, ni dans la période califale ni même
depuis l'émergence des premiers idéologues islamistes au début
du XXᵉ siècle qui ont fait du voile un précepte fondamental en
le désignant abusivement par le concept de hidjab que le Coran
réserve exclusivement aux épouses du prophète, le corps de la
femme n'avait fait l'objet d'un débat engageant le destin de
l'ensemble de la communauté. C'est un peu comme si le corps
social se confondait avec celui de la femme. (…) Comment en
sommes-nous arrivés au point que l'islam est devenu la religion

6. Des patrouilles de la police religieuse, les *mutawa'een*, sillonnent les rues,
questionnent les femmes accompagnées d'un homme pour s'assurer de
l'identité de ce dernier, vérifient que la tenue vestimentaire stricte imposée
par la loi est respectée, arrêtent les femmes qu'ils jugent en infraction, les
emprisonnent et les soumettent parfois à une vérification de leur virginité.

7. Voir Latifa avec la collaboration de Chékéba Hachemi, *Visage volé. Avoir
vingt ans à Kaboul*, Paris, Anne Carrière, 2001.

8. Alain Gresh, « Balbutiements de l'opinion publique en Arabie saoudite »,
*Le Monde diplomatique*, mai 2002.

du voile[9] ? », fait remarquer Leila Babès, sociologue des religions qui a écrit un livre sur la question[10] et qui considère que le voile illustre l'état de délabrement intellectuel, culturel et spirituel de la pensée islamique contemporaine. Le voile est devenu le pilier central de l'islam faisant de l'ombre à ses cinq véritables piliers[11]. Dans plusieurs aspects de leur vie, les musulmans ont évolué et se sont éloignés du dogme. Qu'il s'agisse par exemple de l'esclavage ou encore du mariage des enfants aussi bien filles que garçons, ces pratiques sont pratiquement révolues dans de nombreux pays[12]. Cependant, lorsqu'il est question des femmes, l'argument qui consiste à dire qu'Allah l'a voulu suffit à clore la discussion. Mahomet tolérait l'esclavage. Pourtant, la plupart des musulmans s'en sont départis parce qu'il ne correspond plus à la conception qu'ils se font des rapports sociaux. D'autres s'en accommodent encore, puisqu'il demeure jusqu'à présent dans quelques pays musulmans des poches d'esclavagisme[13]. Allah avait également permis que le prophète Mahomet se marie avec Aïcha, la fille de son compagnon Abou Bakr, âgée de neuf ans (et promise à six ans), alors que lui était dans la cinquantaine. Aujourd'hui, je ne connais pas de musulman qui se glorifierait de perpétuer cette coutume, à moins qu'il soit atteint de sérieuses perversions, ni celle d'ailleurs de se marier avec une femme sensiblement plus âgée. Pourtant, la première femme du Prophète

9. Leila Babès, « Pour se protéger de la femme, objet de désirs », *La Libre*, 23 novembre 2004.

10. Leila Babès, *Le voile démystifié*, Paris, Bayard, 2004.

11. Les cinq obligations religieuses appelées « les cinq piliers de l'islam » sont la profession de foi, la prière, l'aumône, le ramadan et le pèlerinage à la Mecque.

12. En Arabie du VIIe siècle, lorsque les filles et les garçons atteignaient la puberté, ils étaient considérés nubiles. Actuellement, dans la plupart des pays musulmans, l'âge légal minimum pour le mariage varie entre 16 ans et 18 ans pour les filles et entre 18 et 21 ans pour les garçons. En Iran, même si l'âge légal minimum est de 13 ans, l'âge moyen au mariage est de 23 ans.

13. Malek Chebel, *L'esclavage en terre d'islam*, Paris, Fayard, 2007.

était une veuve de 40 ans qui était de 15 ans son aînée. Et durant les vingt-cinq années que dura leur vie commune (jusqu'à la mort de sa première épouse), il demeura monogame. Bien que la vie du Prophète ainsi que ses paroles et ses gestes soient une source d'inspiration pour de nombreux musulmans, on ne peut que constater que le mariage d'un musulman avec une femme plus âgée (de plus de 10 ans), et veuve de surcroît, n'est pas vraiment une pratique courante. Elle est rarissime! Pour résumer, l'évolution des structures tant familiales que sociales des sociétés musulmanes, sous divers aspects, témoigne bien de la capacité de ces sociétés à transcender le facteur religieux. Elles ne sont donc pas immuables mais en mouvement. Il s'agit alors de réunir les conditions politiques, économiques, sociales et culturelles de leur épanouissement et de leur ouverture.

## Quand les archaïsmes transcendent les frontières

On aurait pu penser que ces musulmans d'Occident qui évoluent dans un environnement démocratique où l'égalité des sexes est une valeur non négociable s'en imprégneraient et engageraient l'islam dans de profondes réformes afin qu'il vive au diapason de son temps. Concernant les femmes seulement, il y aurait plusieurs dizaines de chantiers à ouvrir: l'héritage[14], le témoignage devant un tribunal[15], la polygamie[16], la répudiation[17],

14. La part de l'héritage d'un fils équivaut à deux fois celle d'une fille (IV: 11).

15. Dans un tribunal, le témoignage d'un homme équivaut à celui de deux femmes (II: 282).

16. La polygamie est autorisée dans la plupart des pays arabes et musulmans (IV: 3), à l'exception de la Tunisie où c'est Bourguiba qui l'a abolie après l'indépendance et de la Turquie qui est un État laïque.

17. Il suffit que l'homme prononce trois fois le mot *talak*, divorce, pour que la femme soit répudiée, se trouvant ainsi privée de ses droits les plus élémentaires et chassée du domicile familial. Se mettant au diapason de la technologie, des musulmans ont même répudié leur femme par SMS.

les relations sexuelles[18], la violence conjugale[19], les crimes d'honneur[20], la responsabilité maternelle à l'égard des enfants[21], le mariage d'une musulmane avec un non-musulman[22], l'accessibilité à la fonction de juge ou à celle d'imam[23], l'éducation[24],

18. Le Coran prescrit 100 coups de fouet en cas de relations sexuelles extra-conjugales : « La fornicatrice et le fornicateur, fouettez chacun d'eux de cent coups de fouet » (XXIV : 2), et le confinement des femmes jusqu'à la mort (IV : 15).

19. Le Coran exige de l'épouse qu'elle obéisse à son mari et prescrit à l'époux de battre ses femmes en cas de désobéissance (IV : 34).

20. Dans les pays musulmans, il est malheureusement fréquent que des femmes soient tuées pour laver l'honneur de leur famille. Bien entendu, les auteurs de ces crimes jouissent de la plus totale impunité. Et c'est ainsi que des pères s'enorgueillissent d'être les meurtriers de leur propre fille !

21. La responsabilité parentale incombe exclusivement au père qui est le chef de famille.

22. Une femme musulmane ne peut épouser un non-musulman (II : 222), alors que les musulmans ont le droit de prendre pour épouses des chrétiennes et des juives, sans qu'elles renoncent à leur religion, ni même à leurs pratiques religieuses ; par contre, elles ne peuvent hériter de leur mari ni ces derniers d'elles (V : 5).

23. Il n'y a pas de verset dans le Coran interdisant à une femme d'être imam et de diriger la prière. Cependant, pour la grande majorité des musulmans, une femme ne peut pas diriger une prière mixte. Le 18 mars 2005, Aména Abdel-Wadoud, qui a présidé la prière du vendredi à New York, a scandalisé les musulmans du monde entier. Aucune mosquée n'avait souhaité l'accueillir. Seule une cathédrale new-yorkaise avait mis une salle à la disposition de cette jeune femme âgée de 30 ans. Elle a prononcé son prêche devant une assistance mixte et certaines fidèles priaient sans voile. Évidemment, cet événement sans précédent a suscité une polémique dans tout le monde musulman. D'autant qu'une autre femme a imité Aména : Naïma Gouhaï, une Italienne d'origine marocaine, a dirigé une prière dans la province de Sienne, en Italie. Les autorités religieuses de l'islam et les opinions publiques ont condamné les initiatives des deux femmes.

24. D'après les statistiques publiées par l'Unesco, au Pakistan, près de 65 % des femmes sont analphabètes. Au Maroc, il y en a près de 60 %. En Turquie, l'analphabétisme chez les femmes atteint les 20 %.

la contraception[25], l'homosexualité[26]. Ces ignominies à l'égard des femmes les fragilisent, les rendent extrêmement vulnérables, et font d'elles les premières victimes de l'islamisme. Lorsqu'un mari répudie sa femme pour en prendre une plus jeune en la chassant du domicile conjugal, faisant de ses propres enfants des sans-abri, est-ce la volonté d'Allah ou celle du mari ? Lorsqu'un mari bastonne sa femme jusqu'à la mort, est-ce la volonté d'Allah ou celle du mari ? Lorsqu'un père égorge ou immole sa fille, est-ce la volonté d'Allah ou celle du père[27] ? Lorsqu'au Pakistan, Mukhtar Mai [28] est condamnée à être violée par quatre hommes en réparation d'une prétendue faute que son frère de 12 ans aurait commise, est-ce la volonté d'Allah ou celle des hommes ? Au Pakistan et au Nigéria[29], lorsqu'on condamne des jeunes filles, victimes de viol, au fouet pour fornication, est-ce la volonté d'Allah ou celle des hommes ?

S'il est incontestable que la situation des femmes musulmanes diffère d'un pays à l'autre, il n'en reste pas moins que leur statut est inférieur à celui des hommes. En effet, hormis

---

25. Le contrôle des naissances est encore un véritable tabou dans bien des pays musulmans.

26. Tout comme la Bible, le Coran interdit l'homosexualité, aussi bien celle des femmes que celle des hommes.

27. Souad, *Brûlée vive*, Paris, Oh!, 2003.

28. Mukhtar Mai, *Déshonorée*, Paris, Oh!, 2006.

29. Citons le cas de la jeune Nigériane Barya Ibrahim Magazu, accusée de relations sexuelles hors mariage par un tribunal islamique de l'État du Zamfara. L'adolescente, qui venait d'accoucher après avoir subi la sentence de 180 coups de canne, exécutée devant plusieurs de ses voisins (l'humiliation publique faisant partie du châtiment), aurait marché 15 km pour rejoindre son village. Cependant, les autorités du Zamfara estiment avoir fait montre de clémence puisque, précisent-elles, «la jeune femme avait été frappée avec moins de force que l'on frappe un âne». Lire l'article au complet dans le quotidien algérien *El-Watan* du 28 janvier 2001.

quelques rares exceptions (la Tunisie[30] et la Turquie), sous une forme ou sous une autre, sous couvert du code de la famille, du code civil ou pénal, les États musulmans ont institutionnalisé la discrimination et les violences à l'égard des femmes. Pour les subordonner aux hommes, leur prétexte est toujours le même, à savoir le Coran et l'application de la charia. Faire une brèche dans ce système, c'est faire une brèche dans toute la société. Le statut des femmes soulève un tabou majeur, celui de la place de la religion dans la société. C'est un problème qui reste jusqu'à aujourd'hui le principal défi auquel sont confrontés les musulmans. Nous touchons là à un élément central. La question de savoir si un système politique fondé sur la religion est compatible avec la démocratie se heurte à un principe fondamental. En démocratie, la liberté d'opinion, de parole et de conscience est un droit essentiel. La possibilité de demander qu'une loi soit modifiée ou abrogée existe. Or, une telle liberté est impossible si la loi se fonde sur un texte sacré. Faire entrer la religion dans le domaine politique et imposer la charia en prétextant la volonté d'Allah, c'est récuser l'autonomie de l'individu par rapport à sa communauté. C'est aussi refuser que l'adhésion à une croyance relève d'une démarche personnelle. Les pratiques sociales se sont largement sécularisées dans la grande majorité des États musulmans, ce qui reste des lois islamiques touche essentiellement, pour ne pas dire exclusivement, au domaine familial et, par voie de

30. Avec Bourguiba, fondateur du parti nationaliste Néo-Destour en 1934, la Tunisie connaît une époque de revendications féministes. Dans un article de presse, paru le vendredi 11 janvier 1929 dans le journal *L'Étendard tunisien,* Bourguiba commence ainsi : « Décidément il tient bon », en parlant du voile. Déjà, il met l'accent sur la nécessité du changement de la société. « L'évolution doit se faire sinon c'est la mort. » Dès la première année de l'indépendance, Bourguiba inaugure un train de réformes législatives, dont le fleuron reste le Code du statut personnel (CSP). Promulgué le 13 août 1956, il accorde à la femme des droits sans équivalent dans le monde arabe. Il abolit notamment la polygamie et la répudiation, et exige, pour le mariage, le consentement mutuel des futurs époux. Kamel Labidi, « Deuil subversif en Tunisie », *Le Monde diplomatique,* mai 2000.

conséquence, à la place accordée aux femmes. Comme l'explique Monique Gadant, «la famille, trop souvent lieu de la violence domestique et de la soumission à l'ordre patriarcal, est le lieu de formation à la violence sociale et politique». C'est ce qui explique l'attachement des pays musulmans à la charia. C'est par la famille que l'État maintient le système répressif contre la société tout entière. Dans ce sens, le combat pour l'égalité entre hommes et femmes est indissociable de celui pour la démocratie. En maintenant la religion dans la sphère privée, on ne cherche pas à bafouer le droit à la religion ni à le restreindre, on veut l'éloigner de l'emprise du politique et de son instrumentalisation, car la fusion des deux aboutit toujours à une forme de totalitarisme.

N'en déplaise à Gérard Bouchard et à Charles Taylor, je ne vois pas comment on pourrait parler d'un «féminisme nouveau genre[31]», en référence au féminisme musulman, sans pour autant s'attaquer à ces énormes inégalités entre hommes et femmes. Que dit ce «féminisme nouveau genre» sur les différentes questions précédemment citées qui mériteraient qu'on s'y intéresse et qu'on les dépoussière? Ce «féminisme nouveau genre» serait-il insensible au sort barbare et immonde réservé aux femmes musulmanes? Le «féminisme» n'est pas un mot-valise derrière lequel on peut se cacher pour se mettre au service d'une idéologie misogyne et sexiste comme l'islamisme. Le féminisme renvoie à des luttes et à des sacrifices héroïques pour venir à bout de l'arbitraire. J'estime que les deux commissaires ont totalement erré sur cette question et que leurs propos sont une véritable insulte aux luttes des femmes en général et aux musulmanes en particulier qui revendiquent l'exercice d'une citoyenneté pleine et entière, trop souvent, au péril de leur vie. Daignez-vous ignorer qu'on meurt d'être femme lorsqu'on naît musulmane? La position de Michèle Asselin[32], présidente de la

31. Laura-Julie Perreault, «Des musulmanes critiquent le Conseil du statut de la femme», *La Presse*, 30 novembre 2007.

32. Stéphane Baillargeon, «Musulmanes et féministes», *Le Devoir*, 11 décembre 2007.

Fédération des femmes du Québec (FFQ), qui a pris la responsabilité historique d'engager son organisation dans la voie de la compromission avec l'islamisme, est tout aussi inquiétante que celle de Françoise David, porte-parole de Québec solidaire.

J'ai grandi dans un pays où être femme n'a jamais été facile à vivre. Pas facile, pas parce que les Algériens ont une prédisposition particulière à opprimer les femmes, mais parce que le principe d'égalité des sexes est nouveau dans l'histoire de l'humanité. Rappelons-nous qu'en Occident ce n'est qu'au $XX^e$ siècle que les femmes ont acquis le droit de vote et la pleine reconnaissance de leurs droits civiques. La discrimination à l'égard des femmes n'est pas inhérente à la culture musulmane. Toutes les cultures patriarcales ont du mal à « digérer » une innovation aussi grande que de reconnaître la liberté des femmes. Il n'y a rien d'étonnant à ce que des idées nouvelles se heurtent à de la résistance. Cependant, avec les islamistes, c'est mon droit à l'existence qui était en jeu. C'était la mort ou l'exil. L'attitude des deux commissaires et de leurs alliés nous montre bien que les féministes des pays musulmans ne luttent pas seulement contre une certaine idée de l'islam et des archaïsmes profonds de leurs sociétés. Elles luttent aussi contre cette conception médiévale et folklorique que l'on se fait d'elles en Occident.

Ce qui dérange les islamistes, c'est le sexe des femmes, leur corps, leur liberté. C'est de cela qu'il s'agit. Il est temps qu'on aille au fond des choses, qu'on sorte des lieux communs du discours rébarbatif sur la soumission des femmes voilées et que chacun affiche ses positions concernant les véritables enjeux et présente ses arguments. Quel projet de société ce « féminisme nouveau genre » défend-il ? C'est ce qu'on veut savoir. Il est temps que les féministes des pays musulmans se réapproprient leurs véritables combats usurpés par ce « féminisme nouveau genre » venu de nulle part.

Ce qui est fortement paradoxal, c'est la situation que vivent des femmes immigrantes musulmanes dans leur pays d'accueil à travers les accords bilatéraux. Rattrapées par les lois de leurs pays d'origine, le piège de l'oppression se referme sur elles dans leur nouveau pays de résidence. Le droit européen, en particulier français, ne reconnaît pas le droit étranger sur son territoire. Pourtant, parmi les nombreuses lois et coutumes pratiquées dans les pays musulmans, il n'y a que celles relatives aux femmes et à la famille qui bénéficient d'une certaine tolérance en Occident. Ainsi, aucun pays d'accueil ne tolérera que les voleurs soient amputés de leurs mains bien que ce soit la norme dans nombre de pays musulmans. En revanche, pour le port du voile islamique ou pour les lois régissant la structure familiale, on est plus accommodant. Même la France qu'on présente comme un pays intransigeant à l'égard des «revendications culturelles» recèle d'énormes failles dans ses lois et dans ses pratiques. Ce qui fait dire à plusieurs féministes françaises et maghrébines qu'il y a une collusion consciente des patriarcats qui transcende les frontières pour asservir les femmes. «Dans le domaine du statut individuel qui régit les relations personnelles (mariage, divorce), les femmes qui vivent en France (immigrantes) se voient appliquer par des tribunaux français des législations de leurs pays d'origine. De plus en plus de femmes se retrouvent répudiées au pays d'origine par le mari qui prononce la formule magique trois fois (comme le veut la charia), et ce dernier n'a plus qu'à le faire valider par exequatur[33] en France pour que la femme se retrouve répudiée selon le droit musulman, et surtout spoliée de tous ses droits, en matière de logement, d'autorité parentale, voire de garde d'enfants[34]», explique Mimouna Hadjam[35], féministe franco-algérienne, à la tête d'une association vouée à l'intégration des immigrants dans

33. L'ordre d'exécution d'un jugement étranger par une juridiction française.

34. <http://sisyphe.org/article.php3?id_article=1319>.

35. Porte-parole d'Africa, une association de la Cité des 4000, créée en 1987, à la suite de trois crimes racistes qui avaient eu lieu dans la cité. Africa fournit du soutien scolaire aux enfants et des cours d'alphabétisation principalement destinés aux femmes qui arrivent dans le cadre du regroupement familial pour les aider dans leurs démarches administratives.

l'une des banlieues les plus chaudes de la région parisienne, La Courneuve. «Aujourd'hui, nous le savons, la charia réussit à passer dans les mailles du droit français par le biais des conventions bilatérales et des exequatur, et les mariages forcés sont en croissance», résume-t-elle.

## Le voile islamique, prescription religieuse ou politique?

Revenons au voile islamique. Le fait qu'il soit, plus ou moins, toléré dans les services publics presque partout en Europe à l'exception de la France, révèle qu'il y a une pensée largement répandue qui consiste à le considérer comme faisant partie de l'«identité collective musulmane» et à penser que si on l'interdisait, on serait intolérant et raciste car, après tout, c'est une question de liberté individuelle. Chardott Djavann, anthropologue d'origine iranienne vivant en France depuis une dizaine d'années, se demande: «Si aujourd'hui, des jeunes Juifs commençaient à porter l'étoile jaune, en clamant "c'est ma liberté"; et si des jeunes Noirs décidaient de porter des chaînes au cou et aux pieds, en disant "c'est ma liberté", la société ne réagirait-elle pas? Pourquoi n'est-ce pas le cas pour le voile islamique?» En acceptant le voile, nous participons inconsciemment à renforcer et à façonner l'«identité collective musulmane» telle que circonscrite par les intégristes, car il n'y a rien dans le Coran qui en fasse une obligation explicite comme le prétendent les intégristes. D'autant qu'une obligation islamique non respectée entraîne un châtiment; et rien dans le Coran ou les *hadith* ne va dans ce sens. Parmi les 114 sourates et les 6236 versets coraniques, deux versets évoquent explicitement le voile[36], sans qu'aucun châtiment n'y soit associé. En conclure que le voile est une obli-

36. «Ô Prophète! Dis aux croyantes de baisser les yeux, d'être chastes, de ne montrer que le dehors de leur parure, de rabattre leur voile sur leur gorge, de ne montrer leurs parures qu'à leur mari, leur père, leur beau-père, leurs frères, leurs neveux, leurs servantes, les esclaves et leurs eunuques ou aux impubères» (XXIV: 31); «Prophète, dis à tes épouses, à tes filles, aux femmes des croyants de se couvrir de leur voile: c'est le meilleur moyen pour elles d'être reconnues et de n'être pas offensées» (XXXIII: 59).

gation islamique est donc erroné. D'ailleurs, le mufti de la mosquée de Marseille, Soheib Bencheikh, un réformiste, s'est prononcé contre son port : « Le voile est une fausse route pour les jeunes filles. Rien dans le Coran ne leur impose d'afficher ainsi leur foi. Le voile conduit trop souvent à des comportements inquiétants, comme le refus de la mixité, de l'égalité des sexes, des cours de biologie ou de sport[37]. » Comme le constate Malek Chebel, « l'obligation à porter le tchador pour les femmes n'est rien d'autre que la démission avouée des politiques face au puissant lobby d'imams rétrogrades parfois plus misogynes que religieux[38] ».

## L'émancipation des femmes au cœur du projet national

Ne nous trompons pas sur la portée du voile islamique, démarche qui vise à dénoncer l'émancipation des femmes en tant que phénomène occidental, comme si les sociétés musulmanes elles-mêmes n'avaient jamais pris part à ce mouvement. Le Tunisien Tahar Haddad tout autant que l'Égyptien Qasim Amin prônent l'émancipation des femmes dès le début du siècle dernier. En 1901, ce dernier publiait un livre intitulé *La libération de la femme* dans lequel il prônait l'émancipation féminine et la libéralisation de la famille, où il critiquait le port du voile et la claustration des femmes, et soulignait l'importance de l'éducation et de l'instruction des filles. « L'oppression de la femme, soudain, symbolisait et illustrait l'oppression de la nation », écrivait-il. « Il est dommage pour le pays que la moitié de ses habitants soit inculte », constatait-il encore. C'est en 1930 que Tahar Haddad publie un livre intitulé *Notre femme, la législation islamique et la société*. « Son message mit le feu aux poudres : un livre en avance sur son pays et son temps, il encourt une réprobation quasi générale », commente Jacques Berque. Qasim Amin avait frayé un chemin dans les esprits. Une femme,

37. Entrevue accordée au quotidien français *Le Parisien* du 17 janvier 2004.
38. Malek Chebel, *L'islam et la raison,* Paris, Perrin, 2005, p. 150.

Malak Hifni Nasif, prit la relève. Institutrice en 1905, elle fit de l'instruction des filles son vrai cheval de bataille et publia de nombreux articles. Quelques années plus tard, des femmes, entraînées par Hoda Charaoui, la femme de l'un des premiers nationalistes égyptiens, descendirent dans les rues du Caire pour réclamer le départ des Anglais. Au début, elles sortaient voilées. Peu à peu, les voiles tombèrent. Le visage de la femme égyptienne apparut. « La suppression du voile des femmes par les femmes elles-mêmes, suppression qui fut comme la chute d'une citadelle et qui fut considérée par beaucoup d'Égyptiens traditionalistes comme le résultat le plus spectaculaire du soulèvement national[39]. » De l'avis de Sonia Ramzi-Abadir, « il faut considérer ces manifestations de 1919 non seulement comme un indice de bouleversement, mais aussi comme une conquête du féminisme[40] ». En 1923, Hoda Charaoui fonda l'Union féministe égyptienne et participa avec deux autres Égyptiennes à un congrès féministe international à Rome. Leurs revendications étaient politiques, juridiques et sociales : droit à l'enseignement, interdiction de la polygamie, droits parlementaires et législatifs, pouvoir politique, etc. Désormais, l'obtention du droit de vote et de l'éligibilité deviendra une revendication essentielle des féministes égyptiennes.

En réaction à ce mouvement nationaliste libéral qui cherchait à propulser l'islam dans la modernité, les Frères musulmans de Hassan al-Banna fondèrent leur confrérie en 1928 et exigèrent l'application de la charia. C'était le début de l'islamisme politique, qui n'arriva pas au pouvoir en Égypte mais en Iran avec Khomeini le 11 février 1979. Le voile islamique prôné par les intégristes a été largement imposé par le nouvel ayatollah et ce n'est que par la suite qu'il s'est répandu dans d'autres pays musulmans, allant même jusqu'à s'opposer au voile traditionnel. Ce fut le cas notamment en Algérie dès le début des

---

39. Jean et Simone Lacouture, *L'Égypte en mouvement*, Paris, Seuil, 1956, p. 81.

40. Sonia Ramzi-Abadir, *La femme arabe au Maghreb et au Machrek. Fiction et réalités*, Alger, Entreprise nationale du livre, 1986, p. 28.

années 1990. De nouvelles versions, sunnites, de l'islamisme se révélèrent plus aptes à se mobiliser pour faire du voile leur cheval de bataille, à la fois avec le FIS et sa branche armée le GIA, l'Armée islamique du salut (AIS) et le Groupe salafiste pour la prédication et le combat (GSPC) en Algérie, Al-Nahada en Tunisie, Al-Gama al-Islamiya en Égypte, le Hamas en Palestine, le Hezbollah au Liban, les talibans en Afghanistan et le réseau Al-Qaida d'Oussama Ben Laden en Asie centrale et du Sud.

## Katia Bengana, mon hirondelle

Je me rappelle cette journée du 25 mars 1994, qui suivait les vacances de Pâques, une journée qui coïncidait avec la fin de l'ultimatum du GIA ordonnant aux femmes le port du hidjab. Un immense vide régnait en moi. Il faisait merveilleusement beau. Le réel était devenu d'une innommable étrangeté. Il soufflait sur Oran un vent de mort. Notre ami Alloula, ce géant du théâtre, avait été assassiné le 10 mars par deux terroristes, à deux pas de chez lui, en plein centre-ville vers 21 heures alors qu'il se rendait au Palais de la culture pour donner une conférence. Une question taraudait mon esprit ainsi que celui de millions d'Algériennes : « Demain, allais-je me mettre un foulard sur la tête pour aller à l'université ? » L'idée de le faire m'a effleuré l'esprit une seconde. Idée sordide que j'abandonnai aussitôt. « Combien serions-nous à sortir "la tête nue" ? » me disais-je encore et encore. J'avais décidé de défier le destin et de jouer avec la mort. Le lendemain matin, le cœur battant à tout rompre, j'ai jeté un regard par la fenêtre essayant de repérer les « têtes nues ». Il était trop tôt. Néanmoins, j'ai aperçu deux de mes voisines qui portaient le foulard, chose qu'elles ne faisaient pas habituellement. Mauvais signe. La peur coulait dans mon corps. Les jambes tremblantes, j'ai franchi le seuil de la porte sans dire un mot à ma mère, momifiée par l'inquiétude. Quitter la maison devenait une expédition à hauts risques. À chaque coin de rue, la mort guettait les têtes nues. J'avais la gorge sèche et le visage pâle. Le chemin de l'université, que je connaissais par cœur depuis quatre ans déjà, me paraissait comme l'Himalaya à escalader. J'ai fait quelques pas et ai aperçu des écolières vêtues «normalement». J'ai lu dans leurs yeux la même peur que la mienne. J'ai immédiatement pensé à leur mère, à la mienne, à toutes les mères d'Algérie, qui avaient eu cet immense courage d'envoyer leurs filles à l'école et de faire ainsi un pied de nez à l'une des organisations terroristes les plus redoutables au monde. Sur ma route, j'ai croisé d'autres regards de femmes dont la force n'avait d'égale que leur soif de liberté. J'ai échangé des sourires avec toutes les « têtes nues ».

Une folle émotion m'étreignait. J'étais témoin d'une extraordinaire victoire. J'étais en fête, avec toutes les «têtes nues», pour célébrer le courage de Katia Bengana, assassinée à la sortie de son lycée à quelques mètres seulement de sa maison, à l'âge de 17 ans, le 28 février 1994 à Meftah. Katia avait refusé de porter le voile. Une semaine avant son assassinat, elle avait déclaré à sa mère : «Plutôt mourir que de porter contre ma volonté ce hidjab. Et si un jour j'y étais obligée, je porterais la robe kabyle, habit traditionnel de l'Algérie profonde, mais jamais ce voile qu'on veut nous imposer par la force.» Les paroles de Katia ont résonné dans ma tête toute la journée. Ce jour-là, j'ai fait le serment de ne jamais oublier son sacrifice. C'est pourquoi j'ai une aversion profonde pour tout ce qui est hidjab, voile, burqua, niquab et tchador. Katia, jamais au grand jamais la barbarie n'aura raison de tes sacrifices. Je ne t'oublierai pas. Je ne te trahirai pas. Portée par les voix de ces jeunes écolières, Katia était la pionnière de cette nouvelle génération de résistantes déterminées à défier l'intégrisme au péril de leur vie, comme l'avaient fait leurs aïeules en combattant le colonialisme français.

## Se mobiliser contre le port du voile islamique

Le voile islamique est bien davantage une affaire politique que religieuse. Son acceptation dans les institutions publiques constitue aujourd'hui un enjeu extrêmement important. Il cristallise symboliquement une identité repliée sur elle-même qui résiste à tout changement et à toute ouverture à l'Autre. Le voile est un instrument de contrôle social qui identifie la femme comme appartenant exclusivement à la communauté des croyants. C'est pourquoi de jeunes musulmanes, même sous un casque de sport qui ne laisse rien voir de leurs cheveux, ne veulent pas enlever leur foulard. Il est leur identité politico-religieuse et elles ne peuvent concevoir d'appartenir à un quelconque autre groupe, qu'il soit sportif, artistique ou culturel, que celui des croyants. Le message est clair : les lois d'Allah priment sur toutes les autres.

En 1989, le journal du FIS *Al-Mounquid* publiait une longue lettre ouverte de lycéennes voilées au ministre de l'Éducation : « Que signifie l'éducation et la science lorsqu'on nous impose d'enlever hidjab et jellabah, que Dieu le Très-Haut nous a donnés par Sa Loi, et qu'Il nous a interdit d'enlever, sinon chez nous et devant nos parents. » « On a là, comme le constate Gilles Kepel, un avant-goût des polémiques qui se dérouleront dans nombre de collèges et lycées en France au début des années 1990, quand les cours de gymnastique deviendront le lieu par excellence des conflits autour du port du voile – à cette expression près que, au sud de la Méditerranée, c'est la Loi de Dieu qui est opposée au ministre de l'Éducation, alors qu'en France c'est l'argument de la liberté individuelle et des droits de l'homme qui sera invoqué à la rescousse du hidjab[41]. » Ces femmes-là, qui ne veulent pas se mélanger à leur société d'accueil, utilisent leur voile pour s'en démarquer et s'en protéger, imposant ainsi une ségrégation entre les hommes et les femmes, entre les musulmans et les « non-musulmans », et entre les musulmanes qui le portent et celles qui ne le portent pas. Ces femmes-là, même si elles sont à « l'extérieur », restent toujours enfermées « dedans » en perpétuant l'ordre ancien. Si nous permettons le port du voile, qu'adviendra-t-il de celles qui refusent de suivre « la norme » de leurs communautés ? Qu'arrivera-t-il à ces jeunes filles et ces jeunes femmes qui vivent sous le joug

41. Gilles Kepel, *À l'ouest d'Allah*, Paris, Seuil, 1994, p. 252.

d'un père, d'un frère, d'un oncle ou d'un mari rétrograde? Non seulement elles seront obligées de porter le voile dans l'espace privé mais également de le subir dans l'espace public.

Subir, ce n'est pas se soumettre. Des milliers de jeunes filles attendent la bonne occasion pour échapper à leurs bourreaux. Aidons-les à s'évader de ces épouvantables prisons que sont leur famille, leur religion, leur communauté. Comment pourront-elles échapper au diktat familial si l'on banalise les crimes d'honneur? En France, dans certaines banlieues, les jeunes musulmanes sont sommées de choisir entre «le voile ou le viol». Si nous abdiquons sur la question du voile, c'est le parti de l'oppression que nous choisissons. Car un voile en cache toujours un autre. L'offensive en faveur du voile islamique s'accompagne d'attaques contre la mixité: dans les écoles, c'est déjà commencé. Certains parents demandent à ce que leurs filles soient dispensées des cours de musique, d'art, de théâtre et de biologie. Et puis quoi encore? Il y a aussi les revendications de piscines séparées pour les hommes et pour les femmes. Et, après tout, si le voile islamique est permis, pourquoi pas la polygamie? Ne sont-ce pas là les éléments d'une même «spécificité culturelle»?

La bataille contre le voile islamique n'est que le début d'une guerre ouverte contre les intégristes, dont l'issue dépendra de notre capacité à le disqualifier des institutions publiques, y compris de l'école. Si l'on perd cette manche, l'islamisme en sortira plus fort et plus revendicateur. Cependant, ne nous faisons pas d'illusions, la bataille ne sera pas facile. Comme le soutient Tarik Ramadan: «plus on sera présent, plus des femmes avec leur hidjab seront présentes, sur le plan social, présentes dans la discussion, expliquant leur démarche, expliquant qui elles sont (…), plus on habituera les mentalités et plus les choses changeront (…)[42]». Ce dernier, «fondamentaliste charmeur, spécialiste du double langage», comme le qualifie Antoine Sfeir, directeur des *Cahiers de l'Orient*, encourage d'ailleurs les femmes musulmanes à revendiquer le port du voile comme une exi-

42. Caroline Fourest, *Frère Tariq*, Paris, Grasset, 2004, p. 186.

gence de leur foi et un acte du cœur. Ce discours est largement repris au Québec où Tarik Ramadan bénéficie d'un large réseau de soutien. Remarquons-le bien, ce sont toujours de jeunes femmes éduquées, ayant fréquenté l'université, qu'on met en avant pour donner une belle image des islamistes. Les hommes ont pratiquement disparu des caméras et des micros. On assiste à un renouvellement de la stratégie islamiste et à une redistribution du travail.

Pour marquer des points il faut savoir adapter le discours à l'auditoire. Rendre plus aimable l'apparence du discours ne veut cependant pas dire transiger sur les principes. Sur ce terrain, on ne cède pas d'un iota : la confrérie des Frères musulmans en a tracé les grandes lignes, voilà quatre-vingts ans. Ce qui se joue actuellement, c'est une bataille de relations publiques en direction des mass media. On ressasse toujours le même discours victimaire, on accuse de raciste et d'islamophobe toute personne qui ose critiquer l'islam ou les musulmans. Les porteuses de ce message sont des femmes qui s'affichent comme des modèles d'intégration et présentent le voile comme un « choix », répétant qu'une bonne musulmane est une femme « pudique » et que le voile est le summum de la pudeur. Quel sens donner à un tel « choix » lorsqu'il se fait dans un contexte entaché par le sang de celles qui refusent de porter ce stigmate ? Cette stratégie de communication a porté ses fruits puisque le hidjab suscite une certaine « sympathie » et même une « tendresse » dans certains milieux intellectuels. On en arrive même à entretenir l'illusion que le voile pourrait être une alternative à l'hypersexualisation des filles, quand en fait le voile est l'une des pires formes de sexualisation des femmes. Le voile, c'est un rapport obsessionnel au corps, à la chair, au sexe. Le voile, c'est le contrôle de la sexualité des femmes. Ne soyons pas assez naïfs pour croire que le hidjab serait acceptable, voire progressiste alors que la burka serait rétrograde et inacceptable. La différence entre les deux ne tient qu'à la taille du tissu. La signification reste la même : la manifestation archaïque de l'oppression et de la soumission des femmes. Ces femmes prétendent qu'elles se voilent pour ne pas attirer le regard des hommes et réveiller leurs pulsions. Cette conception qui considère la femme comme une «tentatrice inassouvie» et l'homme comme un «perpétuel prédateur» est totalement infantile et primaire. Réjouissons-nous que les critères de séduction soient un peu plus complexes et subtils! On a la preuve tous les jours que les hommes et les femmes sont capables de se mouvoir librement les uns avec les autres, de travailler ensemble, et de partager bien des choses sans pour autant se désirer sexuellement. Et lorsqu'ils se désirent, ce qui n'est pas une monstruosité en soi, ils ne deviennent pas des dangers publics pour autant. Il n'y a que dans les pays qui chosifient les femmes que la chair devient l'objet de fantasmes permanents, que la misère sexuelle s'installe et que des névroses et démences collectives se développent, allant même jusqu'à autoriser le «mariage provisoire» ou «mariage de plaisir[43]», véritable couverture religieuse à la prostitution. C'est ce qu'a fait le FIS, en 1991, lorsqu'il a installé des tentes en plein centre-ville d'Alger pour encourager cette pratique, fort populaire parmi ses militants et totalement étrangère jusque-là à l'Algérie. Et ce paradis qu'on promet à ces fous d'Allah ne déborde-t-il pas d'orgasmes sexuels? Orgasmes d'hommes naturellement, avec ces 70 *houris* (vierges) aux grands yeux qui attendent patiemment «les nouveaux arrivants» de cet Eden sexuel? Pour le mériter, il suffit de mourir en martyr du jihad.

---

43. Dans ce mariage, la femme renonce à certains droits que lui accorde l'islam, comme le droit au domicile conjugal, à l'héritage, et au soutien financier de son mari. Si le mari a d'autres épouses, la femme renonce à une part équitable du temps et de l'attention de son mari. Il y a une forte demande pour ces mariages via Internet et divers services de messagerie électronique. Après avoir constitué une pomme de discorde entre chiites et sunnites, la pratique a été finalement adoptée par ces derniers. Dans une *fatwa* du 10 avril 2006, l'Institut du droit islamique de La Mecque a formellement autorisé le mariage de plaisir.

# CHAPITRE III

# La stratégie gagnante des islamistes

Pour arriver à ses fins, l'islamisme politique adopte une stratégie en trois volets. Le premier volet qui a un caractère humanitaire et social vise l'« Intérieur » des communautés musulmanes. On joue à fond la carte du communautarisme en titillant le sentiment religieux des croyants. À coup de milliards de pétrodollars provenant principalement d'Iran et d'Arabie Saoudite, on fournit une multitude de services partout dans le monde à travers un réseau tentaculaire d'associations de bienfaisance. Avant même d'arriver au pouvoir, le Hamas s'était déjà totalement substitué à l'Autorité palestinienne incapable de faire face aux besoins de sa population. Des logements, de l'argent, des hôpitaux et des écoles islamiques sont mis à la disposition de ses partisans. En 1996, le budget du Hamas était estimé à 70 millions de dollars[1]. Si l'on en croit Mary Ann Weaver, journaliste au *New Yorker*, 40 à 50 % de cet argent provient de l'Arabie Saoudite et du Golfe. En 1998, l'Arabie Saoudite fait un chèque de 25 millions de dollars au cheikh Yassine[2], le fondateur du Hamas, soit quasi 33 % du budget total.

1. John Kifner, New York Times Service, 16 mars 1996.
2. Marie Colvin, « *Saudi gift to Hamas raises terror fears* », *Sunday Times*, 12 avril 1998.

## La stratégie gagnante

Bethléem, 10 août 2002. Le maire de la ville tournait en rond dans son bureau, ne sachant où donner de la tête et cherchant à résoudre la catastrophe qui venait de tomber sur sa ville. Il devait reloger plusieurs familles après que l'armée israélienne eut bombardé des maisons, accusant l'un des locataires d'être un militant du Hamas. Depuis que des Palestiniens se sont réfugiés à l'église de la Nativité, Tsahal bombarde la ville comme bon lui semble. «Où vais-je les reloger? Avec quel argent? Qu'allons-nous faire?» s'interrogeait-il. Un téléphone vint interrompre ses inquiétudes. «Ils sont déjà relogés, le Hamas vient de les indemniser», lui annonça une voix au bout du fil. Si on multiplie cette réalité à l'échelle de la Cisjordanie et de la bande de Gaza, on ne peut guère s'étonner du pourrissement de la situation entre les partisans du Fatah et ceux du Hamas. La perspective de la paix s'éloigne.

Le Hezbollah a suivi la même stratégie dans le Sud-Liban. En mai 2002, sur le chemin entre Saida et le camp de réfugiés palestiniens Borj Al-Shamali, à une cinquantaine de kilomètres de Beyrouth, il n'y avait qu'un homme qui régnait en maître, c'était Hassan Nasrallah dont la photo était placardée tout le long du chemin. Les conditions de vie dans les camps palestiniens du Liban sont inhumaines. C'est là que les militants du Hezbollah font des gains.

En 1996, Ousama Ben Laden finançait le réseau des mosquées et des boulangeries à Kaboul, deux piliers de la vie quotidienne des Afghans. Il n'est pas inhabituel de voir des «secours islamiques» affiliés à un parti politique islamique ou à l'Internationale islamiste, arrivant sur les lieux d'un séisme ou d'une quelconque catastrophe naturelle avant même ceux de l'État. Cela a été le cas en Algérie, à diverses reprises, dans plusieurs régions du pays. Les intégristes, avec leur efficacité et leur rapidité, ont totalement éclipsé les structures officielles, infligeant à l'État de terribles humiliations durant le séisme de Tipaza en 1989, celui de Mascara en 1994, celui à l'est d'Alger en 2003 et les inondations d'Alger en 2001. Au Maroc, avant de remporter le succès électoral qu'ils connaissent, les islamistes ont développé un militantisme social à toute épreuve, allant jusqu'à se vanter que «sans le travail de terrain des islamistes, le Maroc aurait explosé». L'association Justice et bienfaisance, fondée en 1980, est tolérée bien qu'illégale, tant il est vrai que le travail qu'elle effectue, dans les domaines social et humanitaire, avec son réseau de plus de 700 organismes, comble les carences de l'État. L'association recrute des centaines de milliers d'adhérents à travers son réseau dont l'action caritative est essentiellement dirigée vers les jeunes et les femmes car, comme l'ont constaté Nicolas Beau et Catherine Graciet dans un ouvrage consacré à l'islamisme au Maroc, «les femmes sont les meilleures portes d'entrée dans les familles. Non seulement elles éduquent les enfants, mais l'expérience montre qu'une femme qui adhère "embarque" dans bien des cas son mari, une partie de sa famille voire de sa belle-famille[3]. »

L'activisme social et humanitaire pose les assises politiques de puissantes organisations paraétatiques et paramilitaires. Du Pakistan à l'Afghanistan, de la Malaisie au Bangladesh, de la Palestine au Maroc, du Liban au Yémen, en passant par la Turquie, l'Égypte, l'Algérie, la Syrie, le Soudan, les islamistes occupent le terrain, avec un message clair à référent politico-religieux qui conforte l'identité des populations, par un enracinement profond dans le pays grâce à des services sociaux performants et sur un terreau fertile au développement d'un mouvement de ce type : la corruption et l'incurie des classes dirigeantes. Le discours islamiste se pose en alternative au despotisme des gouvernants arabes et musulmans. C'est d'abord contre «les dictateurs suppôts de l'Occident» que les islamistes appellent au jihad. Anouar al-Sadate, le président égyptien, en a fait les frais en 1981 lorsqu'il fut assassiné durant une parade militaire au Caire par des membres

---

3. Nicolas Beau et Catherine Graciet, *Quand le Maroc sera islamiste*, Paris, La Découverte, 2006, p. 63.

de l'organisation du Jihad islamique égyptien. Ces derniers s'opposaient aux accords de Camp David.

### L'immigration, une cible privilégiée

Dans cette quête de pouvoir, les immigrants constituent un immense enjeu. D'abord, parce qu'ils sont exposés à un modèle sociétal moderne qu'ils seraient susceptibles d'absorber, d'intégrer et pourquoi pas de reproduire. Ils sont à l'interface de deux cultures. Les immigrants circulent entre leur pays d'accueil et leur pays d'origine, auquel ils restent pour la plupart très attachés. Ils en suivent l'actualité politique et en sont souvent préoccupés. Quand ils sont de retour dans leur pays d'origine, tout le monde les attend. On épie leurs moindres gestes. Comme ils sont en général les pourvoyeurs de leur famille, ils ont une influence non négligeable sur le cours des événements, sur la situation d'une sœur en âge de se marier ou d'un frère au chômage. Ils constituent autant de fenêtres sur cet Occident lointain, haï mais secrètement désiré. Ils sont enviés et jalousés. Entre l'Orient et l'Occident, ils peuvent devenir des passeurs d'une conscience universelle, ce qui représente pour les islamistes un véritable danger. C'est pour cela que ces derniers essaient à tout prix de les isoler de leur société d'accueil pour les soustraire aux «mauvaises» influences.

Par peur, par méfiance ou par rejet de l'Autre, beaucoup d'immigrants se marient dans leur communauté. L'union avec un étranger n'est guère acceptée à moins qu'il soit «formaté» suivant les normes du clan. On fait de la conversion à l'islam un préalable non négociable. Si des Occidentales se drapent du voile islamique, on s'en vantera et on s'en enorgueillira. Quel bel exemple, n'est-ce-pas? de la grandeur de la religion musulmane! Le contraire, c'est-à-dire un musulman qui se convertirait à la religion de sa compagne, n'est tout simplement pas envisageable. Il serait considéré comme un apostat et condamné à mort. Si déjà le sort réservé au couple mixte dont la femme est étrangère n'est pas simple, celui des musulmanes qui quittent la communauté ou qui souhaitent le faire pour les mêmes raisons est insoutenable. Elles peuvent être battues, chassées, poursuivies et même tuées par un membre de leur famille. À l'intérieur des communautés musulmanes, celles qui ont ce courage sont condamnées à vivre terrées le restant de leur jour. À l'extérieur, personne ne se risque à les défendre de peur de se faire traiter de raciste. De toute façon, on ne sait pas grand-chose de « l'Intérieur ». C'est la loi du silence et rare sont ceux qui la brisent. Il y a aussi les mariages arrangés. Les filles d'ici qu'on marie de force à un cousin de là-bas ou à quelqu'un de la tribu. Les filles de là-bas qu'on va chercher. On les veut vierges et dociles. « On peut toujours sortir avec une étrangère pour avoir du plaisir mais lorsque vient le temps de se marier, c'est un tout autre mécanisme qui se met en place car la famille, c'est sacré tout autant que l'éducation des enfants », m'ont dit de nombreux musulmans. Il y a un énorme trafic légal de mariées et mariés importés et importables. L'interdiction de l'excision qu'on contourne le temps d'un voyage. Les garçons qu'on envoie en « immersion culturelle » là-bas pour devenir de « vrais » hommes. Le là-bas et l'ici se concertent pour perpétuer l'enfermement, le racisme et le rejet de l'Autre. Conscients des défis qu'affrontent les immigrants, les islamistes les encadrent. On aide les démunis à se trouver un logement ou un emploi. On leur fournit de l'argent pour boucler leurs fins de mois. On leur offre des cours d'informatique, de langues ou encore des ateliers de sport et de couture. On les soutient dans toutes leurs démarches administratives. On se soucie de leur moral et on organise des rencontres pour célébrer des fêtes religieuses, des mariages et des naissances. On fait appel à des « spécialistes » pour animer des conférences touchant à des sujets épineux tels que la cellule familiale, les pièges de la société occidentale, les médias et la religion, etc. L'immigration est aussi un immense réservoir d'argent. Selon Mary Ann Weaver, la part du financement provenant des États-Unis dans le budget du Hamas en 1996 était de 10 à 15 %. En Europe, c'est à travers les réseaux du banditisme, de la drogue, du trafic d'armes et de voitures, ceux des boucheries *halal*, des épiceries musulmanes et par le racket des commerçants, qu'on finance les organismes islamiques qui gravitent autour des mosquées.

## Ils assassinent au nom d'Allah

Le deuxième volet, c'est l'assassinat politique. Sordide. Barbare. Ignoble. Mué en folie meurtrière, l'islamisme politique ne lésine pas sur les moyens pour maintenir la cohésion de la communauté. On neutralise les « récalcitrants ». On les sacrifie. On les tue. Car le sacrifice au nom d'Allah justifie l'extermination des « mal-pensants » afin de les soumettre à la religion de la soumission. Il est devenu loisible à n'importe quel ignorant s'autoproclamant imam de prononcer une *fatwa* à l'encontre d'un « musulman non conforme » pour que des adeptes zélés s'exécutent et que des têtes tombent. Le 6 mars 2007, le réseau anglais de la télévision publique canadienne, la CBC, a diffusé un reportage, intitulé « *Who Speaks for Islam?* », qui montre clairement que des musulmans laïques de la région de Toronto subissent des intimidations, voire des menaces de mort, venant des milieux radicaux de la ville reine.

Les condamnés à mort, ce sont tous ceux qui aspirent à vivre non pas comme des croyants mais comme des citoyens à part entière dans leur pays d'accueil. Ce sont tous ceux qui se sont donné la liberté de se faire eux-mêmes, loin du troupeau. Ce sont les récalcitrants, les égarés, les impurs, les dissidents, les mal-pensants, les dérangeants, les insoumis, les déserteurs, les apostats, les iconoclastes et les mécréants. Ce sont ceux que les islamistes appellent les « occidentalisés », et dont nombre de courants de pensée occidentaux se méfient, ne les jugeant pas suffisamment conformes à la « norme musulmane ». Ce sont tous ceux qui se sentent à l'étroit dans le communautarisme et qui vivent un double exil, une double exclusion. Ce sont tous ceux qui portent le mauvais nom, qui sont nés dans le mauvais pays et qui pourtant respirent à pleins poumons la liberté et l'humanisme et ont soif des musiques du monde. Les condamnés à mort, il y en a partout dans les villes, les villages, les hameaux, dans tous les endroits fleuris ou arides du Pakistan au Soudan, de l'Égypte à l'Arabie Saoudite, de l'Iran à l'Algérie, de la Jordanie au Koweït. Ils portent tous un nom. Ils ont tous un visage. Ils sont célèbres ou anonymes, femmes ou hommes, jeunes et moins jeunes.

Ils pourraient s'appeler Ahmed Asselah, directeur de l'École des beaux-arts d'Alger, assassiné avec son fils Rabah le 5 mars 1994 dans l'enceinte même de l'École. Ou Tahar Djaout, écrivain et journaliste, assassiné à Alger le 26 mai 1993. Ou Saïd Makbel, journaliste, assassiné à Alger le 3 décembre 1994. Ou Nabila Djahnine, féministe, assassinée le 15 février 1995 à Tizi Ouzou. Ou Sadiq Melallah, poète décapité au sabre par les autorités d'Arabie Saoudite le 3 septembre 1992 sur la grande place de la ville de Qatif. Ils pourraient porter le nom de Farag Foda, écrivain, criblé de balles dans la banlieue du Caire, le 8 juin 1992, sous les yeux de son fils Ahmad. Ou celui de Freydoun Farrokhzad, poète et homme de spectacle iranien, poignardé à mort en Allemagne le 8 août 1992. Ou celui de Saiidi Sirjani, essayiste et romancier iranien, assassiné en prison pour avoir publié à l'étranger ses ouvrages interdits en Iran. Ou celui du théologien soudanais Mohamed Taha, redoutable adversaire de Hassan Tourabi[4], accusé de renier sa religion, condamné à la pendaison et exécuté en janvier 1985 à l'âge de... 78 ans. Cette liste macabre est beaucoup trop longue. En Algérie seulement, il y eut un véritable carnage et on estime le nombre des morts, en dix ans, à plus de 200 000. Le régime iranien, lui, en a fait 100 000 depuis 1979. Le régime soudanais militaro-islamiste de Numeiri en 1985 a exécuté des centaines de milliers de personnes, allant même jusqu'à amputer des enfants qui volaient pour manger. En Arabie Saoudite, les condamnés sont exécutés par le sabre et on crucifie leurs cadavres.

4. Surnommé « le pape noir du terrorisme », Tourabi a été le chef des Frères musulmans soudanais. Né en 1932, il prêchait la création d'un État panislamique, qui transcenderait les frontières actuelles des États musulmans.

## L'affaire Rushdie

Le 14 février 1989, Khomeyni condamnait à mort Salman Rushdie, l'auteur des *Versets sataniques*, ainsi que tous les éditeurs du roman. Il s'en suivit que même les traducteurs italien et japonais de son roman furent assassinés. De même que le recteur de la mosquée de Bruxelles et son adjoint, pour avoir simplement déclaré que Rushdie devait être jugé et se repentir comme l'exigeait la juridiction islamique concernant la loi sur le blasphème et l'apostasie. Avec l'affaire Rushdie, une nouvelle étape venait d'être franchie. Une guerre contre l'Occident et ses valeurs était déclarée. L'exigence de l'application de la charia ne se limitait plus exclusivement aux pays musulmans et aux musulmans seulement, mais s'étendrait à l'Occident et à tous ses habitants quelle que soit leur croyance ou leur incroyance. La condamnation de l'apostasie et du blasphème, qui est commune à toutes les religions monothéistes, est clairement et abondamment faite dans le Coran. Cet héritage commun, qui démontre la nature sectaire du monothéisme, est toujours d'actualité lorsqu'il s'agit de musulmans. Néanmoins, il ne peut y avoir blasphème que s'il y a croyance. La liberté de pensée est fondée sur la conjonction de deux libertés fondamentales et indissociables : la liberté de conscience et la liberté d'expression. Ces libertés conditionnent toutes les autres. En jetant l'anathème sur la création intellectuelle et en érigeant la présomption de culpabilité en principe, l'affaire Rushdie marque, en Occident, le début d'une ère de peur pour tout créateur qui traite de l'islam. Et cela même sous forme de fiction. « L'un des effets pervers des mass media, remarque Umberto Eco à l'occasion de l'affaire Rushdie, est d'apporter de la fiction littéraire à des gens qui n'avaient jamais lu de roman auparavant, et qui ne partagent pas cette suspension de l'incrédulité qu'est le "contrat fictionnel". » Umberto Eco faisait référence à des musulmans indo-pakistanais qui, à Bradford, dans le nord de l'Angleterre, ont organisé un autodafé du livre de Rushdie, dont les images ont fait le tour du monde, avant même que ne tombe la fatwa de Khomeini. Rappelons-le, c'est à Bradford et non à Téhéran que l'affaire Rushdie a éclaté. Le livre, que l'écrasante majorité des fanatiques n'avaient jamais lu, fut d'abord dénoncé dans de nombreuses mosquées du Royaume-Uni, puis de l'Inde, des États-Unis et du Pakistan, avant que l'ayatollah Khomeyni ne prononce sa célèbre fatwa, un mois jour pour jour après l'auto-dafé de Bradford. La mobilisation de réseaux transnationaux au service de l'islamisme politique, ralliant essentiellement les communautés immigrantes indo-musulmanes, s'est étendue au Japon, à la Tanzanie, en passant par la Turquie, la France, le Danemark et l'Afrique du Sud. «D'un point de vue musulman, publier une œuvre de fiction à partir des faits eux-mêmes sujets à discussion a pour seul résultat de créer le trouble. À cause de la réputation de Rushdie et de l'appui de son éditeur, le désarroi s'est répandu parmi ceux qui n'ont pas les moyens de discerner les faits de la fiction. Semer ainsi le désordre en connaissance de cause c'est un blasphème et de la sédition (*fitna*), car c'est défier l'un des dogmes centraux de la conscience islamique», a expliqué l'un des plus virulents attaquants des *Versets sataniques*. «Je ne l'ai pas lu et n'ai nulle intention de le lire, proclame l'un des principaux initiateurs de la campagne. Je n'ai pas besoin de patauger dans un égout pour savoir ce que c'est que l'ordure?» a précisé un organisateur de l'autodafé. Parmi les intellectuels libéraux de culture musulmane, il y en a qui ont pris la défense de Rushdie. On peut mentionner l'universitaire syrien Sadik J. Al-Azm, qui a vu en Rushdie le Voltaire de l'islam et a affirmé: «Je ne vois aucune raison qui nous empêcherait d'être fiers du livre de Rushdie; d'autant plus qu'il terrifie son époque, car il est l'une des plus grandes leçons d'hérésie que le monde musulman ait connues», ou bien encore Mohamed Harbi qui fut à l'origine de la déclaration «au nom de l'islam, (…) nous sommes tous des Salman Rushdie», publiée dans les journaux français, avec une trentaine d'autres intellectuels iraniens, libanais, marocains, tunisiens et syriens. D'autres intellectuels se sont exprimés dans le même sens dans le quotidien libanais *As Safir*. Un livre a même été publié en anglais et en français sous le titre de *Pour Rushdie. Cent intellectuels arabes et musulmans pour la liberté d'expression.*

## Les caricatures sataniques

Le troisième volet est dirigé vers les Occidentaux qui osent critiquer l'islam. On crie à l'islamophobie et au racisme en pointant un doigt accusateur sur une caricature du prophète Mohamed, un livre ou un article de journal traitant de l'islam. « La fureur sacrale déclenchée par les caricatures danoises – qu'on a affublées du même adjectif funeste de "sataniques" – obéit à la même logique [que celle mise en œuvre dans l'affaire Rushdie] : puisque les auteurs des caricatures sont danois, on condamne tous les Danois. Et puisque la Norvège se trouve à la frontière du Danemark, on brûle son ambassade à Damas. (…) Quelqu'un a comparé le travail de la censure au "détricotage" d'un vêtement dont il suffit de tirer un fil pour le défaire entièrement, et pour jouir d'un pouvoir d'anéantissement fulgurant et illimité », a dit Raja Ben Slama, écrivaine et universitaire tunisienne, dans une allocution qu'elle a présentée le 24 février 2006 à Vincennes au théâtre de la Cartoucherie d'Ariane Mouchkine, lors d'une soirée absolument formidable organisée par le *Manifeste des libertés* et qui a réuni de nombreux intellectuels des deux rives de la Méditerranée. Par ailleurs, Fethi Benslama, psychanalyste franco-tunisien, a expliqué, lors du même événement, les retombées politiques et internationales de cette affaire. Il a évoqué les manœuvres de l'Organisation de la conférence islamique (OCI) qui a demandé que le Conseil des droits de l'homme de l'ONU inscrive dans son texte fondateur l'article suivant : « La diffamation des religions et des prophètes est incompatible avec le droit à la liberté d'expression. »

Après l'affaire des caricatures, Karen Jespersen, journaliste politique, ex-ministre danoise des Affaires sociales et de l'Intérieur, a publié un livre intitulé *Islamistes et naïvistes. Un acte d'accusation* avec Ralf Pittelkow, éditorialiste politique au *Jyllands-Posten*, le quotidien qui a publié les caricatures. L'ouvrage contient des informations précieuses qui nous permettent de comprendre les véritables enjeux de cette crise et surtout de prendre la juste mesure de la fulgurante avancée des islamistes au Danemark, un pays qu'on cite souvent en exemple pour son indice de développement humain. Les auteurs expliquent notamment le rôle que jouent certains imams contre l'intégration en prônant ouvertement le respect de la charia. « Des exemples ? Cheikh Raed Hlayhel qualifie les femmes qui se promènent sans voile et sont maquillées d'"instruments de Satan contre les hommes". Ahmed Akkari recommande la peine de mort pour les homosexuels, conformément à la charia : "Il est certain que dans une véritable société musulmane, ce genre de perversion doit être punie de mort si les personnes la pratiquent en public." Abu Laban commente en ces termes la mort de sept moines chrétiens[5] et une série d'exactions en Algérie : "Les touristes propagent probablement le SIDA en Algérie, tout comme les juifs propagent le SIDA en Égypte[6]." » Les auteurs nous relatent également comment Abou Laben[7], sinistre imam de la mosquée de Nörport à Copenhague, est devenu un personnage clé dans l'affaire des caricatures et a orchestré une campagne de contestation internationale contre son pays d'accueil grâce au phénoménal soutien des États musulmans. Quelques semaines après la publication des caricatures, son organisation Société islamique du Danemark fut déboutée par

5. Enlevés par le GIA dans la nuit du 26 au 27 mars 1996, les sept moines trappistes du monastère de Tibhérine dans la région de Médéa à 100 km au sud d'Alger, sont séquestrés pendant deux mois, puis égorgés le 21 mai suivant. Leur assassinat est annoncé dans un communiqué du GIA : « Nous avons tranché la gorge des sept moines, conformément à nos promesses. Que Dieu soit loué, ceci s'est passé ce matin. »

6. Karen Jespersen et Ralf Pittelkow, *Islamistes et naïvistes. Un acte d'accusation*, Panama, 2007, p. 105.

7. Palestinien de naissance, chimiste de formation, Abou Laben était le représentant de la Société islamique du Danemark jusqu'à sa mort en 2007. Imam de la mosquée de Nörport, il a élu domicile au Danemark en 1984 après avoir été interdit de séjour en Égypte et aux Émirats arabes unis.

la justice danoise. Sa plainte contre le *Jyllands Posten* n'a pas été retenue. Les islamistes décidèrent alors de changer de stratégie et d'utiliser les chancelleries. En octobre 2005, 11 ambassadeurs de pays musulmans demandèrent à rencontrer le premier ministre Anders Fogh Rasmussen, qui a refusé de les recevoir. C'est alors qu'Abou Laben s'est rendu dans de nombreuses capitales arabes en compagnie de plusieurs imams du Danemark. Seulement, il fut obligé de mettre un peu plus de piment pour faire monter la fièvre orientale car, en Égypte[8], même en plein mois de ramadan, les caricatures étaient passées inaperçues et leur publication n'avait suscité aucune réaction ni condamnation des autorités religieuses ou gouvernementales égyptiennes. Affirmant représenter une grande part des 200 000 musulmans du Danemark (3,5 % de la population), les imams boutefeux avaient emporté un dossier comprenant les 12 caricatures du *Jyllands-Posten* et trois autres images, dont l'une était censée représenter Mahomet en porc, une autre en pédophile, alors qu'une troisième montrait un chien sautant derrière un musulman en train de prier. Or ces trois images n'ont rien de danois. « C'est de la manipulation et de la désinformation, car ils ont voulu faire croire que ces dessins étaient ceux du *Jyllands-Posten* et qu'ils étaient parus dans la presse, ce qui est faux », s'insurge Flemming Rose, le responsable des pages culturelles du journal incriminé[9]. L'image de « Mahomet en porc » n'était qu'un grossier montage. C'était en fait une photo de Jacques Marrot, un mécanicien français, qui avait été prise lors du dernier championnat de France du cri du cochon.

Ce qui a donné du crédit à cette campagne haineuse, c'était, bien évidemment, l'attitude des États musulmans dont

---

8. Le lundi 17 octobre 2005, le journal *Al Fagr* devenait le premier journal au monde à publier les caricatures de Mahomet après le *Jyllands-Posten*, soit quatre mois avant leur publication par des journaux européens. Le journal contenait six des douze caricatures du *Jyllands-Posten* dont une qui faisait la couverture.

9. Alexandre Nichols, « Comment les imams danois ont manipulé la colère », *Le Figaro*, 9 février 2006.

les réactions officielles se sont suivies en cascade. Celles de l'Arabie Saoudite, de la Libye et de la Syrie furent virulentes. Ces dernières ont rappelé leurs ambassadeurs. Des photos du premier ministre danois furent brûlées et une campagne de boycott des produits danois et norvégiens fut lancée.

La liberté d'expression a ses balises qui permettent à quiconque se sentant diffamé de porter l'affaire en justice. C'est ainsi qu'on se défend dans une démocratie. C'est précisément ce qu'ont fait des associations musulmanes en France, épaulées par la Ligue islamique mondiale, l'un des bailleurs de fonds de l'islam extrémiste wahhabite d'Arabie Saoudite, en traînant devant les tribunaux *Charlie Hebdo*, l'hebdomadaire satirique français, après que ce dernier eut décidé de publier les douze caricatures danoises du *Jyllands-Posten* le 8 février 2006 par solidarité avec Jacques Lefranc, rédacteur en chef de *France Soir*, qui venait d'être licencié pour avoir lui-même eu ce courage. Procès qu'ils ont d'ailleurs perdu tout autant que les associations musulmanes danoises. La justice a considéré qu'il n'y avait pas eu, de la part de l'hebdomadaire satirique, d'injures publiques envers les musulmans. « Dans une société laïque et pluraliste, le respect de toutes les croyances va de pair avec la liberté de critiquer les religions, quelles qu'elles soient », ont insisté les juges, tout en rappelant que le blasphème n'est plus réprimé en France. *Charlie Hebdo* « a clairement revendiqué un acte de résistance à l'intimidation et de solidarité envers les journalistes menacés ou sanctionnés ». Le journal n'a pas, selon les juges, cherché à « offenser » l'ensemble des musulmans, mais à apporter sa contribution à un « débat d'idées sur les dérives de certains tenants d'un islam intégriste et "violent[10]" ». Les islamistes, comme le soutient la féministe Élisabeth Badinter, ont instauré un véritable climat de peur : « si *Charlie Hebdo* est condamné, c'est le silence qui s'abattra sur nous (…), parce qu'on aura peur. Si la justice ne nous aide pas à pouvoir parler, c'est très grave. »

10. Christophe Boltanski, « Procès Charlie : les caricatures de Mahomet relaxées », *Libération*, 23 mars 2007.

## La «sensibilité religieuse», quelle fumisterie!

Quelques mois après l'histoire des caricatures, c'était au tour de l'opéra de Berlin de déprogrammer *Idoménée* de Mozart de peur de «froisser» les musulmans en plein mois de ramadan. Dans l'une des scènes, le roi de Crète Idoménée rapporte en effet les têtes de Poséidon, de Jésus, de Bouddha et de Mahomet et les pose sur quatre chaises. On aurait cru revivre le triste épisode de la pièce de théâtre *Le fanatisme ou Mahomet le prophète* de Hervé Loichemol, metteur en scène de gauche et militant antifasciste qui souhaitait célébrer le tricentenaire de Voltaire en montant l'une de ses pièces à Genève, en 1993. Sous la pression des courants islamistes genevois, la pièce n'a jamais vu le jour. L'argument invoqué fut le respect de la sensibilité religieuse. Et ce n'est nul autre que Tariq Ramadan, célèbre prédicateur islamiste, qui était l'artisan de cette machination. Accusé d'islamophobie, Hervé Loichemol décida d'organiser un débat au Théâtre de Poche, dans le centre-ville de Genève, le 3 octobre. Tariq Ramadan y a participé entouré d'une dizaine de filles voilées. Il a adressé une lettre ouverte au metteur en scène dans laquelle il demandait implicitement de ne pas jouer la pièce pour ne pas offenser les musulmans: «Vous appelez cela "censure", j'y vois de la délicatesse», écrivait-il. Profondément bouleversé par cette campagne diffamatoire, Hervé Loichemol a quitté la Suisse pendant un temps. Tariq Ramadan, pour sa part, a considérablement élargi son cercle d'adeptes. Il compte des milliers de sympathisants. Ses cassettes, où il promeut le voile, sont diffusées non seulement dans les banlieues de Lyon et de Paris à forte concentration musulmane, mais également à Montréal.

Avec le temps la stratégie islamiste s'est sensiblement raffinée. Bien qu'ils comptent parmi eux une branche extrêmement radicale, les islamistes peuvent également s'appuyer sur une branche qui a su adapter son discours à l'air du temps. En Occident, ils ne parlent plus ouvertement de l'application de la charia. Ils évitent de choquer. Ils sont passés maîtres dans l'art du camouflage et du double langage. Tariq Ramadan en est un bon exemple. Le ton a changé. Désormais, il est question de sensibilité religieuse, de spécificité culturelle et de respect des religions. Les islamistes ne jurent que par la prudence, le scrupule, la politesse et la sensibilité. Ce sont là leurs mots. Les faits nous disent tout le contraire. Ne sont-ils pas prêts à déclencher une guerre diplomatique en donnant à la moindre insignifiance une portée internationale? Qui ne se souvient de la crise diplomatique entre le Soudan et la Grande-Bretagne en raison d'une peluche que des élèves de six à sept ans, dans la classe de Gillian Gibbons, avaient «démocratiquement» baptisée Mohammed? Cette dernière, enseignante à Khartoum depuis le mois de septembre 2007, fut emprisonnée pendant quinze jours pour insulte à l'islam et menacée de 40 coups de fouet. Gillian Gibbons a fini par obtenir la clémence du président Omar El-Béchir et est retournée dans son pays le 4 décembre. Voilà un pays déchiré par une guerre contre ses populations chrétiennes et animistes, dont une grande partie est menacée de famine, et qui met toutes ses énergies à persécuter une enseignante anglaise. Décidément, le régime soudanais ne craint pas le ridicule. Pendant ce temps-là, qui parle de ses deux millions de morts et de ses trois millions de réfugiés pour une population totale d'environ sept millions de Sud-Soudanais?

## Les nouveaux convertis au jihadisme

Tous les jours des faits survenant pas si loin de chez nous nous révèlent que l'intégrisme se retrouve à des degrés divers dans pratiquement tous les pays. On ne peut que constater l'ampleur de son avancée à travers le monde. L'islamisme politique est devenu un acteur extrêmement influent. La régression de nos valeurs est palpable. Pire encore, en Europe et en Amérique du Nord, il y a des territoires de non-droit qui sont devenus par la force des choses des enclaves imperméables à l'État, où les islamistes font la loi. Ce sont des prolongements d'États intégristes et de groupes terroristes, où sévissent le grand banditisme, le trafic d'armes et de drogues. Ce sont en quelque sorte de mini-États islamiques qui échappent totalement au contrôle des autorités publiques. J'en ai visité quelques-uns. Même la police n'y a pas accès et quand elle y entre ce n'est que de façon sporadique et anecdotique. Plus près de nous, savons-nous ce qui se dit dans les mosquées? Qui sont ces imams qui dirigent les prières? Qu'est-ce qu'on enseigne aux enfants dans les écoles islamiques? Connaissons-nous le contenu des livres sur les tablettes des centres islamiques? Savons-nous comment sont financés les mosquées, les écoles et les centres islamiques? Savons-nous quels intérêts ils servent? Savons-nous combien de jeunes filles et de femmes sont violentées par les hommes de leurs familles[11]? Même si dans l'immédiat les signes de régression peuvent nous paraître lointains, il est certain qu'à long terme, ils auront une incidence directe sur nos vies.

Une nouvelle donne est venue s'ajouter à ce tableau déjà bien complexe. Les islamistes ne recrutent plus les volontaires au suicide exclusivement dans leur bassin «ethnique». De jeunes Européens convertis viennent grossir les rangs des kamikazes. Les médias belges ont rapporté l'histoire de Muriel Degauque, âgée de 38 ans, originaire de la région de Charleroi, qui a fait sauter la charge d'explosifs qu'elle portait sur elle au passage

---

11. Le 23 novembre 2007, la Table de concertation en violence conjugale a organisé une journée d'étude consacrée à la violence conjugale dont sont victimes les femmes immigrantes au Québec. On peut lire un compte rendu de cette rencontre: Louise Leduc, «Des experts se penchent sur le sort des immigrées», *La Presse*, 24 novembre 2007. «Ça se vit mais est-ce que ça se dit? Est-ce que ça se dit que certains hommes, en partant travailler le matin, emportent avec eux le fil du téléphone et enferment leur femme à clé pour éviter qu'elle ne sorte et qu'elle ne devienne "canadienne"?» Le 13 décembre 2007, la Fédération de ressources d'hébergement pour femmes violentées et en difficulté du Québec a déposé un mémoire à la commission Bouchard-Taylor. On peut y lire: «un souci d'accommodement est souhaitable pour éviter que les femmes immigrantes et des communautés ethnoculturelles victimes de violence conjugale se retrouvent dans une situation où elles sont doublement victimisées par la société d'accueil et par leur communauté».

d'un convoi américain, près de Bagdad, le 9 novembre 2005. Muriel Degauque est devenue ainsi la première femme kamikaze européenne. En Belgique, 14 personnes furent arrêtées pour leurs liens avec la kamikaze, dont la moitié étaient des convertis à l'islam.

Dans le 14ᵉ forum *Le Monde* organisé en octobre 2002, Olivier Roy a souligné l'importance en France du phénomène des convertis au jihad. « Les trois réseaux islamistes qui ont joué un rôle important en France depuis 1995 sont celui de Khaled Kelkal, avec les attentats de 1995-1996, le gang de Roubaix[12], 1996, et le réseau de Djamel Begal, qui vient d'être démantelé cette année [2002]. Les trois comptent une proportion importante et croissante de convertis. Qui sont ces convertis ? Vous trouvez quelques intellectuels, si je peux dire, comme le Dʳ Kaas qui s'était converti pour aller en Bosnie, mais vous avez surtout des jeunes de banlieue qui se convertissent à l'islam sur une base de solidarité de quartier et surtout d'opposition au système[13]. » Éric Younès Geoffroy, islamologue à l'université Marc-Bloch de Strasbourg, converti en 1984 via le soufisme, constate : « Jusqu'à il y a une quinzaine d'années, la plupart des conversions étaient comparables à la mienne et passaient par un intérêt spirituel. Ce qui est nouveau, ce sont les conversions de proximité, dans les cités, où des jeunes Européens, pas toujours "français" d'origine, côtoient des musulmans. Ce sont des conversions plus simples que la mienne. Et là-dedans, il y a des conversions salafistes, ou même djihadistes. Ce dernier phénomène est incontestable, mais marginal », rapporte le journal *La Croix*[14] qui estime qu'il y a près de 3600 personnes touchées par le phénomène en France chaque année et que le nombre de convertis oscille entre 30 000 et 70 000. Le même article révèle

12. Le groupe lillois était mené par le converti Lionel Dumont, arrêté en Allemagne en décembre 2003 et extradé vers la France le 20 mai 2004.

13. Olivier Roy, « Islam global, islam occidental », in Thomas Ferenczi (dir.), *Religion et politique. Une liaison dangereuse ?*, Bruxelles, Complexe, 2003, p. 122.

14. Pierre Schmidt, « Les nouveaux convertis de l'islam », *La Croix*, 24 août 2006.

qu'en juin 2005, les Renseignements généraux français avaient remis un rapport au ministre de l'Intérieur Nicolas Sarkozy pour attirer son attention sur le cas de 1610 convertis, proches des milieux jihadistes et impliqués dans des faits de délinquance. Le journal *Le Monde*[15], quant à lui, avance le chiffre de près de 1100 pour les radicaux et de 50 000 pour les convertis (chiffres donnés par les organisations islamiques). Le même article insiste sur le phénomène qui se développe partout en Europe et prend des allures inquiétantes. « Cette tendance, qui se retrouve en Allemagne, en Grande-Bretagne et en Espagne, selon les spécialistes, témoigne à la fois de la prospérité que connaît le prosélytisme islamiste dans les banlieues (*Le Monde* du 25 janvier 2002), en milieu carcéral (*Le Monde* du 31 octobre 2001), ainsi que de la vitalité du phénomène de groupe, qui pousse à imiter son entourage. »

Le 4 septembre 2007, l'Allemagne déjoua un complot terroriste et mit le grappin sur trois individus dont deux convertis. Il s'agissait de Fritz Gelowicz, âgé de 28 ans, et de Daniel Schneider, âgé de 22 ans, tous deux issus d'un milieu social favorisé. Le correspondant de Radio France Internationale à Berlin, Pascal Thibaut, rapporte dans son bulletin du 6 septembre 2007 que « [d']après l'Institut central des Archives de l'islam en Allemagne, il existe dans le pays 18 000 personnes converties à l'islam, depuis la guerre. Un chiffre que certains experts jugent largement sous-estimé. L'an dernier, un record a été battu avec 4000 conversions[16], alors que la moyenne annuelle a longtemps été de 250 à 300 personnes. Les femmes restent les plus nombreuses, leur geste s'expliquant souvent par un mariage avec un musulman. » Qu'est-ce qui a amené Fritz Gelowicz, inscrit en quatrième année d'études d'ingénieur, né dans une famille de la bourgeoisie allemande non croyante (d'une mère médecin et

---

15. Piotr Smolar, « Des convertis glissent vers le militantisme radical », *Le Monde*, 3 juin 2004.

16. La validité de ces chiffres reste néanmoins controversée car ils reposent sur des sondages partiels menés auprès des associations musulmanes.

d'un père ingénieur), à s'islamiser et à participer à un camp d'entraînement au Pakistan en 2006? Il semble que Fritz Gelowicz a commencé à découvrir l'islam à travers ses camarades de classe turcs. À Ulm, où sa famille est installée depuis qu'il a cinq ans, près de 25 % des habitants sont issus de l'immigration. Après le divorce de ses parents alors qu'il est âgé de 15 ans, il commence à fréquenter le Centre d'information islamique d'Ulm et le Multikultihaus dans la ville voisine de Neu-Ulm, deux lieux considérés comme un vivier de djihadistes et fréquentés par Mohammed Atta, l'un des pilotes kamikazes du 11 septembre 2001. « Selon les services de renseignement, les organisations extrémistes recrutent davantage en direction des convertis, qui passent plus inaperçus et peuvent voyager sans difficulté. "C'est un avantage d'avoir dans leurs rangs des Allemands", souligne Christoph Grammer, porte-parole des renseignements généraux dans le Bade-Wurtemberg[17]. »

17. Cécile Calla, « De l'Allemagne profonde au "djihad" », *Le Monde*, 12 septembre 2007.

# DEUXIÈME PARTIE

# La flamme de mon Algérie
# brûle toujours en moi

# CHAPITRE IV

# Un cocktail explosif :
## islamisme, nationalisme arabe et socialisme

Je porte le prénom de Djemila. J'aurais pu m'appeler Angela comme Angela Davis[1]. Mes parents ont longtemps hésité entre les deux. Finalement, c'est Djemila qui l'emporta sur Angela. Djemila... comme « les Djamila[2] » de la guerre de libération nationale dont Djamila Bouhired, l'icône emblématique qui fut condamnée à mort le 15 juillet 1957 alors qu'elle n'avait que 22 ans. Sur la table de chevet de mes parents, la voix d'Angela se confondait avec celle de Djamila. J'en étais tout émue. Mes parents dévoraient leurs livres, où les scientifiques côtoyaient les poètes. Mon père aime la poésie. Il m'en écrit pour mes anniversaires. Au pied de leur lit, une pile de bouquins s'entassait sur le tapis beige en laine de Ghardaïa (oasis dans le Sud algérien). C'est là que traînaient toutes mes héroïnes, tous mes héros, non loin de ma chambre que je quittais furtivement pour un voyage autour du monde. Un privilège qui me faisait aussitôt me sentir autre. Je m'en abreuvais en silence, réfugiée sous le poster du

1. Afro-Américaine, elle fut l'une des figures de proue du mouvement antiraciste aux États-Unis au début des années 1960. Militante au Parti communiste américain et au mouvement des Black Panthers, elle fut l'une des femmes les plus recherchées par le FBI.

2. Plusieurs militantes de la guerre de libération portaient ce prénom dont Djamila Boupacha, Djamila Bouazza et Djamila Bouhired qui furent toutes les trois arrêtées, torturées et condamnées à mort.

*Baiser* de Klimt, assise sur le lit de mes parents. Le soleil me réchauffait les orteils. Je me promenais nu-pieds. La maison était déserte. Il s'en dégageait un parfum de fleur d'oranger. Un régime de dates *deglet nour* (doigt de lumière) était suspendu dans la cuisine, butin des excursions de mes parents à Taghit (oasis dans le Sud algérien). Personne n'a jamais rien su de mes pèlerinages au pied de leur lit. Je me foutais de la permission de mes parents. Je faisais mon apprentissage de la vie. Je voyageais d'un bout à l'autre de la terre ne me souciant guère ni des époques ni des frontières. Je tournais les pages avec ivresse. Tous ces mots doux et cruels susurrés à mon oreille faisaient battre mon cœur intensément. Liberté. Lutte. Colonialisme. Résistance. Racisme. Torture. Dictature. Compagnon. Camarade. Je me rappelle la couverture d'un livre avec une femme au regard fier et à la coupe afro. Rouge. Rouge sang. Le sang a coulé dans mon pays.

## L'insurrection des *damnés de la terre*[3]

Du temps de la guerre d'Algérie, avec les attentats du Front de libération nationale[4] (FLN) dans les cafés, bars et discothèques à forte concentration européenne, on comptait des dizaines de victimes. Du côté des dominants, on parlait de terrorisme aveugle. Les dominés, pour leur part, se drapaient dans la résistance. Les quartiers arabes étaient bouclés, la Casbah[5] quadrillée. Nul

3. Titre de l'ouvrage de Frantz Fanon, psychiatre antillais qui militait pour l'indépendance de l'Algérie. Paru en 1961 et préfacé par Jean-Paul Sartre, l'ouvrage porte sur le traumatisme du colonisé dans le cadre du système colonial et préconise l'émancipation du tiers monde. Il a connu un destin exceptionnel et a servi de référence à de nombreuses générations de militants anticolonialistes.

4. Parti politique (large coalition) créé en novembre 1954 pour obtenir l'indépendance de l'Algérie. Il a mené la guerre de libération nationale avec sa branche armée, l'Armée de libération nationale (l'ALN).

5. Vieille ville d'Alger bâtie au XVIe siècle à l'époque ottomane. Véritable prodige architectural d'un site de maisons enchevêtrées construites sur un plan très incliné. Classée patrimoine mondial par l'Unesco depuis décembre 1992.

n'y entrait ni n'en sortait à sa guise. Tout le monde était fouillé au corps… à l'exception des femmes. Elles se chargeaient donc du transport des bombes de la Casbah au centre-ville, ce qui leur valut le surnom de «poseuses de bombes». À cette époque, le voile n'était pas encore un manifeste politique. Le religieux ne dictait pas ses normes à la Cité. Ces femmes avaient rompu avec la tradition. Le voile ne pesait plus sur leur corps comme une fatalité[6]. Il n'était devenu qu'un accessoire pour tromper l'ennemi. Elles circulaient librement. À l'indépendance, elles scandaient *Tahya al-Jazair!* (Vive l'Algérie!), les poings levés, ne se formalisant guère de leurs mèches rebelles.

Les parachutistes de Massu[7] étaient arrivés en force pour mater «la rébellion». Il fallait en finir avec la bataille d'Alger[8]. Les suspects étaient arrêtés par centaines. Les disparitions étaient monnaie courante. C'était le règne de la terreur. Le 7 janvier 1957, ils étaient 8000 paras dans la ville. «Vous allez prendre en main Alger. Vous aurez tous les pouvoirs civils et militaires. À vous de jouer Massu», lui avait dit Robert Lacoste, le gouverneur général de l'Algérie. Alger devait être «pacifiée». Dans les prisons de Barberousse et de Lambèse, on torturait. Il fallait faire parler les «agitateurs». Il fallait les faire craquer. Il fallait démanteler les réseaux. On leur brisa les os. On marqua leur corps. On leur fracassa la tête. Il y eut ceux qui sont morts sous la torture: Maurice Audin, professeur de mathématiques et militant communiste, Larbi Ben M'Hidi, membre de l'exécutif

6. Analysant le rôle des femmes dans la guerre de libération, Frantz Fanon avait noté le rapport nouveau au voile dans: «L'Algérie se dévoile», premier chapitre de *L'an V de la révolution algérienne*, Paris, La Découverte, 1991.

7. Général français qui pratiqua la torture à outrance (gégène, baignoire, viols, brûlures, éliminations, exécutions sommaires, pendaisons) à l'égard des détenus algériens.

8. Affrontement entre le FLN et l'armée française durant l'année 1957 à la Casbah d'Alger. *La Bataille d'Alger* est également le titre du film de Gillo Pontecorvo portant sur la guerre de libération qui a obtenu le Lion d'Or à Venise en 1966, a été primé à Cannes, en nomination aux Oscars.

du FLN, Ali Boumendjel, avocat et conseiller de Abane Ramdane, l'un des dirigeants du FLN. Djamila Bouhired fut arrêtée le 9 avril 1957 au cours d'une fusillade à la Casbah. Elle fut torturée pendant dix-sept jours. Défendue par Jacques Vergès, c'est elle que Youcef Chahine a immortalisée à l'écran dans *Djamila l'Algérienne,* premier film sur la guerre d'Algérie.

La guerre de libération dépassa largement les frontières algériennes. On en parlait à l'ONU malgré le veto de la France. Le FLN avait reçu l'appui de Moscou et des pays socialistes. Rabat, Tunis et Le Caire étaient devenus des caisses de résonance des maquis algériens. En 1958, la IVᵉ République tombe. En France, la guerre civile est évitée de justesse. Le 12 février 1958, Henri Alleg[9] publiait *La Question.* Il y racontait ses séances de torture. Tout s'est su. D'ailleurs, « tout se sait toujours ». *Nedjma* (étoile, en arabe) de Kateb Yacine retentit dans le fracas des armes comme un coup de tonnerre. Sous les regards croisés de Simone de Beauvoir et de Jean-Paul Sartre, nombre de Français soutenaient l'Algérie indépendante à coup de manifestes et de pétitions, de comités et de meetings. L'écrivain Vercors renvoya sa Légion d'honneur. Le « Bloc-Notes » de François Mauriac publié dans *L'Express* devint corrosif. La presse ébruita les exactions. *L'Humanité, Le Monde, L'Express, Témoignage chrétien, Les Temps modernes, France-Observateur* se relayaient pour dire l'ignominie coloniale. René Lévesque, avec son émission *Point de mire,* était aussi sur les traces des résistants. Quoi de plus normal que d'aller balader sa caméra dans les maquis algériens, lui qui avait couru les champs de bataille d'Europe et de Corée ? Seulement, l'effervescence du journaliste se heurta à l'intransigeance de l'administration française qui voyait d'un très mauvais œil son intérêt à traiter des questions de l'époque. René Lévesque n'a jamais pu obtenir de visa pour se rendre à

9. Rédacteur en chef d'*Alger Républicain*, journal favorable à l'indépendance de l'Algérie, Henri Alleg est arrêté le 12 juin 1957 et sauvagement torturé. *La Question* fut d'abord publiée en France aux Éditions de Minuit et fut immédiatement interdite et rééditée en Suisse.

Alger. Son aventure s'arrêta à Paris où il fit des interviews de Français anonymes et d'intellectuels. La guerre d'Algérie n'inspira pas seulement les nationalistes québécois[10]. Elle bâtit des passerelles multiples entre tous *les damnés de la terre*. Des Français avaient basculé dans le camp du FLN. L'aspirant Henri Maillot[11] avait déserté l'armée française. Le réseau Jeanson des porteurs de valise[12] s'étendit. L'opinion publique était partagée. En décembre 1960, le peuple algérien était massivement sorti dans les rues pour réaffirmer son droit à l'autodétermination. La France avait perdu son honneur. Le reste n'avait plus beaucoup d'importance. L'Algérie indépendante était déjà une réalité.

## Les héros, les hors-la-loi et l'hybridité de l'État

Les blessures n'étaient pas encore cicatrisées que les hommes du FLN et de l'ALN s'emparèrent de la totalité du pouvoir et se le disputèrent férocement, reléguant les femmes au foyer et à leur rôle « d'éducatrices ». « *El-mra* (la femme) *hachak* (sauf votre respect) », dit-on pour parler d'elle en arabe dialectal maghrébin. C'est la même expression qu'on utilise pour les juifs, « *Lihoudi* (le juif) *hachak* », et les chiens, « *el-kelb* (le chien) *hachak* ». Les femmes, les juifs et les chiens ont le même statut dans les têtes infestées par l'ignorance crasse. La femme, on la désigne également ment par des sobriquets : *el-khaima* (la tente), *el-dar* (la maison) pour éviter d'évoquer son prénom en public ou tout simplement de la désigner par « ma femme », « mon épouse », « ma compagne »,

10. « La guerre d'Algérie fait dorénavant partie de notre mémoire collective », estime Magali Deleuze, professeure d'histoire et auteure de *L'une et l'autre indépendance, 1954-1964 : les médias au Québec et la guerre d'Algérie*, Outremont, Point de fuite, 2001.

11. Aspirant rappelé dans l'armée française, il déserte en avril 1956, à l'âge de 24 ans, avec un stock d'armes. Il est pris vivant par les militaires et alors qu'on veut lui faire crier « Vive la France ! », il s'exclame « Vive l'Algérie indépendante ! » avant de tomber sous une rafale.

12. Réseau de soutien en France aux militants du FLN.

«ma moitié», «mon égale». Mon père a toujours appelé ma mère par son prénom : Kety. Imagine-t-on le scandale que provoquèrent les jeunes femmes de la guerre de libération nationale en faisant la une de tous les journaux? Leurs noms que leurs propres pères ou leurs maris taisaient dans leurs conversations, étaient révélés au grand jour, souvent même accompagnés de leurs photos où elles étaient dévoilées. Leurs noms se superposaient à leurs corps pour marquer la double transgression de l'interdit.

Le jeune État algérien avait terriblement besoin d'argent et c'est vers les femmes qu'on se tourna. On mit sur pied une caisse de solidarité populaire. On puisa dans leur patrimoine familial. On les dépouilla de leurs bijoux. Le film de Djamila Sahraoui, *La moitié du ciel d'Allah,* illustre bien cet épisode. Les femmes dérangeaient déjà. L'égalité pointait du nez. Leur nouveau statut sonnait le glas de l'ordre ancien. Le changement était en route. Les résistances au changement étaient terriblement tenaces. Le lendemain de l'indépendance avait un goût amer. Les moudjahidine (les combattants de la guerre de libération) retournèrent leurs armes les uns contre les autres. C'était déjà le règne des clans. De héros de la guerre, quelques chefs historiques du FLN sont devenus de vulgaires hors-la-loi. Certains ont même été emprisonnés, condamnés à mort, exilés ou assassinés. Ce fut le cas notamment de Mohamed Boudiaf qui a fondé, le 20 septembre 1962, le Parti de la révolution socialiste (PRS). Arrêté en 1963 puis condamné à mort en 1964, il fut contraint à l'exil en Europe puis au Maroc. Hocine Aït Ahmed, fondateur du Front des forces socialistes (FFS) le 29 septembre 1963 et qui dirigea le soulèvement armé kabyle, connut le même sort. Il réussit à s'évader de sa prison en 1966 et à s'exiler en Europe. Le Parti communiste algérien fut interdit. En s'appropriant la légitimité historique de la libération nationale, le FLN a justifié le monopole du parti unique. Le 4 janvier 1967, à Madrid, Mohamed Khider fut assassiné. On retrouva, dans une chambre d'hôtel à Francfort, le corps inanimé de Krim Belkacem en octobre 1970. Mais bien avant ces liquidations politiques, en pleine guerre de libération, Abane Ramdane fut sauvagement assassiné le 27 décembre 1957 dans une ferme proche de la ville marocaine de Tétouan. L'armée des frontières, constituée des soldats de l'ALN basés en Tunisie et au Maroc, s'empara du pouvoir. Ahmed Ben Bella fut proclamé président. Trois années plus tard, il fut dépassé sur sa gauche par le colonel Houari Boumediène qui était alors premier vice-président et ministre de la Défense nationale. C'était le coup d'État du 19 juin 1965. Benbella était à Oran où il assistait à un match de football entre l'Algérie et le Brésil. À Alger, il y avait le tournage de quelques scènes de *Zorba le Grec* qui servit à Boumediène pour dissimuler ses chars parmi ceux du tournage. Comme quoi en Algérie la réalité dépasse toujours la fiction!

Les chars ont envahi la capitale au rythme du sirtaki. Sur les plans politique, social et culturel, on imposait bien d'autres choix. Il fallait faire table rase du passé, réhabiliter la langue arabe, réaffirmer notre appartenance à l'islam, glorifier notre guerre de libération nationale et établir la justice sociale. Tels étaient les quatre piliers de la nouvelle révolution socialiste qui promettait de faire de l'Algérie un État fort et fier, aux racines exclusivement arabo-musulmanes. L'article 2 de la Constitution algérienne consacra l'islam religion d'État. Le FLN fut proclamé parti unique et on décréta la langue arabe seule langue officielle et nationale. Autrement dit, la langue arabe, l'islam et la guerre de libération allaient devenir le ciment du peuple algérien. Le pouvoir essaya de rallier dans une large coalition les nombreux courants (modernistes, conservateurs, réactionnaires) qui existaient au sein du mouvement de libération nationale. Cette stratégie a été qualifiée par Hachemi Cherif d'hybridité de l'État[13]; c'est ce qui le fragilisa et le rendit davantage vulnérable aux différents courants qui s'affrontent depuis le début des années 1990. D'instrument de libération, le FLN devint le moteur de la nouvelle révolution. Alors, il a fallu convaincre les «tièdes» et les «indécis» et faire taire les «opposants».

13. Hachemi Cherif, *Algérie: modernité enjeux en jeu*, Impact, 1993.

Gare à ceux qui ne respectaient pas « les constantes » de la « famille révolutionnaire ». Et gare à ceux qui doutaient de la voie choisie. La police du parti unique se chargeait de rétablir l'ordre. Les dépassements n'étaient guère tolérés ni permis. On les corrigeait efficacement[14]. On arrivait même à prévenir « les déviations ». Le cadre de la révolution était bien défini. Il ne fallait point s'en écarter. La ligne de démarcation était bien tracée. Il y avait, d'un côté, les « vrais Algériens » et, de l'autre, le reste.

## Mon père, l'opposant

Mon père faisait partie du reste. Mon père était un opposant. Mon père était un militant. Mon père était un communiste. Mon père était un laïc. La résistance au parti unique a succédé sans transition aucune à la résistance au colonialisme comme si l'Algérien devait fatalement se confondre avec le résistant. Qu'importe la répression ! Bercée par des idéaux progressistes, une nouvelle génération d'hommes et de femmes, éprise de liberté, militait pour le changement. Tous les espoirs étaient permis. Comme le disait Jean Senac, la vie traquée avait inventé une nouvelle vie. Dans les universités, une élite dissidente était née. Entre deux gorgées de café, la voix fébrile, les yeux immensément doux ouvrant une brèche de douleur, mon père me parlait de ses camarades emprisonnés et torturés, de l'Union nationale des étudiants algériens (UNEA), du séjour de Che Guevara à Alger, de sa fuite à Moscou et de son escale à Paris :

« J'ai été arrêté en 1968 avec Moulay Chentouf, à l'université même par des flics en civil, la police politique qu'on appelait la sécurité militaire. Ils nous ont emmenés au commissariat central d'Alger. C'était à la suite des manifestations organisées par l'UNEA. Nous demandions la libération de nos camarades dont Djamel Labidi et Djelloul Nasser, deux responsables de

14. Plusieurs opposants ont été emprisonnés et torturés, dont Bachir Hadj Ali, poète et musicologue, fondateur du Parti de l'avant-garde socialiste (PAGS).

notre organisation. L'UNEA, c'était un bastion de contestataires à l'échelle nationale tellement important et bien structuré qu'on était des dizaines à avoir été arrêtés. On était tellement nombreux qu'ils nous ont relâchés le lendemain.

– N'y avait-il pas suffisamment d'espace dans les prisons à l'époque ? lui demandais-je naïvement.

– Non, ce n'était pas ça… Le pouvoir a eu peur des répercussions que cela pouvait avoir sur sa légitimité car trop de détenus politiques, ça pose toujours problème. Il y avait un courant démocratique dans la société. La mobilisation s'était amplifiée. C'est vrai qu'ils nous ont libérés mais ils ont mis à jour leurs fichiers. Nous étions tous fichés et filés. »

Nourris par leurs aspirations démocratiques, les partisans du pronunciamiento pour la liberté déjouèrent l'exécrable machine répressive. Les militants de l'UNEA s'opposèrent aux logiques abrutissantes et aliénantes du pouvoir jusqu'à la mise en œuvre de la révolution agraire en 1971. Boumediène avait réussi à les rallier à sa cause. Ses relations avec les étudiants se décrispèrent. La naissance des comités de volontariat universitaires mixtes où les femmes avaient leur place a noyé leurs revendications. La jeunesse réveilla les campagnes et la paysannerie pauvre jouit pendant quelques années de son soutien et de son engagement. On pressentait la fin de l'UNEA. L'organisation avec son héritage trop lourd mourut et donna naissance à l'Union nationale de la jeunesse algérienne (UNJA). On repartait à zéro.

L'État nationalisa les terres et créa des coopératives. C'est dans ce contexte que mon grand-père a perdu quelques hectares, du côté de Tlemcen, sa région natale. Ses terres agricoles couvertes de pommiers lui furent confisquées. Il ne s'est jamais vraiment remis de cette spoliation. Pour lui, chaque occasion était bonne pour vomir sur Boumediène et sa prétendue révolution. Ce qui n'était pas du goût de mon père. Le père et son fils étaient dans des camps opposés. Ils ne se parlaient pas, ils s'engueulaient. Deux visions du monde se confrontaient. Le communiste tenait tête à l'islamo-conservateur. Pourquoi était-ce si difficile d'accepter que la terre doive appartenir à ceux qui la travaillent? C'est pourtant eux qui l'irriguent jour et nuit de leur labeur? Pendant ce temps, je faisais des allers-retours entre la cuisine et la salle à manger. Lorsque ma grand-mère remplissait les bols de *chorba* (soupe algérienne parfumée de coriandre), j'étais soulagée que le match soit fini. Même si j'affichais toujours une neutralité de façade, je prenais parti pour mon père, quoi qu'il fasse, quoi qu'il dise. Même enfant, je savais que le socialisme, c'était ce qu'il y avait de mieux pour les peuples. De toute façon, je ne comprenais pas grand-chose à ces échanges. Je regardais. J'observais. À table, je m'asseyais toujours à côté de mon grand-père qui me disait constamment: « *Koul benti, koul* » (mange ma fille, mange). Ma grand-mère lui faisait remarquer que je ne mangeais pas suffisamment, alors que j'étais toujours la dernière à piger dans le plat commun. Ce dialogue se renouvelait à chaque repas. Elle me trouvait un peu maigrichonne. Je ne l'étais pas du tout. C'est elle qui était gras-souillette. Sa peau était d'une blancheur éclatante. Il faut dire qu'elle ne voyait jamais le soleil ou presque. Vêtue de *blousas* (robe traditionnelle), elle se parfumait à l'eau de Cologne *Bien-Être* et se teignait les cheveux soit en châtain, soit au henné. Elle était belle. À la maison, elle ne couvrait jamais ni ses cheveux ni ses bras même lorsque nous recevions la visite de voisins ou de proches. « Tes bras sont nus, ton cou est nu », disait-elle à ma mère. Nu signifiait pour elle qu'ils n'étaient pas couverts d'or. Ma grand-mère en portait toujours. Ses bracelets, dont j'ai hé-rité après sa mort, ses bagues et ses longues boucles d'oreilles ne la quittaient jamais. Mon grand-père attendait le dessert pour se retirer dans sa chambre et y faire sa prière. Parfois, il allait à la mosquée. Avant qu'il ne soit revenu de sa prière, nous enta-mions de délicieuses glaces que mes parents achetaient à la pâ-tisserie Haton, l'une des meilleures à l'époque. J'étais tellement impatiente de les déguster que ma grand-mère cédait à mes caprices et à ceux de mon oncle Hakim. À son retour, mon grand-père ne nous en tenait pas rigueur. Il s'amusait de nous voir encore affalés sur les banquettes mauresques, léchouiller nos assiettes vides et quêter sa part.

En 1969, à la fin de son deuxième cycle en sciences physiques, mon père a obtenu une bourse de l'UNEA pour préparer un doctorat en URSS. « Je suis parti pratiquement en catimini, raconte-t-il, nous étions quelques-uns à avoir reçu des bourses. Il ne fallait surtout pas l'ébruiter parce qu'on pouvait avoir de sérieux problèmes avec les autorités. Nous avions été reçus par la délégation extérieure de l'UNEA à Paris avant notre départ pour Moscou. » À son retour à Oran, quelques années plus tard, il prit la tête de la faculté des sciences exactes. Il en fut le doyen. Il était l'un des rares Algériens diplômés. L'université comptait un nombre écrasant de coopérants étrangers, surtout français. « Sais-tu combien d'Algériens nous étions au département de physique ? me demande-t-il. Deux. De par notre statut de nouveaux diplômés, nous étions devenus incontournables, les chantiers de l'époque étaient immenses. L'Algérie avait besoin de cadres et c'est ainsi que plusieurs opposants de l'époque se sont retrouvés à des postes importants. Cependant, le pouvoir nous avait à l'œil. J'ai été nommé recteur de l'Université d'Oran pour quarante-huit heures. Même si j'avais les compétences pour occuper le poste, politiquement j'étais barré. Il y eut des contestations à Oran de la part du FLN. Je suis devenu doyen de la faculté des sciences exactes par défaut. Le pouvoir était hétérogène. Au fil du temps, la méfiance s'estompait. » L'algérianisation de l'université était en route pour se consacrer à la formation des nouvelles générations et à l'industrialisation du pays qui était déjà engagée.

## La rente pétrolière, l'Occident… et nous

Le déploiement de l'Algérie sur la scène internationale ne tarda pas à se concrétiser. Le pays avait gagné du prestige. L'Algérie était devenue avec l'Égypte une tête de file du panarabisme et s'était engagée dans les luttes du mouvement des non-alignés, aux côtés de Cuba, du Front Polisario et de la Palestine. « Nous sommes avec la Palestine, coupable ou victime », avait lancé Houari Boumediène qui scella à jamais le lien entre les deux peuples. Le boulevard du front de mer avec sa vue majestueuse sur le port d'Alger fut baptisé boulevard Che Guevara. Tous les révolutionnaires convergeaient vers Alger. Des militants du Front de libération du Québec (FLQ) s'y étaient réfugiés. En 1970, une délégation du FLQ avait reçu une reconnaissance officielle et une aide financière du FLN. L'Algérie, proche alliée de Moscou, recevait son aide matérielle et son soutien financier et une importante coopération vit le jour, notamment sur les plans militaire et universitaire.

L'Algérie indépendante lança un grand mouvement d'industrialisation avec pour devise « Il faut semer du pétrole pour récolter de l'industrie », une déclaration de Belaïd Abdesslam, ministre de l'Énergie. Le 31 décembre 1963, on a créé la Sonatrach, la compagnie algérienne des hydrocarbures qui conserve, à ce jour, le monopole dans ce domaine et est devenue une véritable référence en matière de production et de traitement des hydrocarbures et un chef de file mondial dans le domaine du gaz de pétrole liquéfié (GPL). La nationalisation des sociétés étrangères et des hydrocarbures en 1971 a marqué un virage sans précédent dans le développement économique[15]. Incontestablement, le président Boumediène venait de réussir là où l'Iranien Mossadegh avait échoué. Désormais, tous les investissements devaient être régulés par l'État qui se donnait le triple rôle de propriétaire du domaine minier et pétrolier, de promoteur des investissements et de protecteur de l'intérêt public. L'État avait mis la main sur une immense manne pétrolière qui allait nourrir les aspirations du peuple. Tous les rêves étaient possibles grâce à l'or noir et à l'industrialisation.

L'Algérie était en pleine mutation, elle avait rejoint le firmament des nations libres et, bientôt, rejoindrait celui des

15. 1966 : nationalisation de sociétés minières étrangères. 1968 : nationalisation de 79 sociétés industrielles privées, la plupart françaises. 1971 : nationalisation des intérêts étrangers exclusivement français dans le secteur pétrolier, nationalisation des oléoducs, du gaz naturel et de 51 % des avoirs des sociétés pétrolières françaises.

nations prospères. La révolution socialiste était bel et bien en marche. Le peuple algérien avait réussi à mettre à genoux l'empire colonial français ; il réussirait à propulser le pays vers le progrès et la modernité. Nous n'étions plus des « dominés ». D'autres miracles étaient possibles. En décembre 1976, Boumediène, qui reçut son instruction presque exclusivement en arabe classique dans les écoles coraniques de la région de Constantine, et dans les universités théologiques de la Zitouna en Tunisie et d'Al-Azhar en Égypte, fut élu président de la République algérienne démocratique et populaire par 99,38 % des votants. La grandeur du nouvel État-nation allait dépasser le cadre national. L'Algérien avait confiance en l'avenir de son pays[16].

Je me rappelle ces torches qui brûlaient du côté d'Arzew, l'immense complexe gazier situé à une quarantaine de kilomètres d'Oran, là où habitait mon oncle Réda, véritable boute-en-train, après son retour d'Italie où il fit ses études d'architecture. Lorsque nous allions lui rendre visite, mon père chantonnait du Brassens dans la voiture. Ma mère lui donnait la réplique. « Vous ne suivez pas les paroles, vous les déformez », m'écriais-je scandalisée par la légèreté de mes parents. Mon père s'arrêtait de chanter en montrant du doigt les torches et me disait « *Chouf, chouf, Djemila el-mouajiza !* » (Regarde, regarde Djemila

16. La vie des petites gens commençait à changer à une vitesse démesurée. On assistait à une refonte totale des structures sociales. En moins de trente ans, le pays est passé d'une société à peine détribalisée à une société en voie d'industrialisation et de tertiarisation. Entre 1966 et 1987, la part des logements reliés au réseau électrique est passée de 30,6 % à presque 72 %, le nombre de médecins est passé de 1219 (1963) à 17760 (1987). Si, à la veille des années 1960, la part de la population urbaine n'excédait guère 20 %, à la fin des années 1980 cette part oscillait autour de 50 %. La part de la population agricole dans la population totale est passée de 53 % en 1966 à 26,2 % en 1987. La priorité a été donnée à l'emploi, à l'éducation et à la santé. L'élévation substantielle du niveau de vie, la promotion sociale, rendues possibles grâce aux politiques étatiques de développement, permettaient toutes les espérances. Toutes ces données sont reprises de M'hamed Boukhobza, *Octobre 88 : Évolution ou rupture ?*, Alger, Bouchène, 1991.

le miracle!). Mes parents chantaient l'Algérie. Nous longions la corniche, le long de la Fontaine des gazelles. Les villas anarchiques des nouveaux riches n'avaient pas encore déformé ce site pittoresque. Seules de petites maisons coloniales surplombaient des criques et des plages désertes.

C'est sur cette corniche que Norine, cet amoureux du soleil, m'invita à manger des crevettes et du mérou à l'hiver de l'année 2001.

« Tu vas commencer par une soupe de poisson tout de même? m'avait-il demandé.

– Écoute, je te suis, je vais suivre tes suggestions, lui ai-je répondu.

– Eh bien tu as drôlement changé, m'a-t-il rétorqué. Je pense que, jusque-là, il ne m'avait jamais entendu conjuguer le verbe suivre à la première personne du singulier.

– Je suis tes suggestions pour la bouffe, je vais choisir le vin par contre. »

Nous avions ri comme des enfants, les yeux collés à l'immense baie vitrée qui donnait sur la mer déchaînée. On entendait le bruit des vagues qui venaient s'écraser sur les rochers. Nous avions bu goulûment un gris d'Algérie. Le soleil était froid. Je lui avais parlé de mes amours algériennes qui n'avaient pas survécu à mon exil parisien. Il ne m'a jamais parlé des siennes. Nous avions fait le procès de l'Occident. Il m'avait dit combien son silence était pesant et combien cette solitude l'avait miné. « L'absurde naît de la confrontation de l'appel humain avec le silence déraisonnable du monde », disait Camus. J'avais murmuré cette phrase entre deux gorgées de vin. J'écoutais sa douleur, entrevoyant déjà les promesses sordides d'un avenir sans lendemains. Qu'avions-nous fait pour mériter ce destin immonde, nous les Algériens?

« L'Occident a misé sur l'islamisme, c'est tout. Il n'y a rien à comprendre, regarde l'état du pays, me disait-il. Nos intérêts et les leurs ne convergent pas, c'est clair.

– Le pays, c'est nous qui en avons fait un cimetière à ciel ouvert », avais-je répondu. On ne peut pas exiger des autres ce qu'on se refuse à nous-mêmes. Le pouvoir remet en selle politiquement l'islamisme malgré les coups qui lui sont assénés sur le terrain.

Dans l'après-midi, nous avions parcouru en voiture des dizaines de kilomètres dans des zones totalement interdites autrefois. Cette terre m'avait tellement manqué. En la frôlant de nouveau, je me voyais renaître. « Vois-tu ce que l'armée a fait des maquis islamistes ? Il ne faut jamais oublier le sacrifice de nos *djounouds* (soldats) », implorait-il. Il m'a raconté son emprisonnement. C'était après 1998, quand on incarcérait les cadres à la tête des sociétés publiques et Norine en était un. C'était la méthode qu'avait utilisée le pouvoir pour liquider le secteur public et brader ses entreprises. On ne fait pas les choses à moitié dans mon pays. Tout devait être liquidé : les hommes et les structures. C'est de cette façon qu'on renonce aux acquis. C'est la politique de l'oubli et de l'amnésie. L'argent du pétrole et du gaz est là pour appâter l'Occident, pour acheter sa complicité, son silence et sa lâcheté. Les compagnies étrangères qui pullulent dans le Sud algérien ne sont pas regardantes sur la manière dont on gère le pays et dont on traite mes compatriotes. Ces derniers ne sont guère consultés sur l'administration de l'immense pactole du pétrole. La Banque mondiale et le FMI prêchent la bonne gouvernance. Quelle mascarade ! On pompe en Algérie comme on pompe au Soudan, au Congo, en Libye, en Irak et au Nigeria. L'argent n'a pas d'odeur. Et il y en a beaucoup en Algérie. Des chômeurs aussi. Il y en a en masse. L'oisiveté s'est imposée dans leur vie comme une affliction faisant du mot « *dégouttage* » (du verbe dégoûter) qu'ils ont inventé, l'un des plus populaires. Il y a aussi cet autre mot : les « *hittistes*[17] », pour désigner les teneurs de murs. Même les murs ont besoin qu'on les tienne. Tout s'en va. Tout s'écroule.

17. Résultat de la combinaison du mot arabe *hit,* mur, et du suffixe « -iste » pour nommer les jeunes qui passent leurs journées appuyés aux murs, qui les tiennent, dit-on là-bas, traduisant ainsi leur état d'oisiveté.

Tout est en déliquescence. Il ne reste aux jeunes que leur force et leur dignité. Tous leurs rêves ont été brisés. Il ne leur en reste qu'un : celui du visa pour le départ.

## La démocratie bouteflikienne

Le 18 avril 2001, Massinissa Guermah, un lycéen de 16 ans, est assassiné par la gendarmerie en Kabylie. La région s'embrase. La machine répressive du président Bouteflika et de ses hommes se redéploie. Les morts se suivent. C'est le printemps noir. Les revendications se radicalisent. Les Kabyles tiennent bon. Ils se battent pour leur langue et leur culture. D'autres régions du pays s'enflamment. C'est l'explosion. Les revendications sont politiques et sociales. Les gens veulent un travail, un toit et un avenir pour leurs enfants. C'est encore la répression. La brutalité du pouvoir ne choque plus personne. Face au ras-le-bol généralisé et aux résistances, il finit par céder quelques bribes. Le 10 avril 2002, le tamazight (langue berbère parlée en Kabylie) devient «langue nationale». Dans la réalité, rien n'a vraiment changé. Sur le plan des finances publiques, le pouvoir continue d'engranger des montagnes de dollars, répétant à qui veut l'entendre que les caisses de l'État sont pleines et que la dette est nulle. Certes, il y a 200 milliards[18] de dollars en banque mais les Algériens sont plus pauvres que jamais. Les geôles d'Alger menacent toujours les journalistes désinvoltes[19]. Triste destin pour cette corporation qui a été saignée à blanc par les islamistes

18. Chiffre avancé par quelques observateurs alors que le pouvoir parle plutôt de 100 milliards.

19. Après avoir publié en 2004 un pamphlet sur le président de la République intitulé *Bouteflika: une imposture algérienne*, Mohamed Benchicou, journaliste et directeur du quotidien algérien *Le Matin*, est jeté en prison et y reste deux ans. Officiellement, il est incarcéré pour une affaire de bons de caisse. Libéré en juin 2006, il publie *Les geôles d'Alger*, préfacé par Gilles Perrault, que les autorités décident de retirer immédiatement du Salon du livre d'Alger en fermant le stand de son éditeur. *Le Matin*, lui, reste toujours suspendu.

dans les années 1990[20]. Le pouvoir ne pardonne aucun mot de travers. La justice est mise au pas pour punir les journalistes. Les « terroristes des mots », voilà comment le président Bouteflika les qualifie en leur rappelant sans cesse la ligne rouge à ne pas dépasser. Les terroristes, quant à eux, ont bénéficié d'un énième pardon. *Smah* (pardon), comme on dit.

Les attentats ont repris de plus belle alors qu'il n'y a pas si longtemps, on disait que le terrorisme était « résiduel ». Les victimes étaient-elles résiduelles ? La mort était-elle résiduelle ? En mai 2000, lors de la visite officielle de Bouteflika au Canada, le journaliste canadien Gilles Toupin a demandé à ce dernier des « éclaircissements » sur la situation sécuritaire. « Et le terrorisme ? lui a lancé le journaliste, vous dites que les violences sont moindres qu'autrefois et pourtant j'ai lu dans vos journaux que, depuis janvier, on parle de plusieurs centaines de victimes, de 500 à 600 si je ne m'abuse, et ensuite de cela vous dites que l'Algérie va retrouver une certaine stabilité, évidemment c'est ce qu'on souhaite tous, mais... » Le président a répondu : « (...) Vous pourrez, en observateur avisé, constater que les actes de violence ont considérablement diminué, que la très grande majorité des forces politiques et sociales soutiennent cette entreprise de redressement nationale, que l'Algérie a retrouvé une stabilité certaine tout en permettant à la pluralité des opinions de s'exprimer librement, notamment dans la presse algérienne caractérisée par une multitude de titres ainsi que par une liberté de ton et de ligne éditoriale à la mesure des avancées démocratiques réalisées dans le pays. Enfin, l'immense chantier des réformes structurelles est en cours. » Le 17 mai 2000, lors de trois entrevues à la télévision, « RDI à l'écoute », « Le Point » à Radio-Canada et « TV5 Questions », trois journalistes lui ont

---

20. « Près de 100 personnes de différents profils professionnels ont été assassinées entre 1993 et 1997 par les islamistes et plus de 40 ont séjourné entre quelques heures et un mois dans les prisons ou dans les locaux des forces de sécurité », rapporte Ahmed Ancer, journaliste au quotidien *El-Watan*, dans son ouvrage *Encre rouge* consacré à la presse algérienne.

fait remarquer qu'il se dégageait de la Loi sur la concorde civile[21] un sentiment d'impunité. « Il n'y a rien à pardonner, a-t-il laissé entendre. Il y a des bonnes raisons pour être hors-la-loi, des raisons politiques, idéologiques, sociales (…). Ils n'ont pas pris les armes pour rien. Si j'avais 20 ans, j'aurais pu faire comme eux. » Ce jour-là, sur les ondes de la télévision publique canadienne, Bouteflika ne banalisa pas seulement les crimes les plus odieux commis contre des Algériens, il les justifia. J'étais abasourdie ! Une dizaine d'années plus tard, qu'a-t-elle donné cette politique de la concorde civile ? En 2007, les attentats sont l'affaire des kamikazes. Doit-on parler de l'irakisation de l'Algérie ou bien de l'algérianisation de l'Irak ? Les sigles ont changé. Le Groupe salafiste pour la prédication et le combat (GSPC) s'est recyclé. Il est devenu Al-Qaida au Maghreb islamique (AQMI). Le sang de mes compatriotes coule toujours. Le 11 décembre 2007, Alger est en deuil et les Algérois terrifiés. Le Conseil constitutionnel et les sièges de deux agences de l'ONU ont explosé. Dix-sept employés de l'ONU ont péri. Il n'y a plus de quartier sécurisé. À la télévision, j'ai vu une vieille femme qui se frappait la poitrine et hurlait « Pourquoi ? » Pourquoi ? c'est la question que tout le monde se pose. Les gens courent dans tous les sens. Les sirènes d'ambulance retentissent à nouveau. Les autorités parlent d'une trentaine de morts alors que les services hospitaliers avancent le double. C'est le règne du mensonge. Le réseau téléphonique est saturé. Les télévisions étrangères nous informent sur ce qui se passe dans notre pays. La radio nationale interrompt ses programmes et diffuse de la musique classique. Black-out sur l'information. À l'été 2008, c'est la Kabylie qui devient la cible d'attentats terroristes. Les carnages se succèdent et se ressemblent.

Bouteflika se terre dans son palais. Il prépare déjà son troisième mandat de 2009. Pour cela, il lui faut changer la

21. Mise en vigueur en 1999, la Loi sur la concorde civile a eu pour résultat la libération de centaines de militants islamistes et leur indemnisation, avec l'arrêt de toutes les poursuites à leur encontre.

Constitution. Les messages des chefs d'État étrangers affluent comme en décembre 2001 lors de la terrible coulée de boue qui avait emporté plus d'un millier de personnes. Où était le président lorsque Alger-centre, sa banlieue, ses quartiers, ses maisons, ses trottoirs, ses rues, ses hommes, ses femmes et ses enfants, surpris dans leur sommeil, ont bu l'eau jusqu'à la mort[22]? Bouteflika expliqua sans rire qu'il s'agissait d'une «nouvelle épreuve par laquelle Dieu a voulu nous tester». Pas de commentaire. «Aurait-on pu prévoir cette catastrophe?» avait demandé un journaliste à un responsable à la sous-direction des risques majeurs de la Protection civile. Oui, on aurait pu prévoir une telle situation. À partir du moment où on avait les données de la météo annonçant de fortes pluies, les responsables concernés auraient pu procéder au contrôle continu du niveau de l'eau et prendre des dispositions de prévention au niveau des quartiers menacés. Les Algérois ont affronté la mort encore une fois les mains nues. Les secours sont arrivés des heures après le déluge. Les pompiers n'avaient même pas de corde pour secourir les victimes qui luttaient contre le courant. «La responsabilité de l'État est entière, et tous les justificatifs avancés par le ministre de l'Intérieur ne font qu'appuyer cette thèse: c'est l'irresponsabilité cumulative d'une situation de non-État qui est à l'origine de l'ampleur de la tragédie[23].» Lorsque Bouteflika mit les pieds à Bab-El-Oued, les pierres volèrent de tous côtés. On comprend bien pourquoi, trois semaines plus tard, en y accompagnant le président Chirac lors de sa visite officielle éclair, il fut fort mal à l'aise. Même s'il a daigné quitter ses salons pour se rendre sur le lieu du déluge, la suite ne sera

22. «Le 10 novembre 2001, à la mi-journée, Bab-El-Oued disparaissait sous les eaux. Trois heures de pluies exceptionnelles, annoncées la veille par un bulletin spécial des services météorologiques, ont emporté dans leurs flots 733 victimes. À ce jour, 52 personnes sont portées disparues et 11 corps non identifiés sont encore à la morgue.» Ghania Khelifi, *Le Matin*, 7 novembre 2002.

23. R. M., «Bab-El-Oued les raisons de la catastrophe», *Le Matin*, 29 novembre 2001.

qu'une série d'humiliations pour lui. Porté par la foule, le président français fut reçu en messie. « Le Président redonne le sourire à Bab-El-Oued », titra la presse française[24]. C'est lui qui a serré les mains tendues. C'est lui qui a embrassé les enfants. C'est encore lui qui a précipité un gamin dans les bras du président algérien complètement paniqué. « Chirac ! Chirac ! », criait la foule dans une cohue indescriptible. « C'est la misère… *miseria, miseria.* » « *Aatina visas, Aatina visas !* » (Donne-nous des visas !). Nous étions à la veille de la célébration de notre 40e année d'indépendance.

La démocratie bouteflikienne n'est qu'une parodie. Pire encore, même si l'argent lui sort par les oreilles, le pouvoir est incapable de remettre le pays sur les rails. Le 29 décembre 2007, Abdelhamid Temmar, ministre de l'Industrie et de la Promotion des investissements, dérouta tout le monde en annonçant : « L'État n'a plus d'argent ! » Toutes les « réserves » se sont donc évaporées ? Se peut-il que des dizaines de milliards de dollars se soient volatilisées en « investissements » sans que personne n'ait rien vu ? Qui est imputable devant qui ? Comment gère-t-on ce pays ? Pourquoi avoir remboursé la dette par anticipation pour ensuite déclarer banqueroute ? Le pouvoir tourne le dos à toute innovation. Il manque cruellement d'inspiration. Il est en panne de projets. L'Algérie aussi. Mais cela, c'est déjà une autre histoire.

24. José Garçon, *Libération*, 3 décembre 2001.

# CHAPITRE V

# L'école des soldats d'Allah

L'enseignante se tenait debout face à mon pupitre, serrant entre ses mains une règle en bois. Je n'ai plus aucune mémoire de son visage. Je ne me rappelle pas l'avoir vue sourire. Seules ses colères sporadiques rythmaient nos journées. Le souvenir de sa règle en bois, tout à fait banale, reste vivace dans ma tête. Instrument de persuasion par excellence, cette règle s'interposait toujours entre elle et moi. Mes camarades étaient tous debout et récitaient le Coran alors que ma tête s'écrasait lourdement contre mon pupitre. Les récitations coraniques, on les faisait matin et soir. Quel ennui! Combien sont-ils ces écoliers musulmans à travers le monde à subir en silence la même malédiction? C'est à eux que je pense. C'est pour eux que je témoigne. Pour tous ces petits Mozart qu'on assassine avant même qu'ils n'apprennent à lire et à écrire. Tous ces malheureux qui récitent des sourates qu'ils ne comprendront probablement jamais de leur vie. Parce que la majorité des musulmans ne parlent pas l'arabe et, lorsqu'ils le parlent, il ne ressemble plus guère à l'arabe du Coran.

Je rêvassais les yeux grands ouverts. C'était ma première année d'école. J'avais cinq ans, même pas. J'étais la plus jeune de la classe. Mon institutrice, je ne l'avais jamais imaginée ainsi, ni l'école d'ailleurs. Lorsque son regard se posait sur moi, il devenait menaçant. J'abandonnais mes rêveries et me mettais à ses ordres. Je faisais comme les autres. Je singeais. Je faisais semblant. J'étais debout, moi aussi, pour demander la flagellation des femmes adultères et l'extermination des mécréants. J'étais debout, moi aussi, pour cracher sur les juifs et appeler au jihad. J'étais debout, moi aussi, pour trancher les têtes de nos ennemis : les *kofars* (les mécréants) et les *mouchrikines* (les polythéistes). J'étais debout, moi aussi, pour dire au monde entier le privilège que nous avions d'être musulmans et couvrir de louanges Mohamed, le messager d'Allah, venu délivrer l'humanité de ses vices et de son ignorance. Les principes de l'islam, destinés à toute l'humanité, étaient intemporels. Nous étions supérieurs à tous les croyants des autres religions. Le prosélytisme était notre impératif, le jihad notre devoir. Nous avions l'ultime mission de répandre le message divin. C'est dans cette optique qu'on nous présentait le jihad, dont le but ultime était de soumettre l'humanité entière à l'islam. Oui, soumettre, c'est bien le mot. L'islam est la religion des soumis et des soumises. « C'est à Dieu que je suis soumise », répète les musulmanes d'Occident voilées.

### Mon Allah à moi n'est pas le leur

Cette idée de la soumission me répugne. L'obéissance aveugle me terrifie. Je lui préfère les doutes, les questionnements et les remises en cause perpétuelles. La prosternation cinq fois par jour me dégoûte. Tout compte fait, si les musulmans ne se voient qu'en esclaves d'Allah, c'est leur problème. Qu'ils prient chez eux ! Pourquoi nous demandent-ils de transformer le monde en salle de prière à ciel ouvert pour esclaves aliénés ? Au Québec, ils ont même transformé une cabane à sucre, lieu de fête par excellence, en une sordide kermesse de névrosés[1]. Nous savons ce que sont devenues les salles de recueillement, comme on les appelle au Québec, destinées à tous les croyants et à toutes les croyances. Elles ont été totalement spoliées par les isla-

---

1. « Une fête à la cabane à sucre interrompue par une prière musulmane », *Presse canadienne*, 19 mars 2007.

124

mistes. Le contrat a été rompu comme le sont tous les contrats avec les islamistes. Il n'y a pas d'entente possible entre les fous d'Allah et nous. Croire au compromis est illusoire. Gilles vient de m'annoncer l'assassinat de Benazir Bhutto. Nous sommes à Paris, le 27 décembre 2007. Benazir Bhutto croyait au dialogue avec les islamistes. N'est-ce pas elle qui favorisa la promotion des élèves talibans dans les écoles coraniques? Elle prétendait ainsi pouvoir calmer la poudrière pakistanaise. Elle soutenait que l'islamisme est soluble dans la démocratie. L'Histoire retiendra d'elle qu'elle était une sultane.

Il fait un sale temps à Paris. À Alger aussi. Mon père en revient. Heureux et exténué à la fois comme lors de tous ses voyages entre les deux rives. Il fait bon vivre rue Paul-Eluard. Ça sent le pain frais et l'huile d'olive. La corbeille de fruits déborde de mandarines d'Algérie. Ce sont des mandarines et non des clémentines. Il n'y a pas de pépins dans les clémentines. Non, ce n'est pas Allah qui a créé la clémentine, c'est le père Clément à Misserghine, un grand bourg au sud d'Oran. Petite, je grimpais sur les clémentiniers. Je courais dans les vergers d'agrumes et d'amandiers. Pour apprécier pleinement la beauté de leur floraison, on se rendait à la montagne des Lions. « Quel sortilège! s'écriait Ala, notre amie géorgienne. Arrête-toi, arrête la voiture, demandait-elle à mon père, je veux prendre une photo, encore une pour figer cette beauté à couper le souffle. »

Pourquoi Allah a-t-il besoin que les hommes s'agenouillent et s'aplatissent le front contre le sol? Quel est cet Allah du règne de la servitude? Quel est cet Allah de la contrainte, de la colère, de la jalousie et de la dictature? Quel est cet Allah assoiffé de sang et de sacrifices? Quel est cet Allah qui enferme les enfants dans un système sclérosé et infâme? Quel est cet Allah qui donne aux uns le droit de commander aux autres? Cet Allah ne m'est guère sympathique. Si un jour il me fallait en choisir un, je le choisirais par amour et non par crainte. Mon Allah à moi serait démocrate, jouisseur et amoureux de la vie. Il serait libre et libérateur. Mon Allah à moi ne serait point contraignant. Il aurait du respect pour la pensée, la création, la raison. Il aurait de la considération pour les femmes. Mon Allah à moi, c'est une femme à la peau noire comme du charbon qui a la voix d'une Callas et le coup de pinceau d'une Kahlo. Mon Allah à moi, il aurait une maison immense ouverte à tous, avec plein de fenêtres, de bouquins et du vin qui coule à flot.

Très jeune, même si je ne savais pas encore avec précision quel sens donner à ma spiritualité, je ne voulais me soumettre à personne, fût-il Allah. Je n'avais pas encore posé mes propres assises philosophiques et intellectuelles qu'un vent de révolte soufflait en moi. Lorsque je me trouvais chez mes camarades de classe, nous restions la plupart du temps dans la cuisine. Il y avait toujours un homme à servir dans la famille. Si ce n'était le père, c'était le frère, le cousin ou l'oncle. « Réchauffe, pose, apporte, débarrasse, lave, essuie », c'étaient ces verbes que j'entendais le plus souvent de la bouche des mères de mes amies. Les hommes, quand ils avaient fini de manger, laissaient échapper un gros rot, écartaient leurs jambes et s'étiraient les bras. Le repas se terminait avec le traditionnel « *El-hamedou lilah* » (Louange à Dieu). Non, je ne serais pas esclave. Jamais. J'ai trop de respect pour les combats de Martin Luther King, de Toni Morrison et de Nelson Mandela. L'idée que je me faisais d'Allah n'était pas celle de mes camarades. Bien qu'il m'arrivât de vouloir partager mes interrogations avec eux, je ne pus jamais le faire sans rencontrer hostilité et suspicion. « Tu blasphèmes. Serais-tu incroyante ? Non, non, il ne faut pas dire ça, me répétaient mes amis outrés par mes propos. Voyons, c'est Allah qui l'a voulu ainsi, comment peux-tu en douter ? » Tout est volonté d'Allah. Il intervient partout. Il exerce son pouvoir sur tout et sur tous. Il sait l'amour et la haine qu'il y a dans nos cœurs. Dans un pays musulman, tout le monde est musulman. Il n'y a aucune place pour les incertitudes. Tant pis s'il persiste encore des zones d'ombre dans les têtes. La lecture de quelques sourates éclairera les esprits embrouillés. De toute façon, tout est dans le

Coran. « Si Allah existe vraiment, pourquoi ne fait-il pas un miracle là maintenant sous nos yeux ? » demandais-je encore. « Allah n'a fait que cela des miracles ! Il a créé la terre, le ciel, l'univers et tout ce qui nous entoure. » Ah les miracles ! C'est bien d'y croire lorsqu'on a une dizaine d'années mais lorsqu'ils s'érigent en système pour expliquer le monde et sa complexité à l'âge adulte, il y a un sacré danger. C'est aussi cela le sous-développement, être incapable de poser un regard critique sur ce que nous sommes et d'où nous venons.

## L'école de la barbarie et des barbares

Un musulman se doit de combattre, de tuer et de mourir pour Allah, nous répétait-on à longueur de journée. La récompense, c'était le paradis avec ses vierges. Satisfaction que les garçons trouvaient bien excitante dès l'âge de 10 ou 12 ans. Je voyais bien que leur enthousiasme devenait de plus en plus chaud avec les années. Pendant ces séances d'autoflagellation où l'enseignant nous décrivait en détail les châtiments du jour dernier, il arrivait que certains de mes camarades se mettent à pleurer alors que d'autres, essentiellement des garçons, excellaient dans leur description de l'enfer apprise à l'école coranique. Ces élèves, bien qu'ils ne fussent pas les meilleurs, avaient la plus grande admiration de certains enseignants qui les gratifiaient de louanges et de cadeaux, ce qui n'était pas le cas pour les autres. Ceux qui connaissaient le Coran faisaient partie d'une catégorie particulière qui avait droit à toutes les considérations.

L'école, c'était mon initiation à la barbarie. Enfants, nous étions déjà des barbares et je l'ignorais. Nous étions des soldats d'Allah. Nous en avions déjà le vocabulaire en tout cas. La ferveur allait venir avec le temps. Tous les ingrédients de la pensée intégriste étaient réunis, le passage à l'acte n'allait pas tarder. Nous étions des *taliban* (*talib* signifie étudiant en arabe, *taliban*, c'est la forme du pluriel). Nous devons tous méditer sur ce que fut cette expérience humaine des talibans.

Nous devons nous interroger sur cette dérive. Pourquoi des étudiants en théologie en sont-ils arrivés à interdire par décret le sourire, la musique, les couleurs, les perroquets, les canaris et les chiens dans cette terre afghane, ô combien éprouvée par des guerres fratricides ? Pourquoi s'en sont-ils pris aux géants de pierre de Bâmiyân, chefs-d'œuvre du patrimoine mondial ? Quand ce torrent de haine revient dans ma tête, je me crispe, l'émotion est trop grande, des larmes s'écrasent sur mon clavier. Je pleure. J'ai honte. J'ai honte de mon école. J'ai honte pour mon pays. Combien parmi mes camarades de classe sont-ils devenus des terroristes ? Combien d'intellectuels et de journalistes ont-ils été égorgés par des jeunes dans la vingtaine au début des années 1990 ? Ces assassins ont tous transité par l'école. Nous sommes de la même génération. Nous avons fréquenté les mêmes lieux, eu les mêmes enseignants et utilisé les mêmes manuels scolaires.

L'assassin d'Abderrahmane n'était-il pas de la même école que moi ? Je me rappelle très bien sa sœur. Son prénom était Safia. Elle avait un visage doux et un beau sourire. Nous étions dans la même classe. Je me rappelle un autre de ses frères. Nous avions un ami commun, il était français. Il habitait l'appartement en bas de chez mes parents. Nous jouions aux billes ensemble tous les trois : le frère de l'assassin, le Français dont le nom m'échappe et moi. C'était l'époque où notre immeuble était habité en majorité par des étrangers. Leurs enfants fréquentaient tous l'école française. C'étaient des miraculés. À cette époque, l'assassin n'était alors qu'un enfant parmi les autres. Il était un des nôtres. Il n'était pas encore devenu un émir[2]. Il n'avait pas encore pris les armes. Il n'était pas monté au maquis. Les mots me manquent. Ces souvenirs m'épuisent. Ils sont terrifiants.

L'enseignante avait dit à mon père : «Votre fille, c'est la seule qui ne connaît pas le Coran dans la classe. Que se passe-

---

2. Originellement titre de noblesse musulman que se sont appropriés les militants du FIS et du GIA.

t-il avec elle ? Elle a beaucoup de rattrapage à faire. » Ce rattrapage je ne l'ai jamais fait. Je refusais les récitations collectives et ce qui venait avec. Je haïssais le Coran. Je résistais
déjà. J'étais déjà une insoumise. J'étais déjà une mécréante.
Je m'arrêtais d'être enfant. On ne peut pas être enfant sous
une dictature. Tout devenait un acte politique qui pouvait
donner un sens aux gestes les plus dérisoires. Tout était sujet
à interprétation. Tout se transformait en un acte de bravoure
ou de trahison. Il n'y avait aucune nuance possible. La pa-
lette des couleurs se réduisant au blanc et au noir. Tout est
souffrance dans une dictature. Je suffoquais sous la dictature
religieuse. Je me rappelle mon enseignante, totalement pani-
quée, face à mon attitude. Flairant en moi une grave atrophie
cognitive, elle demanda à rencontrer mes parents pour leur
faire part de ma débilité avancée. Mon père eut un échange
poli avec elle. Il s'enquit de mes aptitudes en calcul et dans
les autres matières et comme elle sembla satisfaite de mes
résultats, il lui demanda de faire preuve d'un peu de patience
pour le reste. « Un peu de patience, je vous en prie, implora
mon père, je vous promets qu'elle fera des progrès, elle est
encore si jeune. » Aux yeux de mon enseignante, mon intelligence et ma curiosité ne valaient pas grand-chose. Ce qui
comptait, c'était la dévotion à l'islam. Cet épisode venait
d'inaugurer un chapitre douloureux de ma vie, celui d'une
relation conflictuelle avec l'éducation islamique, relation qui
allait durer quatorze années, jusqu'à ma première année d'université en ingénierie, et qui se dégradait d'année en année.
Bien que l'éducation religieuse contrariât mon rapport avec
l'école, j'étais une élève studieuse et curieuse de tout avec un
profond respect pour la plupart de mes enseignants qui dé-
ployaient des efforts considérables pour repousser les limites
de notre ignorance. Nombre d'entre eux étaient admirables
et participèrent certainement à me réconcilier avec l'école.
D'autres encore étaient de fervents fanatiques et donnaient à
leurs cours un caractère religieux et ce, quelle que fût la discipline enseignée.

C'est en 1977 que je fis mes premiers pas à l'école. C'était une école publique[3] non loin de la maison. L'enseignement s'y donnait entièrement en arabe avec quelques heures de français par semaine à partir de la troisième année. Je faisais partie de la première cohorte de ce qu'on appelait « les arabisants » et qu'on surnommait quelques années plus tard les « analphabètes bilingues ». Ma génération ne maîtrise aucune langue, ni l'arabe ni encore moins le français. Cette orientation fit disparaître les classes bilingues où l'on dispensait l'enseignement des matières scientifiques en français. La langue de l'école algérienne devint l'arabe classique, la langue du Coran. Cette dernière n'allait pas s'opposer seulement au français, elle allait faire la guerre à l'arabe populaire algérien et aux langues berbères. Le rapprochement de Boumediène avec Moscou, « l'apôtre de l'athéisme », n'était pas du goût des islamistes et des conservateurs. Pour ne pas s'attirer leurs foudres, il voulut marquer son attachement à l'islam et à la langue arabe. C'est sur le terrain de l'école, de la langue et de l'identité que les islamistes s'investissaient, espérant en recueillir les fruits quelques années plus tard. La génération des barbares était en plein apprentissage. Des contingents d'enseignants du Moyen-Orient, essentiellement d'Égypte, de Syrie

3. Pendant l'époque coloniale, seule une petite élite algérienne bénéficia de l'école française. En 1954, l'Algérie comptait une population de 10 millions d'habitants et un millier de diplômés universitaires, dont une trentaine d'ingénieurs, 354 avocats, 165 pharmaciens, médecins et dentistes, 350 fonctionnaires (dont 185 professeurs du secondaire). Moins de 14 % de la population savait lire et écrire, dont le quart en arabe. Dès son indépendance, le jeune État algérien investit des efforts considérables pour la démocratisation de l'enseignement. Jusqu'à présent, les trois paliers d'enseignement (primaire, secondaire et universitaire) y sont gratuits. Cependant, un pareil effort ne pouvait en même temps donner lieu à un haut degré de qualité. On choisit la scolarisation massive en assouplissant les conditions de recrutement des enseignants et on entassa les élèves dans des classes de 40 à 50. Vingt ans après l'indépendance, près de six millions d'enfants étaient scolarisés. Ali El-Kenz, *Au fil de la crise*, Alger, Bouchène-Enal, 1993, p. 21.

et d'Irak, sont arrivés dans mon pays pour assurer notre formation. Beaucoup étaient des Frères musulmans. L'arabisation se faisait sur le modèle des écoles coraniques traditionnelles où le but est d'apprendre le Coran par cœur. «Le plus grave, c'est la conception même du dispositif pédagogique mis en place par les responsables et concepteurs. Il est fondé sur la mémorisation-restitution des connaissances. Les élèves algériens passent leur temps à apprendre par cœur. Cette aptitude est la caractéristique fondamentale de la méthode traditionnelle, laquelle méthode s'accommode très bien du maintien de l'ordre établi aux dépens de la pensée rationnelle[4].» Malika Boudalia-Greffou a révélé que le modèle d'enseignement algérien était emprunté à un schéma destiné à l'enseignement de débiles légers et de déficients intellectuels auxquels on devait adresser un enseignement réducteur, pauvre en nuances et répétitif[5]. Analyse confirmée par Khaoula Taleb-Ibrahimi qui affirma que «le modèle pavlovien en vigueur dans et par la méthode nationale d'enseignement de la langue nationale, institué en dogme intangible, fait subir à l'enfant un véritable traumatisme. Il l'enferme dans un schéma mutilant dont il n'arrive pas à se libérer. Mais surtout il le met au centre d'une contradiction antinomique en opposant d'une manière répressive et violente l'univers familier de son enfance dominé par sa mère, à l'univers scolaire réducteur dominé par sa maîtresse, elle-même fortement conditionnée par sa formation indigente et inadéquate à se conformer au modèle-dogme choisi et imposé à tous[6].» À l'université, on arabisa quelques filières, tout en sachant que le marché de l'emploi ne

4. Farid Benramdane, «École contre nation: la preuve par neuf», *Le Matin*, 7 février 2002.

5. Malika Boudalia-Greffou, «Pédagogie maternelle et didactique des langues étrangères», *NAQD*, n° 5: «Culture et système éducatif», Alger, 1993, p. 42-45.

6. Khaoula Taleb-Ibrahimi, «À propos de *L'école algérienne d'Ibn Badis à Pavlov*, de M. Boudalia-Greffou, quelques réflexions sur les pratiques didactiques dans l'enseignement de la langue arabe», *NAQD*, n° 5: «Culture et système éducatif», Alger, 1993, p. 65-73.

suivrait pas. Le reste de l'enseignement universitaire se donnait en français. Nous n'étions pas à une incohérence près. Inutile de préciser que la progéniture des défenseurs les plus acharnés de l'arabisation, comme Taleb Ibrahimi, ministre de l'Éducation nationale, ne fréquentait pas l'école algérienne. Leurs enfants étaient scolarisés à la mission française et poursuivaient leurs études universitaires à l'étranger. Une année plus tard, soit en 1978, une autre réforme scolaire voyait le jour : l'école fondamentale. Elle diminuait drastiquement les heures d'enseignement du français. Mais cette réforme ne me concernait pas. Ouf! Je l'ai échappé belle!

Je ne sais même pas si j'en veux à mes parents et à leur génération de m'avoir abandonnée à nos bourreaux. Nous, leurs enfants, les petits Algériens, nous aurions probablement mérité une école plus digne de nos rêves. Leur en vouloir parce qu'ils n'ont pas su stopper ce péril intégriste et nous en sauver, parce qu'ils n'ont tout simplement rien vu venir, est-ce concevable? Quelle que soit la réponse, une réflexion sans complaisance s'impose. L'école française n'était pas envisageable pour moi. Mon père ne voulait pas en entendre parler. « C'est parmi les enfants du peuple que tu étudieras », m'avait-il dit un jour alors que je lui faisais remarquer que mon école était médiocre. Comment pourrais-je leur en vouloir, à eux qui m'ont tout appris et qui m'ont tout donné, à eux qui m'ont comblée d'une affection profonde et grave? La conscience de soi, des autres et du monde, c'est eux qui me l'ont enseignée. Leur génération n'avait aucune expérience de la démocratie. Elle a connu le bonheur des luttes collectives. Grisée par l'ardeur du changement, elle en a oublié l'essentiel : l'homme et sa liberté. La guerre de libération avait libéré la terre mais pas les hommes. Les contradictions de notre histoire illustrent les vicissitudes postcoloniales. Nous avons appris, parents et enfants, à nous battre dans le tas. L'éveil de la conscience et le souvenir des luttes brûlent encore dans mon cœur, le désir d'agir également. La démocratie reste à réinventer et, tant que nous serons vivants, nos morts ne seront pas morts pour rien.

## Le code de l'infamie

Les femmes glissaient dans la rue par infraction comme des ombres. Elles se déplaçaient d'un endroit à l'autre à une cadence militaire. Leurs pas étaient rapides. La rue ne leur appartenait pas. Elles ne faisaient que passer. Leurs cous avaient du mal à maintenir leurs têtes droites. Leurs têtes s'affaissaient sous l'effet de la pesanteur de la religion et des traditions. Leurs regards s'écrasaient contre le sol. Leurs yeux ne s'élevaient pas au ciel. Le ciel leur était interdit. Moi aussi, je marchais vite. Moi aussi, je courais. D'ailleurs, je ne sais pas marcher. «Tu cours Djemila, tu cours, nous nous promenons», me font remarquer mes amis. Je les regarde et je ne dis rien. Excusez-moi mes amis, moi aussi j'étais une de ces femmes. Je n'ai appris à marcher que bien tardivement. Cheminer parmi des femmes libres peut donner le vertige. Je l'ai eu. Je chavirais de bonheur, emportée par l'allégresse de la liberté. Je titubais. C'était en 1994 lorsque j'ai quitté Oran pour Paris. J'avais 22 ans. Je pensais que j'allais mourir d'exil comme on meurt d'une maladie et que la maladie de l'exil allait se propager à tous mes membres. Mon exil a éclaté en mille et un exils. Je n'en suis pas morte. Loin de là. Mon individualité a explosé au grand jour. Je n'étais plus noyée dans la foule des silhouettes furtives et des ombres filantes. Je n'étais plus engluée dans une masse de chair. Je ne me battais plus contre les mains baladeuses, les regards qui dévisagent, les jets vénéneux des montées sanguines. J'étais une anonyme en mouvement. Je volais d'un endroit à l'autre en toute quiétude et liberté. L'Algérie m'a donné la force. La France, la liberté. Le Québec, des ailes. J'ai appris la liberté à l'âge adulte. J'ai appris vite. Peut-être un peu maladroitement. Lorsqu'on apprend à un âge avancé, rien ne se fait naturellement. La liberté de m'attabler seule à un café sans tutelle, sans un homme à mes côtés. Je n'appartenais plus à aucun homme. Il n'y avait pas de mâle à mes côtés pour dire aux autres mâles : «Ne vous en approchez pas, elle m'appartient.» En Algérie, lorsqu'il y en avait un qui me dévisageait, mon mâle faisait exploser sa virilité en un seul tour.

Il arrêtait tout ce qui convergeait vers moi. C'était un bouclier. Il flairait la menace à des kilomètres. Il se préparait à me défendre. Lorsque la menace ne venait pas, il l'inventait. Il me protégeait. Il me devenait totalement étranger. Souvent, nos sorties finissaient en coups de poing et en bagarres. J'avais honte. Mais peut-on reprocher à un mâle de défendre son territoire?

J'étais son territoire, son prolongement comme le sont les femmes pour les hommes dans cette région du monde. Il m'avait annexée. Pourtant, nous nous aimions passionnément, d'un amour fou. Que de folies et que de voyages avions-nous faits! Que de baisers, que de caresses nous nous sommes échangés! Il m'avait dit qu'il m'aimait, sous un ciel étoilé. Nous avions dormi à la belle étoile, bercés par le clapotement des vagues. C'était le début de notre romance. Les astres s'étaient réunis pour nous chanter la plus belle des sérénades. Nos destins étaient scellés. Nous militions dans le même parti. Nous avions le même idéal. Il me parlait d'égalité. C'était un «progressiste». Il avait fait de brillantes études. L'avenir lui souriait. Il m'a rejointe à Paris quelques semaines après mon départ. J'étais déjà une autre. Je n'appartenais qu'à moi-même. Je m'étais affranchie.

Un jour, alors qu'on était chez des amis, je me suis échappée par une fenêtre parce qu'il m'avait aperçue en train de converser avec un homme. Je ne voulais pas entendre ses reproches. Un autre jour, je me suis enfermée dans une salle de bain pendant que les autres festoyaient dans le salon. Je ne voulais plus que son regard se pose sur moi. Combien de fois a-t-il déchiré mes vêtements? Combien de fois a-t-il balancé mes affaires par-dessus le balcon? Combien de fois est-il venu sonner à ma porte? C'était la fin. La gifle était déjà partie. Mon visage en portait la trace. Nous étions à la Cité universitaire de Paris, au pavillon hellénique. Il occupait une chambre qu'il avait eue grâce à moi, alors que j'habitais dans le Marais dans une chambre de bonne. Aucun retour en arrière n'était possible. D'autres hommes partageaient mon lit. Et j'y prenais goût. Il ne me l'a jamais pardonné. C'est ainsi que nous nous sommes séparés dans le renoncement. J'avais tout à gagner. Il avait tout à perdre. Quelques années plus tard, j'ai appris qu'il était rentré en Algérie la mine déconfite. Il était rentré pour retrouver ses privilèges de mâle. Pardonnez-moi mes amis si je cours toujours. Moi aussi j'étais une de ces femmes. Je courais à Montréal, même enceinte de neuf mois. Ma mère courait derrière moi. Pardonne-moi maman. J'espère que maintenant que tu connais l'histoire tu seras plus indulgente envers moi.

Le 9 juin 1984, une loi infâme ayant pour appellation le Code de la famille[7] vint marquer de son sceau la discrimination des femmes et codifier leur soumission. Le code, inspiré par la charia, comporte 223 articles, répartis en quatre parties qui traitent respectivement du mariage et de sa dissolution, de la représentation légale, des successions et enfin des dispositions testamentaires. Ce code enferme les Algériennes dans un statut de mineure à vie (art. 11), légalise la répudiation (art. 48), maintient la polygamie (art. 8), oblige la femme à obéir à son mari et à ses beaux-parents (art. 39). Le mari a le devoir d'éduquer ses femmes. La bastonnade est légale. Le bâton est permis. À l'époque de l'adoption du code, la longueur du bâton fut l'occasion d'un débat national! Une nouvelle page de l'histoire de mon pays venait de s'écrire, celle de l'institutionnalisation de l'oppression des femmes. C'est par la mise au pas de la moitié de la société que les islamistes ont assis leur hégémonie. Chadli Benjedid était au pouvoir depuis 1979. Il céda à leur pression au sein même de l'Assemblée populaire nationale (APN).

Au moment de l'indépendance, les islamistes ne tardèrent pas à se manifester pour rappeler «le cadre réglementaire» de l'émancipation des femmes à travers l'association Al-Qiyam al-Islamiya[8] (les valeurs islamiques). Dans la lignée de Hassan

7. Il y eut quelques amendements, notamment concernant la garde du domicile familial en cas de divorce. Cependant, l'esprit du code reste le même.

8. La majorité des fondateurs de cette association deviendront ultérieurement ceux du FIS et du Hamas. L'association a été dissoute en 1966, à la suite de sa prise de position virulente vis-à-vis des autorités égyptiennes qui avaient procédé à l'exécution de Said Qotb en décembre de la même année.

al-Benna, ils protestèrent notamment contre le défilé des jeunes filles, le sport féminin, la mixité et le travail des femmes. Ils eurent même un élan de générosité inouïe à leur égard. Drôlement inquiets du sort des veuves de *chouhada* (les martyrs de la guerre de libération nationale), ils proposèrent d'autoriser la polygamie jusqu'à six femmes! Quelle bouffonnerie! En janvier 1964, ils réclamèrent carrément un statut islamique pour les Algériennes. Ces dernières étaient déjà sur le chemin de l'école. Elles étaient les premières à profiter de la gratuité et de la démocratisation de l'enseignement. Elles s'efforçaient de rattraper le temps perdu. Tout était à faire. Leur liberté en dépendait. De nombreux projets de code de la famille avaient avorté en 1966, en 1973 et en 1981. Les islamistes revenaient toujours à la charge. En 1984, ils remportèrent la victoire. Victoire de la honte. Pourtant, le code ne reflète aucunement l'évolution de la société algérienne et il est en contradiction flagrante avec l'article 29 de la Constitution qui proclame l'égalité des hommes et des femmes. En 1984, la protestation contre le Code de la famille ne mobilisa que très peu de monde. Seuls, quelques femmes démocrates et quelques intellectuels et militants de gauche le dénoncèrent publiquement et réclamèrent sa réforme, voire son abrogation pure et simple. Il y avait parmi eux d'anciennes *moujahidate* (combattantes de la guerre de libération nationale). On cracha sur leurs sacrifices. On accusa les contestataires d'*éperviers néocolonialistes*. Accusations gratuites et jugements péremptoires dirigés contre l'élite francophone : *hizb fransa* (le parti de la France). Nous nous trouvions là sur le lieu même de la fracture entre arabophones et francophones qui allait s'élargir avec le temps. Les islamistes haïssent le français. La chasse aux francophones était donc ouverte. L'homogénéité de la société algérienne était une finalité en soi. Il fallait bien la fabriquer, cette prétendue *oumma*! Au début des années 1990, la tête d'un intellectuel ne valait pas plus que quelques centaines de francs. Le ticket pour le paradis était au rabais. Les nazillons se bousculaient aux portillons de ce ciel à moitié prix.

## Monsieur le président, je vous interpelle encore et encore...

Les Algériennes sont toujours des sous-citoyennes. Le président Bouteflika qui prétend être un «grand démocrate» ne semble pas préoccupé outre mesure par le sort que les lois infligent aux femmes de mon pays. Comment le premier magistrat peut-il accepter que l'existence de sa propre mère ou celle de ses propres sœurs soit régie par de terribles injustices? Comment pouvais-je taire les déshonneurs et les humiliations à leur égard, lors de sa visite officielle au Canada?

Ottawa, le 16 mai 2000. La salle de la Tribune de la presse parlementaire était noire de monde. Elle se trouve rue Wellington, juste en face du Parlement. Des députés, sénateurs, ambassadeurs et journalistes étaient venus écouter le président de la République algérienne démocratique et populaire. Ce dernier, comme à son habitude, se montra fort démonstratif face aux dignitaires étrangers. Il parlait de démocratie, d'ouverture, de stabilité et d'investissements économiques. Tant qu'il était le seul à tenir le crachoir, il régnait en maître. J'étais assise dans un coin obscur de la salle avec quelques collègues journalistes canadiens et je l'écoutais. La faune politique et diplomatique de la capitale m'était totalement étrangère. À l'époque, j'habitais Montréal et j'ignorais tout des arcanes de la Colline parlementaire. Ce matin-là, je ne connaissais personne, hormis une diplomate guinéenne qui s'éloigna de moi comme de la peste dès que nous entrâmes au Cercle des journalistes vers 7 heures. Je compris alors qu'entre la journaliste que j'étais et la diplomate qu'elle incarnait, le rapprochement était presque impossible. Son attitude illustrait-elle le fossé entre la presse et le pouvoir dans une région du monde où la liberté d'expression est un combat au quotidien? Personne ne s'attendait à ce qu'une illustre inconnue surgisse au milieu de la salle pour «*interpeller*» le président sur le statut des femmes algériennes. Non, personne, encore moins le président et la horde d'hommes qui l'accompagnait. Lorsque je me suis présentée au micro, la table de la délégation algérienne chavira. Je vis les visages se crisper. *Interpeller,* c'est le verbe que j'avais utilisé. «Je vous interpelle, monsieur le président, sur le statut des femmes de mon pays, je voudrais savoir si vous avez l'intention d'abroger le Code de la famille», avais-je demandé. Une question simple et directe sans flaflas. Monsieur le président, vous êtes devenu colérique, odieux et arrogant. «Vous n'êtes pas là pour m'interpeller», m'avez-vous lancé. Vous auriez probablement voulu me demander de me fermer le clapet et de retourner à mes casseroles, mais le contexte ne s'y prêtait pas. Étiez-vous nerveux, anxieux, inquiet qu'une petite graine de mon espèce vous «interpelle», vous, le chef d'État? Vous en aviez tout l'air, en tout cas. Votre ton se corsa, vous m'avez pointée du doigt pour me demander de revenir au micro alors que j'avais fini de poser mes questions et que j'avais déjà regagné ma place. Deux questions. Deux en tout. Quelques secondes. La première sur l'interdiction de séjour en Algérie du journaliste tunisien Taoufik Ben Brick[9] et la seconde sur le Code de la famille. Il ne fallait rien de plus pour que vous retrouviez vos gestes, vos mimiques et votre regard haineux à l'égard de tous ceux qui se tiennent debout face à vous et à votre pouvoir. Ce jour-là, l'auditoire aurait pu garder de vous le souvenir d'un bon tribun. Vous, qui maniez si bien le verbe et qui avez mille et une anecdotes dans votre sac. Cependant, lorsque vos vieux réflexes autoritaires vous ont englouti, la salle se glaça. Les participants se figèrent. Vos excès ont choqué. Quelques dignitaires canadiens vous susurrèrent quelque chose à l'oreille. Probablement, les règles de courtoisie les plus

9. Journaliste tunisien qui entama une grève de la faim le 3 avril 2002 pour protester contre le refus du ministère de l'Intérieur tunisien de lui délivrer un passeport. Cible privilégiée du régime de Zine el-Abidine Ben Ali à cause de ses positions critiques à l'égard du pouvoir, Ben Brick et sa famille ont fait l'objet de persécutions et de multiples intimidations. Le 11 mai, alors qu'il poursuivait sa grève de la faim à Paris, que son état de santé était jugé très critique, il a été empêché d'embarquer sur un vol d'Air Algérie. Les responsables de la compagnie avaient reçu des instructions des autorités algériennes de ne pas accepter Ben Brick sur le vol.

élémentaires à l'égard des femmes. Tel que j'ai appris à connaître quelques-uns d'entre eux, ces derniers ne supportent guère de voir une femme se faire rabaisser sous leurs yeux. C'est leur ligne rouge à l'égard des machos et des misogynes, comme vous, vous avez la vôtre à l'égard des journalistes. Quand vous avez voulu vous rattraper, ce fut encore pire. Vous avez affiché alors votre plus beau sourire de façade, vous avez bombé le torse et m'avez dit : « Ce n'est pas parce que vous êtes une jolie femme que vous avez le droit de poser toutes les questions. » Grotesque et pitoyable ! Comme si le fait d'être laide ou moche pouvait interférer avec mon raisonnement. Comme si le fait d'être jolie faisait de moi une potiche de salon. Bien sûr, je fus vilipendée par la délégation algérienne : « Calmez-vous, madame, les étrangers nous regardent », me lança un officiel. « Les étrangers, est-ce que vous vous en préoccupez lorsque vous battez vos filles et répudiez vos femmes ? » ai-je répliqué du tac au tac. Ces bassesses ne m'atteignaient pas. J'étais aguerrie. La télévision canadienne retransmit l'échange tel quel. La télévision algérienne, pour sa part, était là pour montrer les images de « mon insolence » et présenter un montage téléguidé par la présidence. Je ne m'en souciais guère.

Ce jour-là, rien ni personne ne pouvait m'arrêter. Il y avait trop de colère en moi. La même que celle qui m'anima au cimetière d'Ain El-Baida à Oran le 16 mars 1994 en accompagnant l'immense Abdel-Kader Alloula à sa dernière demeure. Des youyous fusaient de toutes parts et déchiraient le ciel. Une pression intolérable m'immobilisa à quelques pas du chef du gouvernement Réda Malek et de son ministre de l'Intérieur Salim Saidi. Je ne sais comment je pus arriver jusqu'à eux et transpercer la cohorte de barbouzes cagoulés et armés jusqu'aux dents qui les entourait. Je me souviens seulement d'avoir dit à Réda Malek : « Où est l'État ? Que faites-vous pour protéger les enfants de l'Algérie ? » Il m'avait fixée et avait lâché : « La peur doit changer de camp », puis il avait baissé la tête et s'était éclipsé dans sa voiture.

À Ottawa, ce matin du 16 mai, le flot des souvenirs montait, chacun me rappelant la vie d'une femme, de tant de femmes, d'innombrables femmes si longtemps bafouées et trop longtemps opprimées. Toutes ces voisines par exemple qui avaient le double ou le triple de mon âge et dont je fus l'écrivaine publique alors que je n'avais pas encore 10 ans. Je savais tout de leurs vies et de leurs humiliations de femmes. Elles m'avaient tout raconté, tout dit. Je savais tout de leur résistance et de leur courage. C'est auprès d'elles que j'ai cheminé. J'étais impatiente d'atteindre leur âge pour me battre à leur côté. Comment pouvais-je oublier les visages de Bakhta, Houaria, Aicha, Karima et Khadouma? Comment pouvais-je ignorer le combat de la belle Latifa Baba-Ahmed, enseignante d'informatique, pour racheter sa liberté et divorcer d'un mari ignoble qui ne la méritait pas? Combien de fois s'était-elle rendue au palais de justice pour négocier sa liberté? 10? 20? 50? Comment pouvais-je oublier le visage tuméfié de ma voisine battue par un mari qui avait pris une seconde épouse à son insu? Pour nourrir sa marmaille – elle avait sept enfants –, elle était obligée de se prostituer avec ses deux filles. Que dire de mon autre voisine dont les jambes et les cuisses étaient réduites en compote par un mari qui la ruait de coups en l'attachant dans la baignoire? Les fins de mois étaient difficiles, et elle était devenue son bouc émissaire. Que dire de mes camarades de classe que je ne revoyais plus jamais à la rentrée parce qu'elles avaient été promises à des maris qu'elles ne connaissaient guère et avec lesquels elles n'avaient aucune affinité? Ce n'est pas parce que je suis née dans une «bonne famille» que les histoires de ces femmes ne me concernent pas.

Tout ce qui, de près ou de loin, touche à mon Algérie me concerne. Cet attachement, il est ancré au plus profond de moi. Rien ne pourra l'altérer, ni la distance, ni le temps. Souvent, des amis s'étonnent de cet attachement si fort, en moi, moi, la citoyenne du monde qui suis au croisement de plusieurs continents, de plusieurs pays, de plusieurs cultures et de plusieurs langues. Franchement, je ne sais comment l'expliquer. Je sais seulement que la flamme de mon Algérie brûle toujours en moi. Son feu m'embrase, m'enflamme, m'éclaire, m'illumine et me réchauffe lorsque la lassitude des luttes me contamine. Le cœur de mon peuple, de ses combats et de ses espérances, bat en moi. Depuis que j'ai quitté Oran en 1994, j'y retourne presque chaque année pour m'y ressourcer auprès de mes amis et m'imprégner de leur engagement et de leur générosité sans faille. Il y a quelques années, une amie me parla de son acte de divorce où le juge avait écrit qu'elle n'obéissait ni à son mari, ni à ses beaux-parents. Quel délit! Une autre amie divorcée se vit reprocher les valeurs «non islamiques» qu'elle transmettait à ses enfants. Quel scandale! C'était écrit là, noir sur blanc, sur son acte de divorce. Les valeurs islamiques. Encore une mauvaise épouse et une mauvaise mère! Il y en a plein autour de moi. À vrai dire, il n'y a que ça. «Jamais, au grand jamais je n'aurai un livret de famille[10], disais-je à ma mère, lorsque nous habitions à Oran. Je ne me marierai jamais. Jamais, je ne donnerai à un homme le pouvoir de me répudier ou de me corriger.» Lorsque mon compagnon de l'époque me parlait de mariage, j'inventais toujours une excuse pour y échapper et différer ses propositions qui m'ennuyaient terriblement. Jusqu'à la veille de mon départ en France, il avait insisté pour officialiser notre relation. Quel était le prétexte de mon refus cette fois-là? L'absence de mon père. Mon père était déjà parti en France depuis quelques mois. «Non, non, non, rien ne se fera sans mon père», lui avais-je dit.

«La femme libre est seulement en train de naître», disait Simone de Beauvoir en se référant au mouvement de l'Histoire. Pourquoi les femmes ne pourraient-elles pas vivre libres et sans tutelle? La «libération» est un fait historique qui implique un processus lent, très lent, qui s'accélère à une vitesse infernale le moment venu, c'est ce que Gramsci appelait le «moment

10. Document administratif qui atteste le mariage et les naissances des descendants. Une page est destinée à l'époux alors qu'il y en a quatre pour les épouses.

historique». En effet, nous avons avancé bien plus en soixante-cinq ans qu'en quatre mille ans. Le mouvement de l'Histoire n'est jamais irréversible. Le Maroc s'est engagé, dès 2004, dans une réforme audacieuse de la *Moudawana* (code de la famille marocain) alors que les acquis se fragilisent en Tunisie et en Turquie. Nous, les Algériennes, restons toujours engluées dans ce code de l'infamie. Toutefois, en dépit de tous ces asservissements, les femmes de mon pays n'ont jamais perdu leur pugnacité. Elles ont fait de leur corps le dernier rempart contre l'intégrisme. Leur calvaire continue. Elles résistent toujours et encore. Merci d'exister, sachez que je vous célèbre tous les jours. La neige de mon Québec fleurit à votre évocation. Je rêve du jour où nous pourrions organiser, de villes en villages, de villages en villes, la marche du pain et des roses telle que l'ont faite des milliers de femmes de ma nouvelle terre.

*Je rêve d'hommes équilibrés en présence de la femme*
*Je rêve de femmes à l'aise en présence de l'homme*
disait Bachir Hadj-Ali.

Pour ma part, je rêve de relations civilisées entre hommes et femmes. En redonnant sa dignité à la moitié de mon pays, l'autre moitié n'en sera que plus épanouie et plus humaine. *Le statut des femmes concerne donc autant, sinon plus, les hommes que les femmes.* Monsieur le président, tant que vous serez à la tête de mon pays, je vous interpellerai encore et encore sur le Code de la famille. Encore et encore…

## Les résistances anonymes

Bien qu'au collège nous ayons abandonné les récitations collectives pour nous consacrer à l'étude des fondements et des préceptes de l'islam ainsi qu'à la vie du prophète Mohamed, nous nous soumettions, bien évidemment, toujours à la même règle : ne jamais transgresser les dogmes. L'islam était au-dessus de tout et de tous. Les femmes occupaient une place de choix dans notre enseignement. On apprit que Mohamed avait amélioré de façon significative le sort des femmes en Arabie. L'interdiction d'enterrer les filles nouveau-nées et le droit d'héritage des femmes étaient souvent donnés en exemple pour étoffer cet argumentaire. D'où vient-il alors de nos jours ce deuil d'enfanter une fille? Pourquoi alors les mères implorent-elles tous les saints, jour et nuit, pour qu'ils les gratifient d'un garçon? Un homme. Un vrai. Dans l'Iran de Khomeini, accoucher d'une fille est un réel déshonneur. «Jetez-la dans la poubelle si c'est une fille; si je rentre encore avec une fille, mon mari nous tuera toutes les deux[11].» Le statut des femmes en islam était exceptionnel. Pour nous en convaincre, on nous faisait revenir toujours à la source: le Coran. Nous avions appris beaucoup de sourates, en particulier celles concernant les femmes, la fornication et l'adultère. Le Coran reconnaissait la prééminence des hommes sur les femmes et leur autorité sur elles. Il proclamait que le témoignage de deux femmes équivalait à celui d'un homme, préconisait deux parts d'héritage pour l'homme contre une part pour la femme. Le Coran permettait à l'homme de corriger sa femme et cette dernière lui devait obéissance. On nous parlait de justice et de leur statut exceptionnel, je ne voyais autour de moi que des injustices et des violences. Je ne voulais rien savoir de cet Allah qui n'affichait que mépris et arrogance à l'égard des femmes. Quelques camarades de classe masculins s'évertuaient à m'expliquer le pourquoi de la supériorité des hommes sur les femmes. «Si supériorité il y a, pourquoi n'obtenez-vous pas des notes supérieures aux miennes?», leur demandais-je. Je ne les surpassais pas seulement en mathématiques, en langues et en histoire mais même, pendant nos séances d'éducation physique, je les faisais courir.

Parmi mes enseignants, il y en avait d'exceptionnels. Trop peu malheureusement. Ceux-là, ils évoluaient en marge du programme. Nous avions de nouveaux auteurs à lire. Leurs livres, on se les passait sous le manteau. On organisait des débats et des séances de lecture autour de thématiques universelles. Quel soulagement! Je me rappellerai toujours mon enseignante

11. Chahdortt Djavann, *Je viens d'ailleurs*, Paris, Gallimard, 2002, p. 87.

de littérature arabe, M^me Arab. Une femme d'une grande culture. Nous avions lu *La mère* de Gorki. Une traduction arabe d'environ 1000 pages. Nous avions organisé ensemble une projection du film *Barberousse mes sœurs* de Hassan Abdallah sur les héroïnes du mouvement de libération nationale. Je me rappelle mes autres enseignantes qui ne pouvaient s'empêcher de faire quelques commentaires en porte-à-faux avec les « valeurs révolutionnaires ». Hélas, ces instants de pur bonheur n'étaient que trop peu nombreux. Je me rappelle mes enseignantes de français qui devaient montrer patte blanche pour s'excuser d'enseigner la « mauvaise matière ». Je me rappelle cet enseignant de philosophie qui avait osé nous parler de Marx, Freud, Darwin et Kant et du tollé qu'avaient soulevé deux élèves médiocres : l'un, fils d'imam, et l'autre, fils d'un trafiquant notoire. J'entends encore leurs menaces faire trembler la classe. « Les représailles ne vont pas tarder », lui avaient-ils laissé entendre. Nous étions en 1989. Le FIS en était à ses débuts. Les assassinats ciblés n'avaient pas commencé mais il y en avait déjà des signes annonciateurs. L'enseignant était resté stoïque et nous avait fait savoir qu'il ne modifierait en rien son enseignement quoi qu'il arrive. « On ne peut enseigner la philosophie et occulter ces grands penseurs », nous avait-il fait remarquer. Évidemment, je ne pus rester indifférente à cet échange. J'étais debout face aux deux prédateurs. Je leur faisais barrage avec mon corps de femme. Plutôt mourir que de me taire et d'abdiquer. Alors que la soumission était une vertu si chère à notre système, et en particulier celle des femmes, je prenais le risque de m'affirmer et de défendre mes idées, mais cela n'était jamais sans danger. Dans cette affirmation de soi, la bénédiction de mes parents était le gage de mon épanouissement. Durant cette année scolaire qui s'acheva tant bien que mal, les affrontements étaient devenus brutaux et fréquents. Pendant la décennie sanglante, le GIA et ses acolytes s'en prirent aux enseignants ainsi qu'aux élèves. Nombre d'entre eux furent sauvagement mutilés et assassinés au sein même des établissements scolaires. Je me rends compte, aujourd'hui, des énormes risques qu'ils prenaient pour que

« l'Algérie qui avance » ne sombre pas dans les ténèbres de l'islamisme. Je veux saluer leur courage et leur rendre hommage.

## L'islam systémique et le rejet de la science

Ernest Renan considère que « les religions sont des faits ; elles
doivent être discutées comme des faits et soumises aux lois de la
critique historique ». Pour moi, il n'en a rien été. Nous occul-
tions tout processus historique, qu'une analyse rationnelle d'une
construction sociale aurait exigé de prendre en considération.
L'interférence du Coran se manifestait dans toutes les disci-
plines. Notre pensée devait être marquée par son sceau dans ses
moindres détails : de l'infinitésimal à l'infiniment grand. La
science devait se greffer au Coran. Ceci représentait une preuve
de plus que tout le savoir y était contenu. Une circulaire du ministère de l'Éducation tomba comme une fatwa pour exiger des
enseignants qu'ils alimentent leurs cours avec des sourates.
« S'appuyer » sur le Coran, comme on s'appuie sur des théories et
des théorèmes. Des axiomes, devrais-je dire. En sciences pures,
les théories et les théorèmes sont toujours assujettis à la démonstration. Démonstration du théorème, écrivait ma mère au tableau. Lorsque la démonstration fléchit sous le raisonnement
critique du scientifique, le théorème est rejeté sans état d'âme
aucun. Lorsque les théories ne résistent plus aux réalités tan-
gibles et sont incapables d'en interpréter la complexité, elles deviennent désuètes. L'évolution scientifique requiert ce dépas-
sement permanent et perpétuel. Il n'y a rien de figé, rien de
statique, rien de sacré. Tout, absolument tout, peut être remis en
question en science. Même le noir entre les points brillants dans
le ciel nocturne. Est-ce le vide ? Est-ce le néant ? Est-ce l'infini ?
Comprendre l'origine du monde, connaître son âge, son histoire
et son évolution ne peuvent se faire sans recherches continues.
Rien n'est banal, rien n'est tabou aux yeux d'un scientifique. Pas
même ce noir de la nuit. Nous, les petits Algériens, nous étions
à des années-lumière de la pensée scientifique, de sa rigueur et de
ses principes. Notre prisme à nous, c'était toujours le Coran et

son référentiel mahométan. Notre aliénation était totale. Nous pensions que tout, depuis l'électricité jusqu'à la théorie de la relativité, se trouvait dans le Coran. Nous jurions qu'avant le Coran il n'y avait qu'ignorance et déchéance. Pourtant, avec Pythagore, Euclide et Thalès, nous avions, tous les jours, la preuve que la géométrie puisait ses racines dans la Grèce antique. À chaque nouvelle découverte scientifique, des musulmans se ruent sur le Coran pour y trouver un indice et prouver que la découverte en question y figurait déjà. Pitoyable! Un jour, pour me convaincre de l'absolue grandeur du Coran, un enseignant de biologie à l'université me dit: «Vois-tu, dans le Coran, il est question de cellule et d'atome, deux concepts qui sont pourtant récents.» Je ne veux pas trop troubler cette éminence, mais l'atome, les Grecs le définissaient déjà comme la partie ultime de la matière. Le récit de la création en six jours des cieux et de la terre était solidement ancré dans nos têtes. Croyances inamovibles. Croyances ô combien destructrices. Quant à la légende qu'Adam fut créé d'argile et Ève d'une côte d'Adam, elle aussi figurait au top du palmarès de nos idioties. Pauvres de nous! Comme le fait remarquer Warraq: «beaucoup de musulmans ne se sont pas encore faits à l'idée de l'évolution. L'histoire d'Adam et d'Ève n'a pas sa place dans un récit scientifique sur l'origine de la race humaine[12].» Nous n'étions jamais capables de raisonner par nous-mêmes. Nous étions constamment sous tutelle. Nous étions démunis. Nous n'avions pas les mots, encore moins les concepts. L'islamisme cadenassait notre pensée pour la rendre encore plus malléable. Nous étions fragiles et tellement vulnérables.

Au début des années 1990, les islamistes martelaient dans leurs meetings que l'islam est non seulement un système religieux mais aussi politique, social, cultuel et culturel: *Al-islam dine wa dawla* (L'islam est une religion et un État). Cela, nous le savions déjà. Leur tyrannie avait infesté jusqu'à nos cours de mathématiques. Mon enseignante de mathématiques commençait son cours

12. Ibn Warraq, *Pourquoi je ne suis pas musulman*, Lausanne, L'Âge d'Homme, 1999, p. 175.

en écrivant au tableau: «Au nom d'Allah le miséricordieux». «*Subhan Allah* (Gloire à Allah)», nous lançait-elle, lorsque nous figions face à un problème. La brèche était ouverte. Nous étions des ignares. Elle se mettait alors à réciter des sourates. J'étais dubitative. Si nous n'étions pas bons en mathématiques, était-ce parce que nous n'étions pas suffisamment bons en récitation coranique? Devions-nous réciter le Coran pour résoudre un problème? Les plus zélés parmi nous n'étaient pas les meilleurs en mathématiques. Lorsqu'en plein milieu du cours l'enseignante se terrait au fond de la classe pour se prosterner devant Allah, il y avait un drôle de flottement. Devions-nous nous joindre à elle pour la prière ou continuer le cours sans elle? Allah seul le savait. Vêtue d'un hidjab qui ne laissait transparaître qu'une partie de son visage, des sourcils extrêmement fournis, elle ressemblait à une tente ambulante. Ce qu'elle était laide et sentait mauvais! Puant des aisselles, sa transpiration dégoulinait sous l'effet de ses kilos qui débordaient de toute part. Pourquoi n'utilisait-elle pas un déodorant pour nous épargner ses odeurs nauséabondes? Avec mes camarades, nous avons analysé la question en long et en large. La réponse tomba comme un couperet. Le parfum, c'est *haram* (illicite). Que le *haram* et le *halal* (licite) ont bon dos! Allah a réellement pensé à tout.

Ressasser la grandeur et les mérites de la civilisation arabo-musulmane et du califat ottoman, c'est ce que nous faisions pendant nos cours d'histoire. Nous n'étions bons qu'à ruminer et à rabâcher. Nous n'étions que des machines réglées à débiter des maximes grotesques et serviles. Quant à notre propre histoire, c'est peu dire qu'elle était totalement étriquée et édulcorée. Comme le souligne l'historien Hassan Remaoun, «l'Algérie et le Maghreb sont faiblement représentés dans l'enseignement de l'histoire en Algérie. Même l'histoire a été aseptisée. Le référent arabo-islamique qui apparaît comme cadre identitaire global est surtout centré sur le Moyen-Orient[13]».

13. Hassan Remaoun, «Sur l'enseignement de l'histoire en Algérie ou de la crise identitaire à travers (et par) l'école», *NAQD*, n° 5:«Culture et système éducatif», Alger, 1993.

L'histoire de l'Algérie plusieurs fois millénaire, on n'en parlait jamais. L'histoire officielle était amnésique. On ouvrit les yeux un jour et l'Algérie était musulmane. Que restait-il dans nos manuels d'histoire de ses comptoirs phéniciens, de l'État de Numidie, de l'époque romaine, de l'invasion des Vandales et de la domination byzantine ? Rien. Nous étions tous des arabo-musulmans. Des purs. Des durs. Des clones. Cette instrumentalisation du religieux, de l'Histoire et de l'identité à des fins politiques, avec comme prétention la restauration du califat[14], a été reprise par les mouvements intégristes dans les années 1990. « Pour elle nous vivons et pour elle nous mourrons », scandaient-ils dans leurs meetings. Elle… La *oumma* islamique qui transcende les frontières algériennes actuelles. Cette revendication allait ouvrir la porte à tous les dangers puisqu'elle visait des jeunes chez qui la confusion était totale entre le sacré et le politique dans un système peu enclin à vouloir les séparer.

### Et si on essayait l'économie de marché ?

Mon frère est né le 1er décembre 1978 à l'hôpital d'Oran. Mes parents étaient au zénith de leur amour. Leur union tenait malgré l'intransigeance de la famille. La solidarité des amis et des voisins les réconfortait. Lorsqu'on avait besoin de pain ou de sel, il y avait toujours une porte à laquelle frapper. La nôtre était constamment ouverte. Mes parents en faisaient un principe de vie. Même lorsque nous n'attendions pas de convives, nous en avions. Mon père aimait réunir des amis autour de sa table. En informer ma mère n'était qu'un simple détail qu'il oubliait souvent. Quelle importance, ma mère est un cordon-bleu qui ne se laisse guère impressionner par le nombre de bouches à nourrir. Elle est capable de transformer quelques restes en un véritable festin par un tour de magie dont elle seule possède le secret. À la porte du service de maternité, la dame à

14. Mot arabe qui désigne un régime politique islamique.

l'accueil a failli renvoyer ma mère parce qu'elle avait oublié le
livret de famille. Seules les femmes mariées ont droit à un traitement médical décent, les autres sont des parias qui portent
des bâtards. Il faut les faire payer. Il faut les faire souffrir. Oublier
le livret de famille, quel sacrilège! Ma mère se tortillait de douleur. Mon frère était impatient de pousser son premier cri. Rien
à faire. Le jugement de la dame à l'accueil était tombé. Ma
mère était une poufiasse.

«Ton nom? lui demanda-t-elle.

– Benhabib.

– Nom de jeune fille?

– Karaiskou.

– Pardon?

– Ka… ra… is… kou. Karaiskou», répondit ma mère.

– Prénom?

– Kety. Ke… ty.

– Kety Karaiskou?»

Une poufiasse étrangère… double sacrilège. Ma mère ne
se rappelle plus très bien qui coupa le cordon ombilical dans ce
maudit hôpital. Était-ce un médecin, une infirmière, une femme
de ménage, une patiente? Elle ne l'a jamais su. Elle se rappelle
seulement qu'elle était là seule, livrée à elle-même, qu'on lui
proposa de partager un lit avec une autre femme qui se tordait
de douleur, une autre poufiasse probablement. Ma mère refusa.
Marcha dans le couloir. Hurla. Se coucha seule sur la table d'ac-
couchement. Elle n'eut pas le temps de pousser et voilà que
mon frère était déjà là. C'est ainsi qu'est né Salim, un beau bébé
de 3,2 kg

À quelques jours près, sa naissance coïncidait avec la mort
de Houari Boumediène et l'accession au pouvoir du président
Chadli Benjedid qui allait marquer l'abandon de l'option socialiste et le démantèlement du secteur public sans pour autant
engager le pays dans une nouvelle perspective économique. Le
nouvel homme fort du FLN, sans grande culture ni vision, était
là pour casser l'option boumediéniste. Il se lança dans des dépenses excessives non productives qui, quelques années plus

tard, en 1987, allaient rendre la balance des paiements déficitaire. Alors que la distribution de l'eau potable faisait cruellement défaut, que nous manquions sévèrement de logements sociaux et d'infrastructures, Chadli était à la recherche d'une légitimité. Quelle carte avait-il pour asseoir son trône ? La Révolution et ses martyrs ! En 1984, il érigea un monument aux martyrs : *Makam Chahid !* sur les décombres de quartiers populaires qu'on rasa pour l'occasion. Le mandat fut confié à SNC-Lavalin, une entreprise canadienne. Tout le monde s'en mit plein les poches. La facture, on la refila au peuple. Que reste-t-il aujourd'hui de ce monument baptisé Houbel, en référence à un Dieu païen d'Arabie pendant l'époque antéislamique, qui surplombe la capitale ? Pas grand-chose sinon le souvenir de la gabegie, du luxe que se payait une classe dirigeante décadente et de la fracture sociale croissante de la société algérienne.

Dès le milieu de la décennie 1980, l'économie algérienne montra de grands signes d'essoufflement. Cependant, ceci n'était qu'un simple révélateur de phénomènes structurels. Le prix du pétrole avait sérieusement chuté[15]. Les exportations d'hydrocarbures ne permettaient plus de couvrir les dépenses de l'État[16] et le pays s'est enfoncé dans un cycle d'endettement avec des crédits à court terme. À partir de 1987, on nota une baisse significative du taux de croissance et une paralysie de plusieurs secteurs économiques[17]. On expliquait ce faible taux par les difficultés d'approvisionnement. Le pays était à sec. Nous n'avions même plus de quoi payer la cargaison de semoule d'un cargo qui tournait en rade d'Alger ! Hormis les hydrocarbures qui continuaient à assurer les principales recettes de l'État, l'économie sombrait dans une grave paralysie. Pour corriger ces distorsions, après avoir tourné le dos pendant long-

15. Le prix du pétrole est passé de 29 $ le baril à 14,8 $ en 1986.

16. De 13 milliards de dollars en 1985, les recettes ont chuté à 7 milliards en 1986.

17. Rabah Abdoun, « Stabilisation et réformes économiques en Algérie : un bilan », *Recherches internationales*, n° 49, 1997, p. 81-98.

temps au rééchelonnement de la dette, l'Algérie s'est pliée aux politiques du FMI dès le début des années 1990[18], dans le cadre de la conditionnalité des crédits et du programme d'ajustement structurel qui ont eu des conséquences sociales catastrophiques[19]. C'est dans les domaines les plus concrets de la vie de tous les jours que la crise était le plus durement ressentie : chômage, hausse du coût des denrées avec la politique de la « vérité des prix[20] », pénurie de produits de première nécessité tels les produits pharmaceutiques et chirurgicaux. Après avoir mené la grande vie avec les Programmes anti-pénuries (PAP)[21], on sombrait dans la disette. On manquait de tout par intermittence. De café, d'huile, de semoule, de pommes de terre, de beurre, de lait, de sucre. Le pays était géré dans la cacophonie et l'improvisation. La machine FLN s'essoufflait. Il fallait rénover le système. Comment s'y prendre ? Quoi changer ? Surtout, comment s'acquitter des paiements qui s'accumulaient alors que le service de la dette nous étranglait[22] ? La crise du logement était endémique. Les Algériens s'entassaient dans des taudis d'infortune. Alors que l'Algérien moyen devint pauvre et que le pauvre devint misérable, on assistait à l'émergence d'une classe de nouveaux riches qui affichait de manière insolente sa

18. Les réserves de l'Algérie en devises au jour du 27 juin 1991 s'élevaient à 345 millions de dollars, soit une quinzaine de jours de paiements.

19. Rabah Abdoun, « Ajustement, inégalités et pauvreté en Algérie », *Recherches internationales*, n⁰ˢ 56-57, 1999, p. 71-85. Abderrahmane Fardeheb, « Le difficile passage à l'économie de marché », in Hassan Remaoun (dir.), *L'Algérie. Histoire, société et culture*, Alger, Casbah, 2000, p. 120-140.

20. Lorsque l'État a freiné ses subventions, le niveau général des prix a augmenté régulièrement entre 1982 et 1989 au rythme moyen de 8,5 % par an.

21. Flot d'importations de produits de consommation : produits électroménagers, automobiles, vaisselle et produits alimentaires de luxe font leur apparition dans les vitrines des magasins d'État. Ce programme a encouragé des pratiques de consommation déconnectées des priorités et des besoins réels de la population.

22. Le service de la dette est passé de 54,5 % des recettes d'exportation en 1987 à 75,25 % en 1989.

frénésie sans limites pour le fric et le clinquant. C'était le signe évident d'un choix politique assumé. On parlait de mafia politico-financière qui gravitait autour du président et de son clan et d'une commission de 10 % que chacun d'eux percevait pour chaque contrat octroyé par l'État. Chadli avait érigé la corruption en système. Les pots-de-vin dans la passation des marchés publics et les passe-droits avaient atteint des sommets jamais égalés.

Sur le plan politique et idéologique, Chadli encouragea une large campagne, sans précédent, de moralisation et d'islamisation à plusieurs niveaux que les islamistes prirent à leur compte : la traque des couples non mariés, le vitriolage et bastonnade des femmes qui affichaient un peu trop leur coquetterie, la fermeture de tous les restaurants pendant le mois de ramadan, les prières collectives le vendredi en pleine rue. C'est d'ailleurs sous son règne que l'enseignement religieux fut généralisé à tous les niveaux, qu'on créa des sections islamiques dans les lycées ayant pour vocation de déboucher sur l'Institut supérieur des sciences sociales et islamiques de Constantine. Il établit également un plan quinquennal (1980-1984) de construction de 160 mosquées et écoles coraniques, créa 5000 postes d'enseignants du Coran et 26 nouveaux Centres islamiques, intensifia le confessionnalisme des programmes audiovisuels[23]. Qu'offrait-on aux plus brillants de nos bacheliers pour les féliciter de leur succès à l'échelle nationale ? Des livres sur l'islam et le Coran et un voyage à La Mecque ! Les chanteurs et musiciens juifs étaient bannis de nos ondes. Enrico Macias (fort populaire auprès de beaucoup d'Algériens), Salim Hallali et Lili Boniche étaient jugés « contre-révolutionnaires ». Alors que le raï et la musique kabyle, considérés comme trop subversifs, étaient proscrits de la radio et de la télévision nationales, cette dernière diffusait régulièrement les prêches des prédicateurs les plus virulents du monde musulman, parmi lesquels on comptait Youcef al-Qaradaoui, qui est devenu président de l'Association mondiale des oulémas musulmans, et Mohammed

23. Ahmed Rouadjia, *Les Frères et la mosquée*, Paris, Karthala, 1990, p. 189.

al-Ghazali, deux chauds partisans de la confrérie des Frères musulmans, tous les deux d'origine égyptienne. Les deux enseignaient à l'Université de Constantine et côtoyaient les premiers noyaux islamistes qui s'activaient clandestinement. Tous deux ont cautionné le terrorisme en Algérie, le présentant comme une guerre entre «musulmans et laïcs». Ils qualifiaient les islamistes d'«enfants valeureux qui défendent l'islam».

Effacer jusqu'au dernier souffle de cette Algérie plurielle, telle était la mission de ce nouveau pouvoir. La main tendue au courant islamiste avait une visée. Affaiblir la gauche qui s'identifiait davantage à son prédécesseur. Le 9 janvier 1980, l'article 120 est voté. Il imposait à tout prétendant à un poste électif ou à responsabilité de posséder la carte d'adhérent du FLN. On voulait «nettoyer» les appareils d'État et les organisations de masse. Lorsqu'éclata le Printemps berbère le 10 mars 1980, avec l'annulation d'une conférence sur la poésie kabyle de Mouloud Mammeri, ce fut l'affrontement. Les manifestants étaient accusés de collaborer avec le colonialisme. À Alger, des universitaires se solidarisèrent avec la Kabylie. La répression fut féroce et la journée se solda par une centaine d'arrestations et de nombreux blessés. Dans un discours à la télévision algérienne, le président Chadli Benjedid déclara que l'Algérie était un pays «arabe, musulman et algérien». Quelle nouvelle! La Révolution iranienne donnait des idées aux islamistes algériens. Dès 1982, le Mouvement islamique armé (MIA) fut créé par le prédicateur Mustapha Bouyali qui s'engagea, avec ses compagnons, dans le terrorisme urbain. Ce dernier, emprisonné sous le régime de Boumediène, avait bénéficié d'une mesure de grâce décrétée par Chadli. Les affrontements de novembre 1982 à l'université entre islamistes et démocrates furent sanglants. Le 2 novembre 1982, à la cité universitaire de Ben Aknoun, la tête de Kamal Amzal[24],

24. Il avait affiché un appel à l'assemblée générale pour le renouvellement démocratique du comité de la cité universitaire. Les islamistes qui voulaient en avoir le contrôle total n'avaient guère apprécié son geste. Armés de couteaux, de sabres, de haches et de barres de fer, ils attaquèrent les étudiants.

jeune étudiant berbériste dans la vingtaine, est tombée. Après lui avoir arraché sa chemise, ils l'éventrèrent avec un sabre. Son assassin, lui, écopa de la peine minimum : dix années de réclusion. « Le président du tribunal criminel qui eut à juger cette affaire confia à ses collègues – hors audience – que la victime s'était montrée provocatrice du fait qu'elle avait affiché des tracts "anti-musulmans"[25] ! » Le sordide décor de l'Algérie des années 1990 était planté dans ce campus universitaire. Aujourd'hui, les luttes qui sous-tendaient de telles dérives n'ont pas substantiellement changé.

25. Leila Aslaoui, *Les années rouges*, Alger, Casbah, 2000, p. 123.

# CHAPITRE VI

# Les marchands d'illusion
## et la politique de la terre brûlée

Amel arriva à bout de souffle et cogna à la porte. Ce matin-là, elle était pâle comme la mort. Ses jambes tremblotaient. Son corps papillotait. Cela n'enlevait rien à sa beauté. Elle n'était qu'une enfant d'une douzaine d'années et on pouvait déjà entrevoir la belle femme qu'elle serait. Ses yeux sont grands et profonds. À les voir, on a envie de s'y abriter et de s'y perdre jusqu'à s'enivrer comme le faisait Aragon dans les yeux d'Elsa. Elles sont belles, les femmes de mon pays. De cette beauté grave et sensuelle que rien ne peut atteindre. À les observer, on ne peut que comprendre pourquoi Delacroix courut en Algérie pour s'en inspirer. Inspiration qui le mena d'ailleurs sur les traces des harems. Pour restituer leur ambiance, il engagea des prostituées. Les autres femmes lui étaient inaccessibles. Chose qu'il n'ébruitait guère. Certes, avec son art de la lumière, *Femmes d'Alger dans leur appartement* était un pur chef-d'œuvre annonciateur de l'impressionnisme. C'était aussi le pur fantasme d'un mâle occidental. C'est Picasso qui a libéré les femmes de mon pays de la torpeur dans laquelle les avait figées Delacroix pour restituer leur combativité alors que débutait la guerre de libération en 1954. Avec *Femmes d'Alger (quinze toiles et deux lithographies)*, Picasso transforma considérablement leur univers et le rapprocha de celui de *Guernica*. «C'est dire combien le peintre avait ressenti l'Algérie douloureuse de l'époque comme l'Espagne douloureuse de la période franquiste[1].» Amel est entrée d'un pas hésitant et a balbutié des mots inaudibles, a regardé à droite, à gauche essayant de flairer une présence étrangère. Comme à la maison, il n'y avait que ma mère et moi, elle fut rassurée et retrouva ses esprits.

«Qu'est-ce qui se passe? lui a demandé ma mère.

– Ils sont venus, nous dit-elle. La maison est sens dessus dessous. Ils cherchent, je ne sais quoi, ils fouillent, ils ouvrent tout ce qu'ils peuvent, vident les tiroirs et les placards et épluchent toute la paperasse de mon père.»

Ils… la police politique, l'effroyable sécurité militaire qui faisait la chasse aux progressistes, aux syndicalistes et en particulier aux militants du PAGS. Son père était un militant du PAGS. Le mien aussi. Ils s'y étaient engagés dans leur jeunesse et ne s'en séparèrent plus jusqu'à sa dissolution en 1992 pour adhérer par la suite au mouvement Ettahadi-Tafat, l'héritier du PAGS. Nous, les enfants des militants, ne savions que des bribes de leur militance. Pourtant, l'engagement de mon père me parlait. La seule chose dont j'étais vraiment au courant, c'était que mon père avait des activités politiques et qu'il fallait les taire. En général, on tait les tares. On ne camoufle que ce dont on a honte et qu'on n'assume pas vraiment. Moi, j'étais fière de mon père et de son engagement. Pourquoi taire ses rêves et ses passions? Mon père n'était pas un criminel. Mon père n'avait pas de compte en banque en Suisse. Mon père avait seulement des rêves pour son pays. De grands rêves. À chaque 8-Mars, la Journée internationale des femmes, il nous offrait des fleurs, à ma mère et moi, et organisait une grande fête avec de nombreux amis. Les hommes se retrouvaient à la cuisine et les femmes au salon, dégustant un bon verre de vin ou de jus et se faisant servir. À l'université, il offrait également des roses à ses collègues. Avec lui, être femme comme je l'entendais m'était permis

1. Rachid Boudjedra, « Les Algéroises selon Picasso (III) », *El-Watan*, 16 juin 2005, <http://www.elwatan.com/spip.php?page=article{id_article=21368>.

et cela suffisait à me convaincre de la pertinence de son engagement. Le 8 mars était toujours un événement symbolique que nous célébrions en grand. C'était l'occasion pour les associations de femmes et les partis politiques de demander l'abrogation du Code de la famille. Cette bataille n'était que la première étape qui nous conduirait à d'autres revendications. J'assistais à toutes les conférences. J'étais de toutes les manifestations. Même si j'étais souvent la plus jeune des participantes, ça ne me dérangeait nullement. Tel un buvard, j'absorbais tout.

Dans cette Algérie des cousins où tout se marchandait, mon père ne badinait pas avec les principes. Il ne courbait jamais l'échine. Sa rectitude me fascinait. Il nous mettait sans cesse en garde, mon frère et moi, contre le régionalisme et la xénophobie qui ravageaient tous les milieux. Il n'abusait jamais de sa position. À vrai dire, il ne s'en servait jamais pour tirer profit de quoi que ce soit. Il demandait toujours pour les autres, jamais pour lui ni pour sa famille. Mon père ne sait pas recevoir. Donner de soi sans rien attendre en retour, telle est sa façon d'être. Lorsqu'un jour le *wali* (gouverneur) d'Oran lui fit savoir qu'il était ouvert à ses doléances, mon père répondit : « Je veux un appartement pour l'un de mes enseignants. » Appartement qu'il a obtenu. Bien sûr, mon père aurait pu demander une maison avec un immense jardin pour nous. À cela, il ne pensait même pas. Qu'importe, s'il ne put jamais offrir à ma mère le jardin qu'elle aurait tant voulu avoir pour planter rosiers et géraniums. Nous habitions un modeste appartement et nous baignions dans le bonheur. La vie était légère et notre balcon, le plus fleuri de tous. Ma mère passait un temps fou à s'occuper de ses plantes. Notre adresse ? Je m'en souviendrai pour la vie : Cité Grande-Terre, B^te A, app. 641. C'est à cette adresse que je recevais les lettres de mes correspondants de France, de la Réunion, de Madagascar, du Cameroun.

C'était la clandestinité et les activités des militants devaient se dérouler dans le plus grand secret. Chaque militant avait un pseudonyme, un contact et une cellule. L'organisation était pyramidale. Les militants des différentes cellules ne se connaissaient pas entre eux. Les mécanismes de la répression – surveillance policière, filature, arrestation et torture – guettaient leurs moindres gestes. Il arrivait que même les familles fussent inquiétées. Les enfants n'étaient pas épargnés. Le pouvoir jugeait insupportable l'existence d'individus ou de groupes qui échappaient à son emprise. Tous les moyens étaient bons pour dissuader les plus courageux de poursuivre leur action politique. Il n'y avait que le désir de répression qui animait le pouvoir. Nous, les enfants des militants, ne devions rien savoir de tout cela. À la maison, les documents du parti étaient soigneusement cachés puis brûlés. Mon père était un as du barbecue. Il le faisait fonctionner tout au long de l'année à n'importe quelle heure de la journée. Même lorsque nous avions un gigot au four ou un délicieux tajine, le barbecue fonctionnait à pleine capacité! Bien sûr, nous ne devions pas nous en approcher. Jamais. Lorsque les réunions avaient lieu à la maison, mon père s'arrangeait pour que nous soyons absents. Mais lorsque nous étions là, nous étions confinés à nos chambres et nous ne pouvions en sortir sous aucun prétexte. Toutes les portes des chambres restaient fermées. En principe, nous ne devions jamais croiser nos visiteurs. Mais une fois, il arriva que j'aperçoive l'un d'eux que je reconnus en plein centre-ville d'Oran, quelques jours plus tard, alors que je me promenais avec mon père. J'avais huit ans. Naturellement, j'ai signalé à mon père la présence de son ami. Il m'a ignorée et a regardé dans une autre direction. J'insistai et tirai mon père par la manche dans la direction de son ami qui suivait le manège. Mon père s'arrêta brusquement et faillit m'arracher le bras. «Tu fabules, ma fille, arrête, viens par ici», me dit-il. Nous continuâmes notre chemin comme si de rien n'était et nous nous engouffrâmes dans la première pâtisserie pour nous changer les idées.

Les événements de mon Algérie se perdent dans les dédales de ma mémoire encombrée. Par moments, celle-ci me lâche. Elle me trahit. Est-ce un mécanisme de survie développé au fil des années? Les lambeaux de souvenirs s'effilochent. Puis, peu à peu, ils remontent à la surface. Le passé ressurgit et m'engloutit.

En écrivant ces lignes, j'ai bien évidemment pensé à Amel. Te souviens-tu de cette journée-là? lui ai-je demandé dans un courriel. «Cette journée d'octobre 1988, je m'en souviens comme hier. Maman m'a demandé de venir vous voir, pour prévenir tonton, et lui raconter ce qui venait de se passer chez nous. Elle craignait qu'ILS viennent aussi chez vous, qu'ILS le trouvent et qu'ILS l'embarquent comme ILS l'ont fait avec d'autres... Je me souviens qu'elle m'avait dit que, s'il y avait quelqu'un chez vous que je ne connaissais pas, il fallait que je parle d'autre chose et que je te demande à toi si tu avais gardé tes anciens cahiers d'histoire-géo! Tonton devait le savoir, et surtout il devait faire le "ménage" chez vous avant qu'ILS ne débarquent pour le faire! Je me souviens que notre appartement était dans un sale état, les tiroirs retournés, les placards vidés... Ils étaient plusieurs, et on était seules, maman et moi, c'était donc impossible de les surveiller, et de voir s'ILS avaient pris des documents, et surtout des photos des copains... heureusement que maman et moi avions tout détruit la veille, et avions bien caché les photos. Des photos qu'on a retrouvées six ans après, pendant notre déménagement, dans d'autres circonstances, ironie du sort!»

En octobre 1988, des dizaines de militants du PAGS furent arrêtés et torturés. Des militants que je connaissais. Fort heureusement, mon père ne le fut pas, ni d'ailleurs Abderrahmane, le père d'Amel. Je me rappelle combien ces moments nous étaient insupportables. C'était l'horreur. La première fois que j'écoutai leurs récits de torture, je ne fermai pas l'œil de la nuit. Enfouie sous ma couverture, j'attendais impatiemment le jour. Pour prévenir mon père d'un danger nous avions convenu d'un code secret: étendre une serviette de couleur vive sur le balcon. Abderrahmane, lui, était en France. Parti initialement pour assister à une série de conférences dans le cadre de ses recherches universitaires, il demeurait à Paris chez nos amis Langlade. Mon père l'appelait pour lui donner des nouvelles et discuter de la suite des choses. Je voulais tout savoir de leurs conversations. J'étais fatiguée de ses cachotteries. Le jour du retour d'Abderrahmane à Oran, un groupe de copains l'attendait à l'aéroport. Il en fut tout ému et bouleversé. Les rencontres entre militants étaient toujours merveilleusement belles et chaleureuses. Chacun savait, au fond de lui, le prix à payer pour l'idéal commun. Je voulais absolument y aller. « Pas question », me dit mon père. « Je n'irai pas à condition que tu me racontes dans les moindres détails tout ce qui s'est passé », lui ai-je dit.

Les débats qui secouaient mon pays étaient complexes et intéressants. Je ne voulais rien rater. J'ai donc naturellement plongé dans cette marmite politique qui allait devenir quelques années plus tard explosive. C'est grâce à mon engagement au PAGS que je découvris dès l'âge de 16 ans des espaces et des milieux fascinants : le port avec ses dockers, la zone industrielle d'Es-Sénia avec ses travailleurs, les bars du centre-ville et les quartiers populaires. J'ai également sillonné le pays d'un bout à l'autre, d'ouest en est pour participer à des rencontres et des écoles de formation dans des sites paradisiaques. Je garde des souvenirs précieux en moi. Un camp de vacances pour les familles à Bousmail à l'été de 1990, non loin des ruines romaines de Tipasa, là où Camus a donné naissance à son plus célèbre roman, *L'étranger*. Un autre camp, réservé aux jeunes, à Ouadès, à quelques kilomètres de Bejaia en Kabylie. Il y eut aussi tous ces allers-retours entre Oran et Alger, dans cette mythique villa de Baïnem qui appartenait à M'hamed Issiakhem, peintre de génie, amputé dans l'enfance de son bras gauche après l'explosion d'une grenade, en 1943.

En octobre 1988, Abderrahmane avait réussi à échapper à ses tortionnaires. Ce matin maudit du 26 septembre 1994, il eut moins de chance. La mort le guettait en bas de l'immeuble, non loin de sa voiture, une Renault R4 beige. Il s'apprêtait à accompagner Amel au lycée avant de se rendre à l'Institut des sciences économiques. Les balles l'atteignirent à la tête. Il s'écroula. Ton assassin savait-il seulement l'homme intègre et altruiste que tu étais ? Savait-il seulement toute l'énergie que tu avais investie dans la formation de générations entières d'étudiants ? Savait-il seulement ta passion pour ton pays ? Savait-il seulement la confiance et l'espoir que tu avais en la jeunesse ? Tu aimais ce mot, n'est-ce pas ? la jeunesse… Nous t'appelions : Monsieur le professeur. Tu en riais comme à toutes les fois où, à « la crique : notre plage », on échangeait des blagues. Savait-il seulement l'immense respect que tu avais pour les femmes ? Chaque fois qu'il y en avait une qui s'inscrivait au magistère d'économie que tu dirigeais, tu en étais tellement fier. Tu m'en parlais de suite. « Une femme, il faut qu'elle aille le plus loin possible dans tous les domaines de sa vie pour ne rien se laisser imposer », me disais-tu. Bien sûr, en disant cela, tu pensais d'abord à ton Amel que tu aimais par-dessus tout. Ce jour maudit, je me trouvais à Paris. J'ai appris l'horreur de la bouche de papa à mon retour de l'université. Il a suffi qu'il prononce ton nom pour que je me jette dans ses bras et que je m'écroule. Je ne ressentais plus rien. Ce jour-là, quelque chose d'irréparable s'est brisé en moi. Mon estime pour Amel est née dans cette douleur réciproque et effroyable.

### Les événements d'octobre 1988

Trop de vexations, trop d'injustices, trop de gaspillage des deniers de l'État, trop de mal-vie des couches populaires ont fini par creuser le fossé entre la classe dirigeante et le peuple. Ce divorce éclata au grand jour lors d'énormes émeutes en octobre 1988 dans plusieurs centres urbains dont Alger et Oran. Des manifestants, essentiellement des jeunes, ont défié le pouvoir pour dénoncer le régime du parti unique, les spéculateurs, les affairistes et les corrompus qui se partageaient les richesses du pays. « Jeunesse debout » ou encore « Chadli, assassin » ont été les slogans au cœur de ces manifestations. Jamais, depuis l'indépendance, l'Algérie n'avait connu une insurrection d'une telle ampleur et faisant autant de morts. On parlait de 500 victimes, de centaines de blessés et de nombreuses arrestations. L'armée a tiré sur les jeunes. Les services de sécurité ont torturé. Jamais, depuis l'indépendance, le chaos n'avait été aussi grand. Brûler, saccager, piller, détruire tous les symboles de cet État déliquescent et corrompu jusqu'à la moelle. Qui étaient les auteurs de ces actes de vandalisme ? Qui étaient ces émeutiers ? Des agents de l'État ? Était-ce une manipulation du pouvoir qui avait mal tourné ? Pourquoi les policiers étaient-ils désarmés ? Où se trouvaient-ils ? Qui leur avait donné l'ordre de déserter leurs postes ? Pourquoi les arrestations des militants du PAGS et des syndicalistes avaient-elles commencé bien avant les émeutes ? Était-ce un coup d'État à peine déguisé ? Où sommeillait toute cette violence ?

Même si la vérité sur les événements du 5 octobre demeure toujours cachée, comme le sont d'ailleurs toutes les vérités en Algérie, il n'en demeure pas moins que la responsabilité du pouvoir est totale. Il savait que quelque chose se préparait. Aujourd'hui, il est établi qu'à travers les événements tragiques d'octobre 1988, deux tendances lourdes du régime se sont livré une bataille acharnée. D'une part, ceux qui aspiraient à renouveler le système et, d'autre part, ceux qui cherchaient à le maintenir. Aujourd'hui, dans l'Algérie officielle, il n'y a ni commémoration, ni déclaration, ni hommage à tous ces jeunes qu'on a fauchés. Qui ont été les grands vainqueurs de ces sanglants événements ? Les islamistes, incontestablement. Eux aussi marchèrent. Eux aussi manifestèrent, en scandant : « *Allah akbar... Allah akbar...* » (Allah est grand). Alger, prise en otage, était livrée à elle-même. Pourtant, quelques mois plus tôt, en janvier 1988, l'un des patrons de la Sécurité militaire affirmait à une délégation palestinienne en visite à Alger : « Nous ne craignons personne. Les communistes et les syndicalistes sont nos seuls ennemis, et nous les avons matés. Il n'y a aucun risque d'intifada en Algérie[2]... » Quelques mois plus tard, Alger donnait l'image d'une ville martyre, d'un immense dépotoir, avec des tas d'immondices, des ordures, des véhicules calcinés, des pneus brûlés. Les chars prirent position dans les rues. Les hélicoptères survolaient les quartiers. Chadli Benjedid reçut une délégation

2. Akram B. Ellyas, « Les leçons oubliées des émeutes d'Octobre 1988 », *Le Monde diplomatique*, mars 1999.

d'islamistes composée notamment de Mahfoud Nahnah, Abbasi Madani, Ali Belhadj et Ahmed Sahnoun et leur offrit la légitimité qu'ils espéraient tant. Ces derniers se prétendaient les porte-parole des émeutiers. Le chef de l'État les reconnut comme acteurs politiques incontournables. Chadli Benjedid refusa de démissionner et, le 22 décembre de la même année, il fut réélu président de la République algérienne démocratique et populaire. Acculé, le pouvoir fut obligé de trouver un exutoire politique et face à tant de bouillonnement social, le 23 février 1989, il modifia la Constitution. Après vingt-six ans de règne sans partage du FLN, la nouvelle Constitution abolit les références au socialisme, la notion de parti unique, établit la séparation des pouvoirs, limita le rôle de l'armée et introduisit la liberté d'association et d'expression. On promettait un train de réformes économiques. On assista à l'apparition de la presse privée avec une multitude de titres et à l'explosion du mouvement associatif. Pas moins d'une soixantaine de nouveaux partis virent le jour. Les «chefs historiques» sont rentrés de leur exil. L'espoir était à nouveau permis. Ce que la révolution socialiste n'avait pas réussi à réaliser, ce que le FLN n'avait pu atteindre, le multipartisme, lui, allait l'accomplir. On se remit à rêver. Le phénix renaît toujours de ses cendres. L'Algérie vit un éternel recommencement.

## La chimère démocratique et la montée du FIS

Fondé le 18 février 1989 dans la mosquée Al-Sunna de Bab el-Oued à Alger, le Front islamique du salut (FIS) a été légalisé par le ministère de l'Intérieur le 16 septembre 1989 en violation de la Constitution qui interdit la création d'un parti politique sur des bases religieuses. Avec son gigantesque réseau de mosquées et ses nombreuses associations caritatives, il mobilisa les masses et les embrigada en vue de s'emparer du pouvoir, d'imposer sa doctrine – fondée sur la loi divine – et d'instaurer l'État islamique. Mais avant cela, il fallait éliminer tous ceux qui contrariaient son avancée: les «femmes dépravées», les mécréants, les laïcs, les francophones (le parti de la France), les artistes, les intellectuels, les journalistes, les forces de sécurité et l'État qu'ils promettaient de remplacer par la République islamique pour pallier ses terribles injustices. Dans ce nouvel éden, il n'y aura point de place aux abus et à la corruption car le Coran fera office de Constitution. Dès sa création, le FIS a confisqué la religion pour se donner une légitimité comme l'avait fait le FLN avec la guerre de libération. Le FIS rebaptisa le FLN, le *Front de destruction nationale*, et l'accusa de tous les maux. Dans ce climat politique fortement antagonisé, la pratique du sport par les femmes devint un problème national qui paralysa encore une fois le Parlement. Le 14 mars 1989, on adopta une loi qui rendit facultatif le sport à l'école pour les filles. Ouf, l'honneur de la République était sauf! Cette attitude hystérique ne faisait que traduire la montée en puissance des islamistes sous l'œil attendri du régime qui ne bronchait point. Leur conquête du pouvoir était déjà bien amorcée. Tout en faisant pression sur les institutions de l'État pour les affaiblir davantage, le FIS «travaillait» la société en axant son discours principalement sur le rejet généralisé des symboles de l'État et du régime qu'il qualifiait de *taghout*[3]. Il tirait profit des divisions au sein du FLN, de l'énorme insatisfaction populaire à l'égard des dirigeants et de la mal-vie des couches populaires. S'ajoutaient à cela les énormes difficultés économiques que connaissait l'Algérie à cette époque. L'ascension du FIS traduisait ni plus ni moins les fractures de la société et son atomisation. L'État avait failli. Ses fonctions de cohésion sociale et de solidarité avaient disparu depuis déjà longtemps.

«Obéir aux imams, c'est obéir à Allah, leur désobéir, c'est désobéir à Allah», assénaient les chefs intégristes dans leurs prêches. Il ne faisait pas bon se promener aux alentours d'une mosquée le vendredi. Nous l'avions compris. Nous ne nous en approchions jamais. Ce jour-là, les prêches étaient plus virulents. Des tapis de prière étaient disposés dans les rues adjacentes

---

3. Le *taghout* (idole) est tout ce qui est adoré en dehors d'Allah.

et la circulation automobile et piétonnière était bloquée. Grâce à cette propagande dans les mosquées, le FIS émergea comme le parti politique le plus important et son audience ne fit qu'augmenter, si bien que rien ne pouvait contenir sa poussée et que rien n'enrayait son avancée lors du premier tour des législatives du 26 décembre 1991. Mais bien avant cela, il rafla les élections locales du 12 juin 1990 avec 804 communes, soit environ la moitié des municipalités. Grâce à une disposition de la loi électorale, les hommes prirent les cartes de vote des femmes de la famille et bourrèrent les urnes avec le numéro «6», celui du FIS. C'est ainsi que les municipalités sont devenues islamiques et la devise de leurs frontons «Par le peuple et pour le peuple», qui rappelait Cuba, fut remplacée par «Municipalité islamique». Depuis cette date, nous avons assisté à une transformation phénoménale de la vie. La guerre à la mixité était ouverte. Dans les écoles, on demandait aux enseignants de séparer les filles des garçons. Certains furent inquiétés parce qu'ils refusaient de «collaborer». Le message leur parvenait par un élève ou un collègue dévoué à la cause islamique quand ce n'était pas carrément le directeur qui s'en chargeait. Dans les mairies, on vit l'apparition de guichets pour les hommes et d'autres pour les femmes. Dans les autobus, l'avant était réservé aux hommes et l'arrière aux femmes. Les garderies furent fermées. Les femmes, responsables du chômage des hommes, étaient priées d'arrêter de travailler. D'une part, le FIS promettait une allocation pour toutes les femmes au foyer et, d'autre part, comme le déclarait Ali Belhadj : «Le lieu naturel d'une femme est le foyer afin de se consacrer à la grande mission de l'éducation des hommes, la femme est une reproductrice d'hommes, elle ne produit pas de biens matériels mais cette chose essentielle qui est le musulman.» Même le ramassage des ordures, qui devenait irrégulier, avait été affublé du sceau *islamique* : «Le ramassage de poubelles islamique!» Il fallait y penser. Voilà comment le FIS allait faire de l'Algérie un nouveau paradis. Les salles de prière pullulaient dans les établissements scolaires et les lieux de travail. Interrompre son travail pour aller prier devenait la norme.

Les appels du muezzin devenaient insistants et menaçants. Le conservatoire d'Oran ferma ses portes sous les ordres de la municipalité, tombée elle aussi entre les mains du FIS. La danse et la musique étaient déclarées illicites. De nombreux spectacles furent annulés dont le concert de Linda de Suza à Alger. Des lettres de menaces commençaient à circuler. Des noms de laïcs, de communistes et de mécréants revenaient continuellement dans les mosquées. Les câbles des antennes paraboliques qui permettaient de capter les chaînes de télévision françaises furent coupés. Certains services dans les hôpitaux furent carrément pris d'assaut par des militants du FIS qui essayaient d'imposer leurs lois[4]. Dans mon quartier, se rendre dans un salon de coiffure était devenu une « activité à haut risque ». La propriétaire avait condamné la porte principale de son salon pour ne mettre en danger ni la vie de ses clientes, ni la sienne. Seule une petite porte à l'arrière du salon fonctionnait discrètement. Nous la fermions à double tour une fois à l'intérieur. Les islamistes détestaient tous les signes de coquetterie et ne se gênaient pas pour fracasser la porte ou la vitrine d'un salon de coiffure. Les hammams aussi n'étaient pas vus d'un bon œil. Les intégristes considéraient ces lieux de promiscuité par excellence comme des maisons de débauche. Les visites aux hammams s'espaçaient au grand dam des femmes qui les affectionnaient tant. Les commerçants étaient rackettés. Les milices du FIS faisaient leur tournée et se chargeaient de collecter les contributions de chacun. Le parti avait besoin d'argent et le peuple devait contribuer à sa caisse. À l'approche des fêtes de fin d'année, les pâtisseries étaient inquiétées à cause des bûches en vitrines. On leur demandait de les retirer. Tout devait changer, jusqu'à nos habitudes alimentaires et vestimentaires bien évidemment, comme l'avait déclaré un chef intégriste. De plus en plus de femmes en

4. Nefissa Hamoud Laliam, engagée très jeune dans la guerre de libération nationale, professeure de médecine, fut ministre de la Santé pendant une très courte période alors que le FIS était à son apogée. Elle interdit le port du voile islamique dans le bloc opératoire aux étudiantes en médecine pour des raisons d'asepsie.

hidjab, niquab, jilbab et d'hommes en quamis[5] sillonnaient les rues. Un responsable du FIS déclara que son parti était prêt à échanger deux millions d'Algériens contre deux millions d'Afghans plus musulmans que nous. Les courageux qui continuaient de fréquenter les plages se débarrassaient minutieusement de tous les grains de sable qui leur collaient à la peau et camouflaient leurs cheveux sous une casquette pour ne pas susciter les interrogations du voisinage. La fenêtre de notre cuisine donnait sur un grand terrain de sport qui avait fini par être déserté par les femmes. Seuls des hommes vêtus d'un short qui leur arrivait aux genoux y jouaient au foot. Certains voisins cessèrent de me parler alors que d'autres me regardaient de travers. Nous commençâmes à verrouiller notre porte pendant la journée, chose que nous ne faisions jamais auparavant. Certaines de mes amies se vêtirent du hidjab… et changèrent même leur nom. Un jour que j'en rencontrai une, non loin de la maison, je la saluai par son prénom : Rahmouna. Elle me fit remarquer qu'elle s'appelait Imen (la foi) et tourna les talons. J'étais sidérée.

Les rumeurs les plus folles couraient dans le pays. La presse rapportait toutes sortes d'« histoires sordides ». L'appartement d'une femme divorcée, qu'on disait de mœurs légères, avait été incendié en son absence en pleine nuit à Ouargla, petite localité du Sud algérien. Un groupe de 12 hommes érigés en sinistres justiciers avaient mis le feu à la modeste maison en présence de ses sept enfants. Le plus jeune, âgé de quatre ans, avait péri vif dans les flammes. À la suite de ce terrible incident, quelques associations de femmes protestèrent. À Alger, des représentantes furent reçues par le chef de l'Assemblée nationale, Abdelaziz Belkhadem, qui banalisa les faits et leur demanda d'arrêter de dramatiser les choses. À Oran, nous n'étions qu'une poignée à manifester contre cette effroyable vague intégriste. Dès la rentrée de septembre, des intellectuels, des artistes, des élèves du conservatoire ainsi que des militants politiques

5. Tenue typique du Moyen-Orient et du Pakistan que les islamistes algériens adoptaient pour se démarquer du reste de la population.

s'étaient rassemblés sur la place de l'hôtel de ville pour exprimer leur indignation face à tant de moralisation et de dérives. À vrai dire, face à cette nouvelle bête immonde, nous étions totalement démunis. Nous n'étions guère préparés à affronter le FIS et ses armées. Nous n'avions que nos paroles et nos plumes à lui opposer.

## Le FIS à la conquête de la présidence

Devant tant de succès et face à l'inertie des autorités, la machine du FIS s'emballait. Le pouvoir n'était qu'à portée de main. Il ne restait qu'à aller le chercher. C'est ce à quoi s'attelait le parti d'Allah. Un événement international lui donna une occasion en or pour occuper encore une fois la rue : la guerre du Golfe. L'autre opportunité de «chauffer» les foules est venue du pouvoir avec son annonce d'un nouveau découpage électoral fait sur mesure pour favoriser le FLN. Revenons à la guerre du Golfe. Depuis que Saddam Hussein s'était mis à faire la prière en public et avait inscrit *Allah akbar* sur le drapeau irakien, le FIS s'enflammait pour lui. Ses dirigeants firent la navette entre Alger, Riyad et Bagdad. De retour de l'un de ces voyages, le FIS décida de s'engager corps et âme dans la guerre du Golfe, et l'Algérie avec. Les islamistes marchaient à nouveau dans les rues, avec des représentants de l'ambassade d'Irak à leurs côtés. La foule était nombreuse, surtout des jeunes, des hommes mais aussi des femmes, toutes voilées. Deux carrés séparés. Les femmes en queue de cortège. Les slogans fusaient : «*Allah ou akbar, dawla islamiya*» (Allah est grand, République islamique). Les drapeaux des alliés furent brûlés. Le pouvoir laissa faire. À Alger, les chefs du FIS étaient en tête de la manifestation. Direction : ministère de la Défense. Les chefs furent reçus encore une fois par le pouvoir. La télévision diffusait les images. Ali Belhadj était en tenue militaire. Le ministre de la Défense, le général Khaled Nezzar, était en civil. L'image choqua. Nous étions consternés. Véritable douche froide. C'était à se demander qui était qui et qui faisait quoi. Les deux hommes étaient face à face. Ils discutaient. Ali Belhadj demandait au ministre de la Défense d'ouvrir les casernes aux volontaires, de façon à ce qu'ils puissent préparer leur entraînement et partir en Irak. Le ton devenait menaçant : « si vous vous y opposez, nous nous entraînerons seuls », lui dit-il. Le général écoutait et répondit : « C'est une menace qui aura des conséquences. » Le message était quelque peu ambigu mais suffisamment clair pour qu'on comprenne que, désormais, le jeu des chaises se faisait à trois : le FIS, Chadli Bendjedid et son clan prêts à s'entendre avec le FIS et l'armée qui ne voyait pas d'un bon œil ce rapprochement. L'armée était sortie de sa réserve. Depuis les événements d'octobre 1988, ses relations avec le président s'étaient refroidies. Toutefois, elle avait une immense côte à remonter. Ses mains étaient entachées du sang d'innocents.

Pour protester contre le nouveau découpage électoral, le FIS a appelé à une grève générale illimitée et à la désobéissance civile à travers tout le territoire national. Nous étions au mois de mai 1991. Des élections législatives anticipées étaient prévues pour le mois de juin. Qui sait, Chadli Bendjedid céderait peut-être à nouveau à leurs caprices, comme il l'avait fait de nombreuses fois auparavant ? Leur livrerait-il la présidence clés en main en échange d'un « poste honorifique » ? Il voulait rester au pouvoir et ne rejetait par principe aucune entente avec les islamistes. Il avait soigneusement préparé la société, et ce, des années durant, à recevoir les nouveaux seigneurs de l'Algérie. Un partage du pouvoir, une cohabitation était tout à fait envisageable pour lui. Seulement, l'armée lui fit comprendre qu'il n'était pas le seul à décider. Au sein du pouvoir, les luttes de clans s'exacerbaient. Quant aux islamistes, ils avaient leur propre vision : « En cas de majorité aux prochaines législatives, nous suspendons la Constitution, nous interdisons les partis laïques et socialistes, nous appliquons immédiatement la charia, nous expulsons immédiatement le président de la République (...) *La illaha ila Allah oua Chadli adou Allah* (Il n'y a de divinité que Dieu et Chadli est l'ennemi de Dieu). » À Alger, les places publiques étaient occupées de jour comme de nuit par des hommes arborant kamis et tenues afghanes et brandissant ostensiblement le Coran, les yeux noircis de khôl, scandant des appels à la mort et au jihad. Aux environs de 2000 Algériens[6] étaient revenus d'Afghanistan et ne demandaient qu'à servir la cause de nouveau. On les appelait d'ailleurs les «Afghans» à cause de leur accoutrement militaire typique. La foule était en transe et vociférait «*Allah ou akbar, dawla islamiya, la mithak la dastour, quala Allah, quala Errassoul*» (Allah est grand, République islamique, pas de Constitution, Allah a dit, le Prophète a dit). Le service d'ordre et l'organisation étaient impeccables. L'appel à la grève est passé à la télévision. Il régnait sur la capitale un climat insurrectionnel. «Je considère la démocratie impie et, une fois au pouvoir, je l'abolirai», avait déclaré un chef islamiste. Le 4 juin, le gouvernement Hamrouche est tombé. Le lendemain, l'armée évacua les places publiques et dispersa les islamistes. L'état de siège fut instauré. Les élections législatives étaient reportées au mois de décembre de la même année. Le 15 juin, le FIS reprit encore une fois la grève générale. «*La 'amal, la dirassa hatta tasquot er-riassa*» (Pas de travail, pas d'études jusqu'à ce que la présidence tombe). Ses deux principaux dirigeants furent arrêtés et emprisonnés le 30 juin. Au même moment, des groupes armés islamistes furent démantelés. Une caserne militaire fut attaquée. La guerre était déjà à nos portes depuis quelques mois. Nous attendions la suite des choses. Nous n'avions jamais vu cela. Le cauchemar ne faisait que

6. «Fin 1980, 3 à 4000 volontaires algériens auront été acheminés au Pakistan et en Afghanistan par l'entremise de ceux qui deviendront des leaders de partis islamistes ayant pignon sur rue. Ici, l'on peut s'interroger sur la passivité du Pouvoir de l'époque ou sur sa connivence à l'égard de cette multitude de ressortissants algériens envoyés se battre sur un théâtre d'opérations éloigné, sans mesurer les conséquences qui en résulteraient à leur retour pour la stabilité du pays. Certes, la détérioration des conditions de vie, le chômage, l'arbitraire et l'injustice sociale alimentent, dans une certaine mesure, la subversion islamiste, mais ils ne l'expliquent ni ne la justifient en aucun cas.» Rédha Malek, «Le terrorisme islamiste en Algérie. Une expérience cruciale à méditer», *Le Matin*, 12 décembre 2002.

commencer. Le pouvoir, totalement coupé des réalités, espérait encore remporter les élections. Il continuait à jouer avec le feu. Il tentait le diable et enfonça l'Algérie dans la pire des instabilités.

Dans la foulée, Sid Ahmed Ghozali, premier ministre, ne sachant que faire pour sortir la tête de l'eau, proposa de vendre au secteur privé étranger 25 % des gisements pétroliers de Hassi Messaoud[7]. Les comptes étaient dans le rouge. Les créanciers ne donnaient pas cher du pays. C'est dire combien les difficultés économiques étaient énormes. « 25 % de Hassi Messaoud à vendre » titrait la presse nationale. Encore un rude coup à encaisser. Le 28 septembre, l'état de siège fut levé à nouveau. Malgré la nouvelle loi électorale, la stratégie du FIS était une réussite et il obtint 188 sièges avec 47,2 % des voix au premier tour des élections législatives du 26 décembre 1991. En dehors de la Kabylie, où le FFS avait remporté 25 sièges, et dans le grand Sud où le FLN sortit vainqueur avec 15 sièges, le FIS avait balayé l'ensemble du pays. Le taux d'abstention fut de 41 %, soit 5 435 929 de votants. La seule consolation, s'il y en avait une, était que le FIS avait reculé. En juin 1990, il avait remporté 54,3 % des voix, alors qu'en décembre 1991 il en raflait 47,3 %. Sur 13 millions d'électeurs environ, 3 millions avaient voté pour

7. Les réformes économiques engagées en 1991 proposaient un nouveau cadre juridique pour régir l'exploitation des hydrocarbures qui permit à la compagnie nationale Sonatrach de s'associer à des compagnies étrangères pour la création de sociétés à capitaux mixtes (*joint venture*). L'idée était d'attirer les investisseurs pétroliers internationaux, d'accroître la production et l'exportation des hydrocarbures pour accroître les revenus de l'État et renflouer les caisses. L'assouplissement des conditions de prospection-production et coopération a permis la signature d'une bonne vingtaine de contrats avec le retour des compagnies étrangères. Le résultat ne s'est pas fait attendre. En quelques années, l'Algérie a rétabli ses réserves à leur niveau de 1970 et, durant deux années consécutives, 1994 et 1995, elle fut le pays où l'on découvrit le plus d'hydrocarbures au monde. Bien que la présence européenne plus ancienne soit restée appréciable, celle des compagnies américaines est devenue considérable.

le FIS. Près de la moitié des Algériens ont haussé les épaules à l'appel aux urnes ; ils se sont abstenus. Les journaux francophones faisaient état de « fraudes » et d'« irrégularités ». La magouille du pouvoir aboutit à un ratage total, qui était largement prévisible. Face à son improvisation et à ses hésitations, le FIS, lui, avait une stratégie claire et très efficace. En ayant la mainmise sur les municipalités, il détenait les leviers de l'administration et organisait les conditions de sa réussite. Les cartes d'électeur furent l'objet d'un trafic épouvantable. Certains citoyens connus pour s'opposer au FIS ne reçurent jamais leur carte alors que d'autres en reçurent deux et même trois. Dans plusieurs bureaux de vote, des morts ressuscitèrent pour voter pour le FIS. Des denrées alimentaires et des dons en espèces étaient distribués dans plusieurs quartiers populaires. Pouvait-on vraiment s'attendre à autre chose de la part du FIS ? Un séisme politique d'une ampleur jusque-là insoupçonnée venait de se produire. C'était la consternation. Le second tour était prévu pour le 16 janvier 1992. Était-il déjà trop tard ?

La société civile se mobilisait. De grandes manifestations de démocrates furent organisées. Le Comité national de sauvegarde de l'Algérie (CNSA) fut créé le 30 décembre. Il regroupait des organisations professionnelles, l'Union générale des travailleurs algériens (UGTA), des organisations de femmes, certains partis politiques, des personnalités, parmi lesquelles de nombreux intellectuels, dirigeants d'associations, artistes, et des directeurs de journaux indépendants récemment fondés. C'est Hafid Sanhadri, un jeune homme de 36 ans, président de l'Association nationale des cadres de l'administration publique (ANCAP), qui était chargé de lire le communiqué du CNSA au journal télévisé de 20 heures. Il sera assassiné à Alger le 14 mars 1992. C'est la première personnalité politique civile tombée sous les balles du FIS.

Le 11 janvier, le président a démissionné. Le second tour des élections législatives fut annulé. Nouveau départ. On créa le Haut Comité de l'État (HCE) pour diriger le pays et le Conseil national consultatif (CNC) pour remplir le rôle d'Assemblée nationale. L'état d'urgence fut à nouveau déclaré le 9 février 1992. Le FIS s'engageait dans l'insurrection armée et avait déclaré la guerre à l'État.

### Résistance... encore et encore!

Alors que les islamistes voulaient retourner les Algériennes à la maison, qu'ils promettaient de nous voiler de la tête aux pieds et qu'ils nous interdisaient le sport, Hassiba Boulmerka est devenue championne du monde du 1500 m en 1991 à Tokyo, et championne olympique l'année suivante à Barcelone. Notre héroïne donnait à l'Algérie sa première victoire olympique. Son nom restera gravé à jamais dans le grand livre mondial de l'athlétisme. C'était le 8 août 1992, à la cloche, elle se rapprocha de la tête de la course et s'élança de sa foulée rapide vers une victoire que personne n'était plus à même de lui disputer, pas même la Russe Lyudmila Rogacheva qu'elle laissa loin derrière. Le chrono était bloqué sur le temps de 3'55"30. À genoux sur la piste, flottant dans son short, les caméras s'attardant sur son visage juvénile enfoui dans le drapeau dont l'avait enveloppée son entraîneur Amar Bouras, Hassiba murmurait: «Algérie! Algérie!...», puis s'est relevée pour entamer un tour d'honneur. Cette image de femme la tête nue, les cuisses et les jambes nues, les bras nus, c'était la victoire la plus éclatante sur les islamistes et les couardises[8] du régime. Rien n'a pu empêcher cette battante d'aller jusqu'au bout d'elle-même. Elle menait sa vie d'athlète sous les menaces du FIS qui lui reprochait de courir en short. «Une femme libre les scandalise», disait Kateb Yacine.

8. «Au mois d'octobre 1991, Hassiba Boulmerka reçoit une décision de licenciement de son employeur pour absence injustifiée! Lorsque je la reçois, elle est au bord des larmes et se considère humiliée. Hassiba Boulmerka s'est absentée, c'est normal qu'on la licencie. Championne ou pas championne, toute absence irrégulière doit être sanctionnée, justifia le Directeur de cabinet du chef du gouvernement.» Leila Aslaoui, *op. cit.*, p. 172. À cette époque-là, Leila Aslaoui était ministre de la Jeunesse et des Sports.

«Je ne peux tout de même pas courir avec un hidjab», répliquait-elle. Pierre Foglia[9] nous dit: «Et je me souviens d'être sorti horrifié d'une entrevue avec l'Algérienne Hassiba Boulmerka, admirable championne olympique au 1500 à Barcelone. Elle m'avait détaillé les menaces qu'elle avait reçues, la veille encore, des islamistes de son pays qui ne supportaient pas que le monde entier la voie en short et sans voile. Du coup, la pauvre fille s'était affublée d'une assez horrible barboteuse qui lui donnait l'air d'un zouave pontifical.» Hassiba, l'amoureuse du sport, courait toujours, elle ne voulait faire que cela, courir encore et encore. Elle n'aimait que ça, «notre déesse», notre «bombe nationale». Hassiba était tout cela et plus. Son visage en disait long sur les terribles souffrances de l'Algérie qui se tenait debout face à l'intégrisme. Nous avions mal à notre Algérie. Nous étions perplexes face à l'avenir. Elle est venue nous secouer pour nous offrir son triomphe. À Tokyo, elle dédia sa victoire à toutes les Algériennes, à toutes les femmes arabes. À Barcelone, elle la dédia au président Boudiaf, assassiné le 29 juin 1992, ajoutant: «C'est ça, l'Algérie qui gagne… S'il fallait mourir aujourd'hui, je le ferais pour mon pays, pour mon drapeau. C'est le sacrifice des martyrs de la révolution qui a permis cette victoire.» Son visage fit frémir nos cœurs et nous disait que l'espoir était toujours possible même au fin fond de l'abîme. Notre battante fut accueillie en véritable héroïne nationale. Elle a traversé Alger en voiture découverte, répondant, debout, aux acclamations de la foule. Cette victoire, je ne sais comment vous dire, avait pour moi – elle a toujours d'ailleurs – un parfum extraordinaire et unique.

Les islamistes ne sont pas arrivés au pouvoir. S'ils y étaient parvenus, ils auraient assassiné non pas des milliers d'Algériens et d'étrangers comme ils l'ont fait, mais des millions. Oui, des millions. Le FIS n'a remporté aucune victoire, sinon celle de la barbarie. Une barbarie qui n'épargna personne. Les mots demeurent insuffisants pour décrire l'horreur causée par la mort violente d'un nourrisson de deux mois égorgé par des mains

9. Pierre Foglia, «Sport et voile», *La Presse*, 21 avril 2007.

d'adulte ou le supplice et la mise à mort d'handicapés mentaux, incapables de discernement, comme cela a été le cas à Douaouda, à Maassouma et dans d'autres lieux. Les islamistes sont loin d'être des enfants de chœur. Ils agissent toujours avec des arrière-pensées. Ils essayent de jouer sur tous les registres. Pour arriver à leurs fins, ils utilisent aussi bien les voies légales que l'insurrection armée, la terreur et les massacres. Leurs déclarations avaient le mérite d'être claires, sans équivoque, limpides. Il faut qu'on arrête de dire qu'ils sont des exclus ou des victimes du système. Quand bien même le seraient-ils, est-ce que cela justifie leur barbarie? Ce sont les fossoyeurs de l'Algérie. Les assassins de l'humanité. Ils ne seront jamais les plus forts. Jamais les vainqueurs. En Algérie, les islamistes ne se sont pas contentés de tuer. Ils ont torturé bestialement: arraché des orteils, des dents, des ongles, crevé des yeux, fracassé des côtes, asséné des coups de poignard, violé, égorgé, décapité. Je me rappelle un ami résidant à l'hôpital d'Oran et qui perdit connaissance à la vue de corps mutilés. Un jour, alors que je rentrais à la maison, j'ai vu le corps d'un policier gisant dans une marre de sang, cinq trous béants dans le dos. Je suis sûre qu'ils lui ont tiré dans le dos comme des lâches. Ce jour-là, je n'ai parlé à personne. Je me suis retrouvée seule pour me recueillir sur ce policier que je ne connaissais pas et dont je n'avais même pas vu le visage. Quoi qu'ils aient fait, les islamistes n'ont pas fait abdiquer mon peuple. Mon peuple a résisté de mille façons. Résister, c'est d'abord refuser de mourir. Résister, c'est s'accrocher aux petits gestes qui font la vie, continuer d'exister, de penser, d'écrire, de chanter, de travailler, de marcher dans la rue la tête nue, d'envoyer ses enfants à l'école, de vivre et d'espérer. Résister, c'est célébrer la vie, c'est faire fi des menaces. C'est dire non à l'islamisme.

«Les islamistes idolâtrent la mort, célébrons la vie», lançais-je à mes amis. Que savent-ils donc de la vie? Ils nous ont condamnés à mort parce qu'ils flairent en nous la vie. Ils en ont horreur. Je veux faire de ma vie une éternelle célébration. Je veux vivre pour tous ceux qui sont morts et dont je ne soupçonne même pas l'existence. Alors que le FIS mit à exécution ses menaces et que cette situation enfantait les pires turpitudes, d'immenses marches furent organisées en mars 1993 et 1994 pour que vive l'Algérie plurielle, l'Algérie libre et démocratique. Ces rencontres étaient magiques, chargées de force et de fécondité insoupçonnables. Les marcheurs entonnaient les poésies de la liberté. La douceur poignante de ces moments m'enveloppait. Des anonymes bravant la mort déambulaient dans les rues. Dans ce fleuve de larmes et de sang qui déchirait mon pays, des femmes étaient encore une fois aux premiers rangs des résistants. J'étais parmi elles. C'était l'euphorie. C'était encore une éclatante victoire sur la machine brutale du FIS.

## Cache-cache avec la mort

Le téléphone sonnait. Il était 2 heures du matin. Le téléphone sonnait encore. Il était 5 heures du matin. Le téléphone retentit à nouveau. Il était 6 heures de l'après-midi. Le téléphone résonna encore. Il était 10 heures du soir. « Allo ? Allo ? » Il n'y avait personne au bout du fil. Allo ? Personne ne répondait. Seuls des versets du Coran se faisaient entendre, annonciateurs d'une mort proche. « Des lâches... ils n'ont même pas le courage de nous le dire qu'ils vont nous tuer, de nous parler, de nous condamner. Ils se cachent derrière des versets du Coran pour nous distribuer des messages funèbres », grommelais-je. On nous promettait l'enfer. Toutes ces nuits interrompues ont fini par nous épuiser avec toujours ces mêmes questions lancinantes qui nous occupaient l'esprit. Quand ? Où ? Comment ? Et surtout qui de nous quatre tombera le premier ? « Décrochons le téléphone », suggérait ma mère. « Si nous le faisons, nous serons coupés du monde, s'il arrive quelque chose, comment les copains nous contacteront-ils ? » lui faisait remarquer mon père. Dilemme insoluble. Les sonneries continuaient, toujours aussi sinistres et macabres. « Allo ? » Simple halètement au bout du fil. Cette fois-ci, c'était une respiration. Deux jours plus tard, c'était un cri. Un cri d'horreur. « Allo ? », cette fois-là, c'était le bruit d'un couteau qu'on aiguisait. Mon père alla au commissariat porter plainte. «Porter plainte contre qui?» lui a demandé le commissaire. Bonne question. Les assassins n'avaient pas de visage, pas de nom. Mon père a demandé de nous mettre sur écoute téléphonique. J'étais stupéfaite. Mon propre père au commissariat de police pour demander de mettre notre téléphone sur écoute? Avais-je bien entendu? Était-ce un mauvais rêve? Était-ce une blague? Non, loin de là... «Que les temps ont changé», me dis-je. Je n'arrivais pas à me résoudre à cette initiative de mon père. Que pouvait-on bien faire? La mort nous guettait de toute part et il fallait la semer. Comment peut-on semer un ennemi invisible? Casser les habitudes. Surtout, ne pas rester esclave de sa routine, répétait-on. Nous avions compris le message.

Mon père a quitté la maison. Monseigneur Claverie[10], l'évêque d'Oran, lui a offert le gîte au sein même de l'évêché dans le quartier Saint-Eugène. Il s'y est réfugié en compagnie d'autres camarades. Premier cours: apprivoiser le chien. «Reste calme, il est gentil le chien, il faut juste qu'il t'apprivoise. Voici la clé de ta chambre. Sois le bienvenu», lui a dit Pierre Claverie. Mon père a peur des chiens. C'était amusant de le voir de nouveau avoir peur des petites choses de la vie. Ouf! Sauvés. Le sursis était prolongé. Pour combien de temps? Nul ne le savait. Année 1993. Année féroce. Année de tous les dangers. Les assassinats se multipliaient. Le départ massif des élites s'accentuait. L'hémorragie des cadres et des intellectuels se poursuivait. Nous, nous ne pensions pas à partir. Jamais nous n'avions envisagé cette éventualité. Nous souhaitions vivre en Algérie pour toujours. Ma mère s'est terrée à la maison et ne sortait presque plus, si ce n'est pour donner son cours à l'université. Elle fondait à vue d'œil. Elle écrasait cigarette sur cigarette. Elle ingurgitait café après café en compagnie de Léna, Jacqueline et Radia. Elles s'échangeaient des nouvelles.

10. L'évêque d'Oran, M^gr Pierre Claverie, ainsi que son chauffeur, ont été tués par l'explosion d'une bombe placée devant l'évêché d'Oran le 2 août 1996.

« Il y a eu un mort du côté de Sidi bel-Abbès (ville à 83 kilomètres au sud d'Oran), dit Jaqueline.

– Ah oui ! Il paraît que la route est bloquée du côté d'Arzew, ajoute Lena.

– La nuit dernière il y avait trois faux barrages, rétorque Radia.

– Une Russe a été assassinée dans un marché en plein centre-ville d'Alger. La connais-tu ? » demande maman à Léna.

Échanges interminables. L'horreur qui succédait à l'horreur ne laissait que trop peu de place à la vie. Les amies de ma mère quittaient la maison. Une pile de journaux traînait dans la cuisine. Ma mère les consultait pour la nième fois. Elle continuait sa comptabilité quotidienne. « 3 morts, 2 bombes, 4 faux barrages… » Combien de fois l'avais-je surprise parlant seule ? « Salim, sais-tu que maman parle seule ? » demandai-je à mon frère. « Oui, je le sais, depuis un bout de temps déjà », me dit-il. Cette situation m'était insupportable. Je pouvais tout accepter en termes de privations, de restrictions et de sacrifices, mais voir ma mère virer folle m'était insupportable. Chiennerie de vie. Un soir, je fis un cauchemar et courus réveiller mon frère en pleine nuit. Je voulais seulement l'enlacer, le caresser, lui dire combien je l'aimais. Qui sait ? Peut-être que demain ce serait trop tard. Décembre 1993, après avoir organisé un séminaire de physique expérimentale à Oran auquel il avait convié quelques chercheurs français[11], mon père s'est rendu à Paris pour deux semaines dans le cadre d'une collaboration scientifique. Il n'est plus revenu. Janvier 1994, ma mère a trouvé une lettre de condamnation à mort dans son casier à l'université qui portait le sceau du Front islamique du djihad armé (FIDA), un groupe armé affilié au FIS, chargé d'assassiner les intellectuels. Elle fit quelques allers-retours entre Oran et Paris jusqu'à notre départ, à tous les trois, le 1er août 1994.

11. Seul Pierre Lauginie, professeur de physique à l'université d'Orsay, a accepté l'invitation et s'est rendu à Oran pour assister au séminaire, négligeant ainsi l'avertissement du Quai d'Orsay qui demandait aux ressortissants français d'éviter tout déplacement en Algérie.

# TROISIÈME PARTIE

# Et la boucle se referme

# CHAPITRE VII

# Partir pour ne pas mourir

J'avais hâte de revoir mon père. Ses bouquets de lavande de la montagne des Lions et ses mimosas cueillis sur le bord de la route ne parfumaient plus mes journées. Son départ avait laissé un immense vide. On s'ennuyait de ses gestes les plus futiles et de ses rires sonores. À la maison, plus rien n'avait le même goût. Nos joies n'étaient que furtives. Seules nos peines macéraient en nous. Interminables et persistantes. Je ne savais pas que les séparations pouvaient être à ce point déchirantes. Pourtant le nombre de fois où nous avions été séparés ne se comptait plus. Ma mère avait toujours tenu le cap. C'est elle qui avait pris soin de nous durant trois années alors que mon père préparait un doctorat en France au milieu des années 1980. La chasse aux laïcs était toujours ouverte. Nos noms figuraient sur ce triste programme. Notre appartement de la cité Grande-Terre n'était plus ce havre de bonheur que mes parents avaient bâti au fil du temps. Nos nuits étaient devenues terriblement terrifiantes. Nos journées arides. Les visites de nos amis s'espaçaient. Certains ne venaient plus nous voir. À leurs yeux, nous faisions partie du camp des pestiférés. D'autres, bien au contraire, nous témoignaient une affection profonde. Je découvrais certains visages que je n'avais encore jamais aperçus à la maison. « Que puis-je faire pour vous ? avait demandé un ami à ma mère. Je sais que ce n'est pas facile en ce moment. » Elle avait balbutié quelques mots de remerciement avec cette dignité qui ne l'a jamais quittée. Toutes ces mains tendues étaient autant de témoignages de solidarité envers nous que je n'oublierai jamais. C'est fou ce qu'un murmure, un sourire, une accolade, une tape sur l'épaule peuvent procurer lorsqu'on ne s'y attend pas.

À l'université, ma mère se bagarrait comme une lionne contre les intégristes de l'Institut de mathématiques qui avaient juré d'avoir sa peau. C'est elle qui a continué de travailler en pleine grève du FIS alors que l'administration appelait au boycottage des cours. C'est elle dont parlaient les étudiants pour dire qu'elle était tout simplement excellente. C'est encore elle qui refusait de falsifier leurs notes comme le lui avait demandé son directeur Ghemili. C'est contre elle que le directeur a mené une bataille colossale, qui a abouti au ministère de l'Enseignement supérieur, pour la faire passer en conseil de discipline. En vain. C'est contre elle que se sont liguées toutes les crapules de l'Institut et, à leur tête, l'élu du FIS de la municipalité de Gdyel, Smail, directeur du conseil scientifique, pour la chasser de son poste et la faire radier de la fonction publique. Elle leur tenait tête. C'est elle qui m'a appris que, dans la vie, même seul, on peut gagner les luttes les plus difficiles. C'est elle qui m'a enseigné que la justesse d'un combat ne se mesure jamais au nombre de ses défenseurs.

Avec ma mère et mon frère, nous parlions souvent des retrouvailles avec mon père sans y croire vraiment. Mais notre conscience nous dictait de ne point fléchir et de tenir bon coûte que coûte. Ma mère s'est occupée de nous obtenir des visas grâce à notre réseau. Initiative d'autant plus difficile que la France avait resserré les critères d'obtention de visas pour les ressortissants algériens et drastiquement réduit leur nombre. J'attendais ce moment depuis une éternité. Ma vie s'était subitement accélérée depuis le départ de mon père. Il me semblait qu'une décennie entière venait de s'écouler sans que nous ayons pu prendre la mesure de ce qui nous arrivait. En six mois, mille et un événements s'étaient produits. J'avais usé mes talons dans les manifestations et les enterrements. Je n'étais plus la fille que mon père avait laissée. Je ne me reconnaissais plus. Pire encore, je ne reconnaissais plus ni les endroits ni les personnes qui m'entouraient. Mon frère avait pris un coup de vieux. Il avait 16 ans et jurait de nous protéger ma mère et moi au cas où des visiteurs impromptus montreraient le bout de leur nez. Sous son lit, il gardait un grand bâton en bois épais. Il lui arrivait de venir dans ma chambre pour me faire une démonstration de sa force et se roulait sur le tapis. Tel un jongleur, il domptait sa matraque en la faisant virevolter. « Je vais les mater », me disait-il à propos des intégristes. Je riais de son volontarisme à toute épreuve. Je savais que si les assassins franchissaient le seuil de la porte, ils ne feraient de nous qu'une bouchée. Mon frère faisait le pitre. Nos rires se mêlaient. Au fil des mois, la douleur nous avait unis. Une complicité s'était installée entre nous. Nous avions grandi et vieilli, chacun à notre façon. Il était bien jeune pour connaître la dictature et vivre la guerre. Nous étions désormais marqués par cet instinct de survie que seuls des rescapés peuvent saisir. Notre existence avait soudainement pris un sens plus profond et plus complexe. Pendant les absences de ma mère, nous franchissions tous les interdits. Que de fois ne sommes-nous allés à la plage, la voiture bondée d'amis ? Que de soirées n'avons-nous organisées à la maison ? Que de discussions et que de querelles enflammées n'avons-nous eues avec nos amis concernant l'exil et l'engagement ? Malgré le deuil, l'envie fiévreuse de vivre et de me renouveler nourrissait chaque instant de ma vie. C'était une sorte d'énergie puissante qui me propulsait dans l'avenir.

Le jour de notre départ en France, il faisait tellement beau à Oran. Le soleil était brûlant. Ma peau était brunie et mes cheveux coiffés en chignon. Je portais une robe légère, blanche, imprimée de grosses fleurs rouges qui m'arrivait un peu au-dessus des genoux. Des voisins au balcon étaient sortis nous saluer une dernière fois. Leurs visages étaient brouillés. Le mien était perdu. Ma mère vérifiait si tous nos papiers étaient en règle, si nous n'avions rien oublié. Omar, l'ami de mon frère, restait collé à lui. Mon compagnon ne voulait plus me quitter.

Nous avons refermé la porte de cette maison qui nous avait vus grandir mon frère et moi sans rien y changer. Tout était resté tel quel. Nous n'avons rien pris, hormis quelques bricoles. Nous n'avions en tout et pour tout qu'une valise chacun. La mienne contenait quelques vêtements, un tapis de Ghardaïa, quelques livres : un livre sur la peinture d'Issiakhem et un autre sur celle de Khadda que le douanier avait scrupuleusement inspecté, *Nedjma* de Kateb Yacine, *Les vigiles* de Djaout, et *Octobre 88* de Boukhobza. Mon Pablo Neruda à la couverture mauve était resté sur ma table de chevet. Voilà ce que j'avais pu sauver de mon ancienne vie. Voilà comment nous avons quitté Oran. Nous sommes partis sans jamais vraiment partir, car Oran ne nous a jamais quittés. Partir n'est tout simplement pas possible pour ceux qui partent contre leur gré. L'histoire finit toujours par les rattraper à un moment ou à un autre. En réalité, ils vivent un peu là-bas tout en étant ici. Prédire que le là-bas et l'ici s'amalgament au fil du temps n'est guère une prophétie mais une simple banalité. Il m'arrive encore, aujourd'hui, de me tromper et de dire « ici » en parlant d'Oran et de me référer à la fin de semaine algérienne (jeudi-vendredi). Je me mords alors les lèvres comme une écolière prise en faute qui feint d'ignorer sa confusion.

À l'aéroport, nous avons rencontré nos amis Boumediène et Rachida ainsi que leurs trois enfants, Ibtissem, Souhil et Faiza, et mon petit oncle Hakim accompagné de quelques amis musiciens qui prenaient tous le même avion que nous. Invités à animer quelques spectacles en France, les jeunes musiciens s'envolaient vers l'aventure, une aventure qui continue jusqu'à présent puisqu'aucun d'eux n'est retourné vivre en Algérie. De leur groupe, seul mon oncle a fait de la musique sa profession. Une carrière qui le mène d'un bout à l'autre de la planète. Mes larmes continuaient de couler sans cesse et humectaient ma robe. L'aéroport grouillait de monde. Mes yeux n'accrochaient personne. J'étais ailleurs. J'étais nulle part. Drapée dans le deuil de moi, je ne savais plus vraiment quel sens prenait mon existence. Dans mon ventre logeaient encore toutes les passions d'une histoire que je refusais de quitter sur la pointe des pieds. Dans ma nouvelle vie, il n'y avait plus de place pour les certitudes. Seules les interrogations fourmillaient. Étions-nous des rescapés? Étions-nous des exilés? Étions-nous des expulsés? Étions-nous des proscrits? Étions-nous des survivants? Étions-nous des lâches? Étions-nous des traîtres? Étions-nous des orphelins? Étions-nous tout cela en même temps sans le savoir ou tout simplement rien de cela? À vrai dire, je ne le sais pas. Pas même une quinzaine d'années plus tard. Aujourd'hui, je ne cherche même plus à le savoir.

## La chute en France

Dans l'avion, je pleurai à chaudes larmes, n'acceptant point ce départ hâtif et précipité. Quand j'ouvris les yeux, la menace était derrière nous. L'avion s'est posé sur le tarmac de l'aéroport de Toulouse vers deux heures de l'après-midi. Il faisait soleil. Pas le même que celui d'Oran. Celui-là n'était pas le mien. Sa chaleur m'était totalement étrangère. Mon regard s'est posé sur les yeux crispés de mon père. Une immense baie vitrée nous séparait encore. Je me tenais droite. Le temps glissait. Plus rien ne comptait. Il n'y avait que son visage qui m'enveloppait d'un bonheur démesuré. Puis, plus rien. Je ne ressentis plus rien. Ni la chaleur de sa caresse, ni la froideur de cet aéroport qui me glaçait les os. Rien ne s'est passé comme je l'avais prévu. Je ne m'étais pas jetée dans ses bras. Il n'a rien su de tout ce que je voulais lui susurrer à l'oreille. Ni ma fièvre ni mes frissons ne se sont envolés vers lui. Et dire que j'en avais rêvé des centaines de fois. Et dire que je ne jurais que par cet ultime instant. Et dire qu'il m'avait cruellement manqué ce père que j'aime plus que tout. Qu'est-ce qui était si difficile à accepter? Cette retenue, était-ce une forme de pudeur derrière laquelle chacun de nous se cachait pour ne pas laisser éclater sa souffrance? C'est mon petit oncle Hakim qui s'est rué sur lui et qui s'est effondré dans ses bras. Mon frère et moi nous étions figés et les regardions de loin. J'entendais Hakim gémir. Je repoussais les sanglots de mon père. Je ne voulais point m'y attarder. Ciel, que l'émotion était forte! Le temps filait et je ne parvenais toujours pas à m'inscrire dans la réalité du moment. L'état de tension que j'avais connu à Oran persistait. Étais-je devenue sourde et muette au bonheur? Étais-je déjà dans l'exil? Étais-je déjà dans l'errance? Étais-je prisonnière dans la séparation pour la vie?

Oui, depuis que j'ai quitté Oran le 1er août 1994, ma vie a chaviré. Les murs nus des nouveaux gîtes à Paris, à Montréal, puis à Ottawa ont peuplé ma nouvelle vie. J'ai vite appris les codes de la survie. À Paris, de conférences en manifestations, de soirées de solidarité en témoignages personnels, ma vie était vouée à l'engagement. Mon visage avait fait la couverture de *Libération*. Photo croquée lors d'une manifestation à la place de la République. *Le Monde*, *Témoignage chrétien* et *L'Humanité* avaient également publié quelques photos de moi pour illustrer la résistance du peuple algérien contre l'islamisme. À Montréal, avec mes amis chiliens, libanais, burundais, congolais, palestiniens, salvadoriens, bosniaques, rwandais et mexicains j'ai découvert que ma douleur avait des pendants. Qu'on soit à Santiago, à Alger ou à Beyrouth, la guerre a finalement le même visage. Les mêmes laideurs. Les mêmes peurs. Les mêmes résistances. Chaque vie me renvoyait à la mienne. Chaque émotion me ramenait aux absents. Chaque exil trouvait écho dans le mien. J'ai pris conscience que j'étais devenue une militante capable de vibrer aux chants de liberté quelle qu'en fût la langue. Était-ce ma façon de lutter contre le renoncement? Était-ce dans l'action que j'allais trouver une forme de survie? Comment briser les silences et les trahisons? Pouvais-je rompre avec les ruines de mon passé? Allais-je le sacraliser? Était-il encore possible de faire l'histoire?

Août 1994. À Scourtils, dans la maison de campagne de nos amis Francis et Françoise Langlade et de leurs deux enfants, Juliette et Pierre, dans la magnifique vallée de la Dordogne, nous avions retrouvé cette tranquillité dont nous avions tellement besoin pour panser nos plaies et nous reconstruire peu à peu. Nous avions également retrouvé des amis sur qui nous pouvions compter et qui étaient d'un appui inestimable dans cette nouvelle épreuve qu'était l'exil. En nous accueillant à bras ouverts, les Langlade ont fait de leur maison la nôtre, nous permettant ainsi de renouer avec la douceur d'une vie légère que nous avions fini par oublier. La tendresse des gestes quotidiens marquait nos mouvements. Ramasser les escargots. Tailler les rosiers. Marcher dans le bois. Rénover le lavoir. Reprendre contact avec cette forme de vie, c'était comme s'échapper d'un trou noir dans lequel on nous avait confinés des mois durant. Après la sieste, nous allions nous baigner dans la Dordogne. Nous parcourions des sentiers étroits et traversions des champs de maïs, de pruniers et de noyers ainsi que le potager de M^me Benjamin chez qui nous nous approvisionnions en tomates et en courgettes. De temps en temps, nos voisins anglais venaient prendre un verre. Penglaou, flanqué de sa brouette, s'arrêtait nous dire bonjour. Son naturel déconcertant nous déridait. Quelle simplicité! Nous allions chercher nos journaux chez Anne-Marie à la librairie de Martel, véritable petit bijou médiéval. Son mari Gérard se joignait à nous à la fin de son travail, sous la tonnelle de vigne vierge, pour prendre le traditionnel apéritif qui se rallongeait pour se transformer en festin. Les banquets succédaient aux banquets préparés avec soin et délicatesse par Françoise qui veillait au moindre détail et nous faisait découvrir la gastronomie du terroir. Nous n'avions pas encore fini le repas que déjà Francis, à l'excellent coup de fourchette, nous pressait de commencer l'élaboration des menus du lendemain. «Demain, qu'est-ce qu'on mange?» nous demandait-il. «Mais enfin Francis, ne vois-tu pas que nous ne sommes pas encore sortis de table?» lui faisait remarquer Françoise. Tout le monde riait aux éclats. La nuit tombait peu à peu. Boumediène reprenait son rôle d'animateur invétéré. «Cette fois-ci, c'est… *Il était un petit navire* en italien; allez tous ensemble: il ititi piti naviri…» Nous, des plus petits aux plus grands, obéissions sans discussion à notre maître de cérémonie qui prenait son rôle très au sérieux. Nous chantions en chœur. Après l'italien, nous passion au russe, puis au portugais, à l'espagnol, au grec et à l'arabe. Lorsque notre répertoire s'essoufflait, Boumediène nous relançait ardemment jusqu'à ce que nos talents de choristes improvisés nous lâchent pour de bon. Nous changions de registre. Nous parlions de l'Algérie. Mais les débats s'enflammaient très vite. Puis, un silence. Face à l'incapacité des mots à rendre compte de ce que nous avions vécu, nous nous taisions pour nous laisser aller au son strident des grillons. La caresse de ces nuits magiques nous disait que le bonheur était encore possible, que la vie finirait toujours par reprendre ses droits. La fraîcheur s'installait. La nature retrouvait sa tranquillité et nous avec elle. Je préparais du thé à la menthe que nous dégustions les yeux accrochés aux étoiles et le cœur rempli d'espoir. Francis sortait sa bouteille de prune, une eau-de-vie de fabrication artisanale, qui nous assénait le coup fatal et clôturait nos soirées en apothéose.

Je retrouvais le plaisir de la lecture. Françoise me fit découvrir des auteurs que je ne connaissais pas. Cet été-là, c'était Elias Canetti qui me tenait éveillée la nuit. Ce fascinant auteur à la vie aussi dense que tumultueuse qui erra en Europe de ville en ville. Mon père m'avait acheté le dernier livre de Mohamed Dib, *L'infante maure*. Roman qui retraçait la vie et l'univers de la petite Lyyli Belle, issue d'une mère européenne et d'un père maghrébin, qui voyait se dessiner sous ses yeux deux mondes contradictoires dont elle était le résultat. Roman qui s'interroge sur l'exil et l'identité. Le soleil, la lumière, le figuier, l'olivier, le sapin, le désert. Était-ce quelque part en Europe? Était-ce un coin d'Algérie? Était-ce quelque part ailleurs? Le matin, un doux soleil venait nous tirer du lit. Au petit-déjeuner, nous mangions toujours du pain frais de chez Floran avec du miel et des confitures et planifiions tranquillement nos journées. Virée au marché de Martel, visite à Rocamadour et au musée de Sarlat, descente de la Dordogne en canoë. Nous, tout ce que nous avions à faire, c'était de suivre le cours de cette vie paisible pour reprendre des forces et assurer la suite des choses. Même si nous essayions de jouir de ces précieux moments, nous ne pouvions oublier la situation de l'autre côté de la Méditerranée car, même dans cette splendide bourgade, si paisible, du Lot, l'actualité est venue nous rattraper pour nous rappeler sa cruauté. Le 3 août, soit deux jours après notre arrivée, cinq citoyens français dont trois gendarmes et deux employés de l'ambassade de France étaient assassinés à Alger. Le 5 août, dans un communiqué adressé au quotidien londonien *El-Hayat*, le GIA a revendiqué leur assassinat et la France annonçait la fermeture de tous ses consulats en Algérie. À la fin du mois d'août, nous avons encore une fois bouclé nos valises pour reprendre la route. Cette fois-ci en direction de Saint-Denis, au nord de Paris, où nous nous sommes installés non loin des Langlade dans une banlieue où réside, depuis une cinquantaine d'années, une importante population d'origine maghrébine.

### Mon frère, le sans-papiers

Avec l'aide de nos amis, nous avons pu trouver rapidement un appartement dans un joli secteur de la ville près de la place du 8-Mai-1945, non loin de la rue de la République et du marché, le plus grand de l'Île-de-France les mardis, vendredis et dimanches matins. Bien que l'appartement fût petit, il était bien situé et même coquet. De toute façon, notre séjour dionysien n'était que provisoire, et nous nous considérions très chanceux d'avoir pu trouver un pied-à-terre aussi rapidement. Mes parents avaient installé leur lit dans le salon qui donnait directement sur la salle à manger et la cuisine. Nous avions récupéré quelques meubles à gauche et à droite, de la vaisselle, un réfrigérateur et une cuisinière. Nous étions équipés et prêts à redémarrer une nouvelle vie totalement inconnue. Mon frère et moi avions chacun une chambre. Ma fenêtre donnait sur des arbres et une impasse où l'on stationnait les voitures. Au loin, on apercevait le stade du parc des sports Auguste-Delaune.

Nous avions fait les démarches nécessaires pour poursuivre nos études. Je me suis inscrite à l'université de Villetaneuse pour préparer un diplôme d'études approfondies (DEA) en physique des lasers et mon frère au lycée Paul-Éluard en seconde scientifique. Le même lycée que celui de Juliette, la fille de Francis et Françoise, qui le présentait comme son cousin. Quand l'amitié est si forte, on en arrive à inventer des liens du sang! Nous, nous considérions Juliette comme plus qu'une cousine. Elle était notre sœur. Comme mon frère avait fait toutes ses études en arabe, il avait du rattrapage à faire et s'y est énormément investi avec le soutien de mes parents qui veillaient avec lui, tous les soirs, pour pallier ses lacunes. Quelques années plus tard, mon frère devenait ingénieur en informatique, démentissant ainsi les pronostics selon lesquels les diplômés de banlieue, encore plus lorsqu'ils sont maghrébins, sont condamnés à végéter. Sa réussite, il la doit d'abord à sa détermination et à son acharnement. Je suis tellement fière de l'homme qu'il est devenu. Qu'il n'oublie jamais d'où nous venons et surtout le chemin que nous avons dû parcourir contre vents et marées! Les trois premières années en France ont été particulièrement difficiles pour lui car il n'avait pas de papiers. La procédure du regroupement familial a mis trois années à aboutir et, pendant ce temps-là, il circulait avec sa carte du lycée. Nous nous sommes heurtés aux arcanes de la bureaucratie française. On refusait de régulariser sa situation, prétextant qu'il devait rentrer en Algérie et faire sa demande de là-bas, comme l'exigeait la loi. Rentrer en Algérie? Mais avec qui? Comment? Où aller? Ce n'était pas le problème de la bureaucratie française mais le nôtre. Pour un jeune Maghrébin, vivre sans papiers en banlieue est la pire des choses auxquelles il puisse être confronté, puisque la vérification des papiers d'identité est courante et même quotidienne pour certains. Comme mon frère n'est pas typé, il a pu au moins échapper aux contrôles au faciès. Pendant ces trois années, il a réduit ses déplacements au minimum. Il n'a pu participer à aucun voyage organisé par son école, ni quitter la France. Cette situation était vécue, par mes parents, comme un véritable cauchemar. Ma mère n'en dormait pas la nuit. «Oui, nous avons fini par régler le problème mais avec une dérogation, rappelle-toi, combien d'interventions il a fallu pour régulariser la situation de ton frère», m'explique ma mère.

Cette conjoncture était loin d'indisposer Salim. Avec des amis de son âge fraîchement exilés, il a créé l'association Hicham, du nom de Hicham Guenifi, assassiné à Alger à l'âge de 20 ans, alors qu'il était stagiaire à la radio algérienne. Je me souviens d'avoir entendu son nom pour la première fois à la radio, le jour de son assassinat. C'était le 6 juin 1994. Ma mère était en France. C'est moi qui l'avais annoncé à mon frère. Lorsqu'à Saint-Denis je vis les parents de Hicham pour la première fois, je fus prise d'un épouvantable malaise. Que dire à des parents qui ont perdu un enfant à la fleur de l'âge ? Que dire à une mère qui a assisté en direct à l'assassinat de son fils dans l'indifférence des passants et du voisinage ? Rien. Je n'ai jamais vraiment su leur parler. Je n'ai jamais su leur dire que Hicham me manquait, à moi aussi, même si je ne l'avais pas connu. Il est parfois plus facile de parler aux morts qu'aux vivants. Aujourd'hui, la seule chose, aussi dérisoire soit-elle, que je peux leur promettre, c'est de faire battre le cœur de ma fille avec la légende de leur fils.

À Saint-Denis, le dépaysement était amorti par notre cercle d'amis. Avec Juliette, Pierre, Rafik et tous les autres copains et copines de mon frère, la maison était pleine de jeunes. Nous en arrivions à oublier les conditions rudimentaires de notre nouvelle demeure. Les repas bien arrosés et entourés d'amis ont repris. L'odeur de la coriandre, de la menthe, du cumin et de la cannelle nous taquinait les narines de nouveau. Ma mère s'est remise à faire des cornes de gazelle au grand bonheur de mon frère. Il y avait aussi les plateaux de *chamia* (gâteau à base de semoule) parfumés à la fleur d'oranger. Aussitôt sortis du four, elle en réservait pour Francis et Françoise. Daniel avait fini par trouver une compagne, sa belle et douce Catherine. En plus, il y avait toutes les autres sagas d'amour dionysiennes qui se faisaient et se défaisaient au fil des mois et qu'il fallait suivre attentivement pour être à jour et ne point commettre de maladresses. Ces amours de quadragénaires me faisaient sourire et m'oxygénaient. L'arrivée de quelques exilés d'Algérie a ajouté du piment à ces intrigues amoureuses. J'ai connu Yacine, un jeune syndicaliste dans la trentaine qui avait échappé à un attentat à Constantine et qui connaissait par cœur les chansons de Marcel Khalifa. Avec Rabah, un sans-papiers d'Alger, qui s'était installé à Paris à la fin des années 1980, nous passions des soirées à entonner du *châabi* (musique populaire d'Alger). Ils sont tous deux devenus mes amis. Beaucoup de journalistes, de féministes, d'intellectuels s'étaient réfugiés dans la Ville lumière et j'en fréquentais un bon nombre. Lorsque je me suis installée dans le Marais, un an plus tard, mon chez-moi était toujours peuplé d'étranges énergumènes. Dans les rues, la faune multicolore qui grouillait à Saint-Denis n'était pas pour nous déplaire. Il était si facile de se fondre dans cette masse. De Saint-Denis, nous étions au cœur de Paris en une dizaine de minutes en RER.

Ma mère et moi n'avons pas connu les mêmes tracasseries administratives que mon frère. Comme nous étions toutes les deux inscrites à l'université, nous avons pu bénéficier d'un statut d'étudiant d'un an. Mon père, lui, continuait à enseigner la physique à l'École normale de Cachan et à l'université d'Orsay jusqu'à ce qu'il obtienne, grâce notamment au soutien d'un couple d'amis physiciens, les Tadjeddine, un poste à l'université de Cergy-Pontoise. Comme les distances en Île-de-France sont grandes, les deux premières années il passait plus de trois heures par jour dans les transports en commun entre le métro et le RER. Ma mère, quant à elle, se partageait entre l'enseignement des mathématiques et les cours d'alphabétisation et de formation destinés aux travailleurs immigrés. Le temps libre qui nous restait était consacré à l'Algérie à travers la France. À Saint-Denis, nous avions organisé quelques activités avec le soutien de la municipalité où Francis était maire-adjoint. Les nouvelles qui nous arrivaient d'Algérie étaient toujours aussi horribles. Quelques mois après notre arrivée, nous apprenions que mes parents avaient été radiés de la fonction publique, une façon assez ingrate de se débarrasser des deux bâtisseurs de l'Institut des sciences exactes qui avaient consacré près de vingt ans de leur vie à former des enseignants. « Ton père, lorsqu'il a pris la direction du département en 1975, me racontait ma mère, il n'avait pas encore fini de faire son service militaire. Il se rendait à l'université en tenue militaire. Il en imposait. Il voulait mettre un peu de discipline et il y est parvenu. Avant qu'il n'arrive, ce n'est pas que le département était mal géré, il n'était pas géré du tout. Tout le monde faisait ce qu'il voulait. Le défi était énorme. Si tu savais le nombre d'heures qu'il passait à travailler.» Enfant, j'étais souvent partie en randonnée, en pique-nique, à la mer, à la chasse aux sangliers, avec la famille de mon amie Ève Capon qui habitait en bas de chez moi. Je ne me souvenais plus que c'était en raison des absences longues et répétées de mon père.

Ce n'était pas la première fois que l'Algérie officielle assénait une telle punition à ses dignes enfants. Nous n'en étions pas à une humiliation près. Mes parents ont gardé le silence. On ne parle pas de ses blessures dans ma famille. Mes parents sont peu bavards de leurs chagrins et avares de détails sur leurs douleurs. Il n'y a que le timbre de leur voix qui trahisse leurs sentiments. Lorsque mon père marque une pause pour prendre une longue respiration et me répondre: «Ah oui, ta mère et moi, on a été radiés!», je sais que c'est tout son être qui tremble. J'ai appris à suffisamment bien connaître ses pudeurs pour deviner ce que renferment ses silences, ses regards et ses intonations. Alors que les terroristes repentis furent réintégrés dans leurs fonctions avec de généreuses indemnisations pour leurs années d'absence au maquis, mes parents ont été éjectés à tout jamais. Invoquant le motif d'abandon de poste, ils ont été considérés comme des déserteurs. Pourtant, tout Oran connaissait notre situation. Même si l'université d'Oran les avait reniés, l'Algérie continuait d'occuper une immense place dans nos vies.

### Dans la gueule du loup palpant l'ampleur du désastre humain

«Est-ce que je te fais peur? demandai-je à cet enfant assis dans la classe à côté de moi et qui baissait constamment la tête et les yeux lorsque je cherchais son regard.

– …

– Tu ne veux pas me répondre ? insistai-je.

– Non, me dit-il en fuyant mon regard.

– As-tu peur de moi ?

– Non.

– Je vais finir par croire le contraire. Pourquoi ne me regardes-tu pas lorsque je m'adresse à toi ?

– … »

Il sentait la pisse et fuyait mes yeux comme la peste. Pas un seul coup d'œil. Pas un seul regard. J'essayais de scruter sur son visage les signes de l'enfance. Je n'y parvenais pas. Il avait peut-être 12 ans et les gestes d'une vieille sacoche usée par la vie et bourrée de préjugés. Il avait pourtant un si beau visage et des yeux pâles d'une tristesse infinie. Je ne sais pour quelle raison je l'ai tout de suite aimé. Était-ce ses tâtonnements ou ses gestes maladroits et déplacés ? Était-ce son attitude renfrognée ? Était-ce le potentiel que j'entrevoyais dans sa quête d'un bonheur inaccessible ? Après mes cours à l'université, je me rendais à Stains, une cité « chaude » où je travaillais dans une association d'aide aux devoirs. Beaucoup d'enfants en difficulté scolaire encrassés dans leur misère venaient nous voir. La quasi-totalité des écoles du secteur étaient classées en zone d'éducation prioritaire (ZEP). Ce petit garçon d'origine tunisienne dont le nom m'échappe faisait partie de la cohorte des enfants que nous recevions. Mon premier contact avec lui avait été trop explosif pour que je mette sa gêne sur le compte d'une timidité chronique. Non, sa distance était calculée, réfléchie et n'avait, en cela, rien de bien spontané. Je lui avais à peine effleuré la main avec mon crayon que, déjà, il s'était recroquevillé sur lui-même comme s'il avait reçu une décharge électrique. Il ne m'a guère fallu d'efforts pour apprivoiser sa réalité. Je l'ai un peu observé et cela m'a suffi pour savoir d'où il venait.

Ses yeux étaient rivés sur sa sœur, un peu grassouillette, qui le dépassait d'au moins une tête. Assise en face de lui, toujours à la même place, elle lui obéissait à la lettre. En fait, elle devançait ses requêtes. Si son crayon tombait à terre, elle le ramassait. S'il avait besoin d'eau, elle allait lui en chercher. S'il n'avait pas envie de porter ses affaires, c'était elle qui s'en chargeait. S'il n'était pas d'humeur à me répondre, c'était encore elle qui le faisait pour lui. J'étais là pour l'aider à faire ses devoirs et lui me renvoyait à ma condition de femme. Cependant, lorsqu'il s'est rendu compte que j'étais la seule parmi mes collègues à pouvoir l'aider en mathématiques, il a vite oublié notre malentendu de départ et a ravalé sa fierté, préférant se consacrer pleinement à résoudre ses problèmes. Ses notes ont grimpé à une vitesse vertigineuse. Quand j'ai fini par gagner son respect, je lui ai demandé de ne plus importuner sa sœur avec ses doléances insignifiantes. À travers elle, j'avais appris que son père était un fidèle de la mosquée et que pendant le ramadan, il emmenait ses fils prier avec lui tous les soirs à la mosquée de la rue Myrha dans le XVIIIe arrondissement, un fief intégriste. Un jour, j'ai surpris mon protégé en train de psalmodier des sourates, un Coran en arabe entre les mains.

« Sais-tu lire l'arabe ? lui ai-je demandé.

Il m'a regardé bêtement et n'a rien dit.

– Lis-moi cette page alors. »

Il a récité son texte tel un perroquet. Je me suis vite rendu compte qu'il ne pouvait pas déchiffrer ne serait-ce que quelques mots de ce qu'il avait devant lui. Bien évidemment, il ne me l'a pas avoué. J'ai fait semblant de ne rien comprendre. Cependant, il a été surpris que je sache lire l'arabe et, depuis ce jour-là, a commencé à me vouer une admiration secrète. Nous sommes devenus des complices clandestins, car aux yeux des autres mâles de la cité, il ne devait rien laisser paraître. Son père était plongeur dans un restaurant parisien. Sa mère ne travaillait pas. Ils étaient tous deux analphabètes, habitaient dans un trou d'une cité immonde, non loin de là où je travaillais, au Clos, avec leurs neuf enfants et vivotaient d'allocations familiales. Leur cité ressemblait à un immense dortoir où s'entassaient tous les rejetés : beaucoup de Maghrébins, des Noirs, mais aussi des Français. L'année suivante, j'ai lâché ce boulot et j'ai perdu de vue, non sans regret, mon petit protégé.

Construites dans les années 1960, les cités des quartiers nord de Paris étaient destinées à accueillir les familles d'immigrés fraîchement arrivés du Maghreb. Jusque-là, les ouvriers, venus en nombre dans les années 1950, étaient parqués dans des foyers de travailleurs loin de leurs familles restées au pays. C'est ainsi qu'on a longtemps entretenu le rêve du retour. Lorsque femmes et enfants s'installèrent en France quelques années plus tard, à la faveur du regroupement familial, ils s'entassèrent dans des logements insalubres sans chauffage, sans salle de bain et avec des toilettes collectives dans le meilleur des cas. Le rêve du retour rendait le quotidien moins difficile ou plutôt un peu plus supportable. À cette époque-là ces cités représentaient un grand progrès sur le plan du confort puisqu'elles comprenaient quelques infrastructures de base. Aucune politique d'intégration n'avait cependant été envisagée. Sur le plan administratif, les ouvriers maghrébins et africains renouvelaient leur carte de séjour chaque année. Rien n'était fait pour les familles et surtout pour leurs enfants, nés en France, afin qu'ils aient le sentiment d'appartenir à une nation. On ne voulait rien savoir d'eux. On pensait qu'en les cachant et en les isolant de tout et de tous, le malaise serait confiné, voire même contrôlé. Patrick Weil, dans *La France et ses étrangers*, montre comment, d'année en année, les gouvernements successifs n'ont fait qu'improviser sur cette question des travailleurs immigrés et de leurs familles. Gérard Noiriel, dans *État, nation et immigration*, éclaire les enjeux économiques du recrutement d'une nouvelle classe d'ouvriers. «Ainsi le recrutement des travailleurs étrangers est-il accéléré, "rationalisé", dans une étroite collaboration État-patronat.» On ne voulait surtout pas déplaire au grand capital qui, lui, avait besoin de cette manne humaine peu coûteuse, travaillante et docile pour faire tourner ses usines, ses mines et ses chantiers. «En dix ans, deux millions d'étrangers sont appelés sur le sol français, portant à environ trois millions, soit plus de 7% de la population totale et près de 15% de la classe ouvrière, le nombre de travailleurs immigrés. Davantage que les chiffres bruts, ce qui compte, c'est que ces travailleurs étrangers sont situés dans les secteurs d'emploi stratégiques de l'industrie française. Comme le montre Georges Mauco, plus l'industrie est récente, plus elle est concentrée, plus les conditions de travail y sont difficiles et plus on y trouve d'immigrés.» Lorsque les enfants se sont mis à fréquenter l'école, bien des questions ont commencé à être soulevées. Ballottés entre la culture de leurs parents analphabètes et celle de l'école laïque, ces enfants ont essayé de se forger un espace d'expression bien difficile à circonscrire. Quoi qu'on en dise, l'école a joué un rôle prépondérant dans leur intégration à la société française. Cependant, l'image que la société française leur renvoyait de leurs parents et d'eux-mêmes entretenait un profond malaise. Blessures et humiliations transmises de génération en génération ont fini par forger leur identité. Ils sont devenus français malgré eux sans jamais l'être vraiment. L'idée du retour s'effaça peu à peu. Au lieu de retourner là-bas pour toujours, on y allait pour les vacances de temps en temps, puis de moins en moins.

Une cinquantaine d'années plus tard, que reste-t-il de ces cités grises? Cages d'escaliers défoncées, boîtes aux lettres éclatées, odeur d'urine dans les escaliers et les ascenseurs, monticules d'ordures, carcasses de voiture calcinées, objets jetés par les fenêtres défonçant les trottoirs et les rues, murs noircis d'anciens incendies, murs tagués, fenêtres condamnées par des blocs de ciment… Et appuyés aux murs en bas des immeubles, des gangs de jeunes sombrant ouvertement dans le trafic de cocaïne et de haschich, le regard arrogant, parfois menaçant. J'en croisais dans les cités de Bobigny quand je me rendais chez ma cousine Fatiha. Nous nous installions dans la cuisine et, à travers la grande fenêtre, nos regards accrochaient tous les maux du monde. Je suis heureuse qu'elle ait pu quitter la cité. À la fin de mon travail, vers 20 h, lorsque je m'engouffrais dans l'autobus pour rentrer à Saint-Denis, j'avais hâte de retrouver mes parents pour échapper à cette misère. J'étais atterrée par l'ampleur de cette détresse humaine. Était-ce ainsi que la France rendait hommage aux centaines de milliers d'ouvriers venus construire un pays prospère, en les maintenant, eux, leurs enfants et leurs petits-enfants, dans la pauvreté ? Au début des années 1980, lorsque la situation économique a ralenti, le chômage s'est installé dans les familles. Malheureusement, il était là pour rester. C'était la descente aux enfers pour les plus démunis. Aujourd'hui, deux générations de chômeurs, voire trois, vivent dans une même famille. C'est à peine concevable ! J'avais rêvé d'une France généreuse et inclusive et je n'avais devant moi que désolation, désintégration et injustice.

S'enfoncer dans les cités, c'est se cogner aux mentalités les plus arriérées quant à la condition des femmes et aux préjugés les plus coriaces concernant les non-musulmans. Ces symptômes les plus visibles du désastre humain traduisent bien évidemment le mal profond qui ronge les cités : l'incapacité d'intégrer des pans entiers de la société française à la vie citoyenne. Pourtant, au cœur des cités, les incivilités, les agressions, le vandalisme et les trafics ne sont le fait que d'une minorité de délinquants, prête à tout pour imposer sa loi. Travailler dans les cités, c'est croiser les regards de femmes qui refusent de vivre comme des fantômes sous des voiles. Se perdre dans les cités, c'est découvrir un tissu associatif à travers des femmes et des hommes fort attachants, pleinement engagés dans l'organisation de la vie collective et qui veulent sortir du débat sécuritaire pour aborder les vrais enjeux de l'intégration. Seules des actions politiques réelles pourraient redonner une perspective nouvelle au vivre-ensemble et permettre à la France de retrouver son honneur. Comment pouvais-je convaincre ces jeunes de ne pas lâcher prise et de continuer à s'investir dans leurs études, alors que leurs frères et sœurs diplômés se retrouvaient sans travail et sans avenir ? Comment pouvais-je leur dire que l'islam ne pouvait pas constituer la solution à des problèmes politiques, économiques et sociaux ? Comment pouvais-je leur dire que l'islamisme était une régression sociale, intellectuelle et culturelle ? Au fil des semaines, je découvrais la complexité des cités qui représentaient un monde en soi, où convergeaient crise identitaire, chômage, racisme, sexisme, paupérisation, violence, sur lesquels se greffait l'activisme des groupes islamistes radicaux.

## Ce qui devait arriver arriva

Le 25 août 1994, la France s'est mal réveillée. La veille, trois jeunes Français avaient commis un attentat à l'hôtel Atlas-Asni à Marrakech. Le bilan : deux morts, d'origine espagnole, et une touriste française, grièvement blessée. Les photos des suspects ont commencé à circuler. Les bulletins de nouvelles se sont enflammés. Stéphane Aït Idir, 24 ans, et Redouane Hammadi, 26 ans, venaient de la Cité des 4000 de la Courneuve en Seine-Saint-Denis à quinze minutes de voiture de notre nouvelle demeure, alors que Tarek Felah, était originaire d'Orléans. Tous les trois étaient beurs. Avec cet attentat, s'est ouvert le chapitre du terrorisme islamiste en France[1] où quelques enfants de banlieue ont occupé une place centrale. Cette fois, les dérives sociales avaient pris une tournure effrayante et tragique. Stéphane n'avait plus de logement. Il squattait les caves et les cages d'escaliers à la Cité des 4000 où ses parents résidaient avant leur expulsion pour non-paiement de loyer. Redouane, lui, vivait avec sa mère atteinte de poliomyélite au rez-de-chaussée d'une tour de la cité. Son père, ouvrier, les avait quittés cinq ans plus tôt. Ces deux jeunes, en quête d'identité, finissent, en 1991, par rencontrer un islamiste du nom de Abdelilah Zyiad, alias Rachid. « Sous la houlette de leur nouveau grand frère, Stéphane et Redouane se mettent à fréquenter assidûment la mosquée Bilal à Saint-Denis et la mosquée Sidi Brahil el-Khakil à La Courneuve. En 1992, après avoir fait leurs "classes théologiques", Redouane et Stéphane suivent la filière classique des nouvelles recrues. Désormais, Rachid et son lieutenant Abdelkrim Afkir, qui se fait appeler Abdelnasser, estiment que les deux jeunes beurs sont prêts à devenir des moudjahidine. On les envoie parfaire leur formation à Hayatabad, ville contiguë de Peshawar,

1. Isabelle Tallec, « Chronologie », *L'Express*, 1er décembre 2005.

au Pakistan[2]. » L'histoire ressemble à celle qu'ont vécue plusieurs jeunes de banlieues ne parlant pour la plupart pas un mot d'arabe. Beaucoup d'entre eux ont été enrôlés en Bosnie et en Afghanistan avec une certaine complicité des pouvoirs publics qui ont fermé les yeux sur leurs activités. Des municipalités de gauche y ont contribué, préférant acheter «la paix sociale» en composant avec les associations islamistes et en cédant à leurs revendications. Selon des sources officielles françaises, au moins deux douzaines de jeunes gens de la Cité des 4000 avaient reçu un entraînement dans des camps en Afghanistan. Personne n'a vu venir la suite. Pourtant, la fracture sociale était béante.

Quatre attentats devaient être commis au royaume chérifien par trois autres commandos. Marrakech avait été la première étape. Casablanca, Tanger et Fès étaient les prochaines cibles. À la dernière minute, les plans ont foiré. A commencé alors, au Maroc, une immense chasse à l'homme. Merzoug Hamel, Kamel Benakcha, Abdeslam Guerrouaz et Abderrahmane Boujedli constituaient le «commando de Fès». Ils ont été arrêtés et condamnés à la réclusion criminelle à perpétuité à l'exception de Merzoug Hamel qui a écopé avec Stéphane Aït Idir et Redouane Hammadi, du «commando de Marrakech», d'une condamnation à mort. Quant à Tarek Felah, il a échappé aux policiers, a réussi à prendre l'avion en direction de l'Allemagne où il a été intercepté le 19 décembre 1994 au poste frontière de Bad Reichenhall et extradé en France, le 25 juillet 1995. Le «commando de Casablanca», où officiait Merzoug Hamel, était chargé de commettre un attentat contre une synagogue. À Tanger, le commando, composé de Farid Zarouali, d'El Mustapha Ben Haddou et d'Abdelaziz Ghouzlane, devait se rendre sur une plage et tirer sur la foule des baigneurs. Les enquêteurs sur les traces du réseau ont découvert des ramifications au Maroc, en Algérie, en France, en Allemagne et en Italie. En conséquence

2. Farid Aichoune, «Les paumés de Marrakech», *Le Nouvel Observateur*, 5 décembre 1996.

de quoi, plusieurs cellules terroristes armées ont été démantelées à travers l'Europe. En effet, comme le rapporte encore le même article du *Nouvel Observateur* : « les armes saisies dans une cache à Taza, au Maroc, une semaine après l'attaque de l'hôtel de Marrakech, étaient identiques à celles retrouvées en France, chez des islamistes algériens, en juillet 1994 à Persan-Beaumont. L'ensemble de cet arsenal provenait d'Allemagne grâce au précieux concours de Djamel Lounici[3], l'homme du FIS. »

Mais ce n'est pas tout. Cet endoctrinement des jeunes représente un travail de longue haleine. Des rapports des Renseignements généraux sur les mouvements islamistes mentionnaient l'efficacité remarquable des actions de prosélytisme menées par les militants du Tabligh qui ont réussi là où d'autres avaient échoué. Cette association indo-pakistanaise, implantée en France depuis 1968, a joué un rôle déterminant dans la « réislamisation » des jeunes beurs. Olivier Roy constate que ce phénomène « va, bien entendu, de pair avec la crise des structures familiales traditionnelles. Les jeunes *born again*, qu'ils soient chrétiens, musulmans ou autres, opèrent ce retour au religieux la plupart du temps aussi dans une forme de rupture avec le milieu familial. Ils sont contre l'islam de leurs grands-pères, de leurs parents. Ils considèrent que l'islam du grand-père, c'est l'islam du bled, d'où vient le grand-père, que c'est un islam folklorisé, rempli de traditions qui n'ont rien d'islamique. Et eux considèrent qu'ils sont dans le véritable islam, ce qu'ils appellent le salafisme. C'est extrêmement important : cette réislamisation, ce retour au religieux, se fait sur une rupture culturelle.[4] » S'ajoute à cela un élément déterminant qui a précipité

---

3. Djamal Lounici a réussi à fuir l'Algérie via le Maroc. Considéré comme le responsable de l'approvisionnement en armes et en médicaments des maquis algériens, il s'est réfugié en Europe au début des années 1990. Il a résidé en Suède, en Grande-Bretagne, en Suisse et en Italie. Voir Hassan Zerrouky, « Les réseaux suisses du GIA et Djamal Lounici », *L'Humanité*, 23 décembre 1996.

4. Olivier Roy, « Islam global, islam occidental », in Thomas Ferenczi (dir.), *Religion et politique. Une liaison dangereuse ?*, Bruxelles, Complexe, 2003, p. 115.

des jeunes dans les maquis du jihad. Un nombre important de militants du FIS prêchaient en toute impunité dans les banlieues.

## Un vent de sympathie pour le FIS en Europe

« La pensée a des ailes. Nul ne peut arrêter son envol. » Je me souviens avoir été marquée par cette citation de Youssef Chahine dans le film *Le destin* qui retraçait la vie d'Averroès et son combat contre le fondamentalisme musulman. Pour l'heure, c'étaient les islamistes qui avaient le vent en poupe. Leur pensée et leurs méthodes sanguinaires ont voyagé de l'Algérie vers la France. Au début des années 1990, après l'interruption du processus électoral en Algérie, la solidarité s'est d'abord manifestée en direction des islamistes à qui la France a offert l'asile territorial alors que les démocrates réellement menacés renouvelaient leur titre de séjour désespérément tous les… trois mois. Statut qui ne leur permettait évidemment pas de travailler. Certains, qui n'avaient aucun autre recours, ont survécu avec ce statut durant trois ou quatre ans avant de pouvoir en changer ou de retourner vivre en Algérie. J'ai accompagné de nombreux amis à la préfecture de police à qui on refusait le renouvellement de leur titre. Je me rappelle qu'un jour, l'un d'entre eux a reçu en ma présence un avis de reconduction à la frontière. Il était animateur à la radio. La dame chargée de son dossier lui a dit : « Il ne vous reste qu'à rentrer dans votre pays, monsieur. » Nous étions à l'été de 1995. Une centaine de personnes travaillant dans le domaine de l'information avaient déjà été assassinées. Était-ce pensable de retourner en Algérie ? Bien sûr que non… La plupart des pays européens, et la France en particulier, interprétaient la convention de Genève de telle sorte que ce sont les islamistes qui obtenaient l'asile politique. Seuls les demandeurs persécutés par un État ont été reconnus en tant que réfugiés. La réponse de l'État algérien au terrorisme islamiste était considérée comme une persécution. L'Occident a lâché les démocrates algériens, les abandonnant à leur terrible sort, et a permis à bien des islamistes de se réfugier sur son territoire. J'interprétais cette attitude comme une profonde trahison à l'égard de tous les défenseurs de la liberté qui continuaient, dans mon pays, à résister coûte que coûte à l'islamisme politique. Qu'espéraient ces pays occidentaux? Prendre le FIS par la main et le conduire au pouvoir? Que voulaient-ils faire de l'Algérie? Un pays de barbares? L'expérience iranienne ne suffisait-elle pas à les convaincre du cataclysme que serait un État islamique? Fallait-il encore plus de victimes, plus de morts, plus de sang, plus de destructions? Fallait-il que l'islamisme leur éclate en pleine face pour qu'enfin ils réagissent?

À vrai dire, cet important afflux d'expatriés a permis au FIS de s'organiser efficacement à partir de l'Europe, allant même jusqu'à proclamer la formation d'un gouvernement provisoire en exil et à tenir des rencontres internationales, telle celle parrainée par la congrégation de Sant'Egidio à Rome en janvier 1995, qui a fait une place de choix au sanguinaire Anouar Haddam, l'un des chefs du FIS en exil aux États-Unis. Ahmed Zaoui, condamné par contumace à la prison à vie, s'était réfugié en Belgique. Rabah Kebir, condamné par contumace à 20 ans de réclusion criminelle après avoir mystérieusement fui sa résidence surveillée, avait rejoint l'Allemagne via le Maroc, en compagnie de deux fidèles acolytes, Abdelkrim Ghemati et Abdelkrim Ould Adda. Chef de la délégation parlementaire du FIS à l'étranger, il était considéré comme le numéro trois du parti. Abdelkader Denèche était devenu responsable du GIA en Suède, où il avait trouvé asile, jusqu'à sa détention en 1995 lorsqu'il a été reconnu coupable de meurtre et de complicité de meurtre. Trois autres dirigeants, Kameridine Kharbane, Abdallah Anas, de son vrai nom Boujoumaa Bounoua, et Djaafar Al-Houari, ont tous séjourné en France avant d'en être expulsés et de se rendre en Grande-Bretagne où ils ont bénéficié de l'asile politique. Djamel Lounici, condamné à mort par la justice algérienne qui le tenait pour responsable de l'attentat de l'aéroport Houari-Boumediène, perpétré en août 1992, opérait d'Italie avant son arrestation en 1995. Son bras droit et beau-père, Othmane

Deramchi, qui avait obtenu l'asile politique en Italie, a été arrêté à Marseille par la police française en 1995. Quant à Mourad Dhina, alias Cheikh Amar, condamné en Algérie par contumace à 20 ans de réclusion criminelle, il s'est réfugié, dans un premier temps, en France, où il a travaillé comme chercheur au Conseil européen pour la recherche nucléaire (CERN), puis en Suisse en 1993. Désigné en 2002 comme le président du bureau du FIS à l'étranger, ce diplômé en physique des particules du Massachusetts Institute of Technology (MIT) entretient des liens très étroits avec le Centre islamique de Genève et ses dirigeants Hani et Tariq Ramadan. Il semble que le séjour helvétique de l'ancien élu du FIS à Batna continue de l'inspirer. Il est à l'origine notamment de la création de Rachad, un mouvement politique algérien basé en Suisse.

Dans les cités, la stratégie des organisations islamistes consistait à assurer une présence de plus en plus forte de leurs membres dans les espaces communs. Les caves d'immeubles ont été transformées en salles de prière. Les écoles et les lycées pris en otage. Les programmes d'enseignement contestés, des enseignants et des directeurs intimidés, le menu des cantines scrupuleusement inspecté, les sorties scolaires remises en cause, le ramadan imposé aux enfants. Des commerces de restauration rapide, des boulangeries, des pâtisseries, des boucheries *halal*, des magasins de vêtements branchés et d'électronique, des épiceries et des marchés sont investis en masse par les militants d'Allah. À Saint-Denis, comme dans bien d'autres villes d'ailleurs, beaucoup de magasins disposent d'une boîte en carton invitant le client à verser une obole en soutien aux musulmans opprimés en Palestine, en Irak ou en Afghanistan, sans que l'on soit en mesure de connaître la destination réelle de cet argent. Il y a aussi l'islam des prisons qui, comme aux États-Unis, fait de plus en plus d'adeptes. C'est dans une prison lyonnaise que Khaled Kelkal[5], le principal responsable de la vague

5. Jean-Marie Pontaut, « Khaled Kelkal : itinéraire d'un terroriste », *L'Express*, 26 septembre 1996.

d'attentats terroristes commis en France en 1995, s'est converti au jihadisme. Après une peine de deux ans, du 27 juin 1990 au 27 juillet 1992, son destin a basculé. Plusieurs rapports de la Direction centrale des renseignements généraux consacrés à l'activité des pôles régionaux de lutte contre l'islamisme radical avaient alerté le ministère de l'Intérieur de douteuses pratiques de financement par les groupes islamistes. Il ne fait aucun doute que les réseaux du grand banditisme et ceux de l'islamisme radical sont étroitement imbriqués[6].

Ce que nous avions fui nous rattrapait-il? Ce que nous redoutions le plus était-il en train de s'orchestrer à nouveau sous nos yeux pour embrigader les populations maghrébines dans le communautarisme et l'intégrisme? Étions-nous en train de vivre dare-dare l'expérience algérienne sous un angle différent mais non moins terrifiant?

## Se battre dans les cités pour l'égalité et la dignité

Elle a surgi comme une guerrière lisse et voluptueuse aux longs cheveux noirs bouclés et aux yeux soulignés de khôl. Que de force et de liberté se dégageaient de cette femme bien en chair et aux idées fortes! Nos chemins se sont croisés par le truchement de nos engagements politiques. Nous militions toutes les deux au PAGS. Elle en France, moi en Algérie. Nous nous sommes vues pour la première fois en 1989 à la Fête de *L'Humanité*[7] au parc de la Courneuve au début du mois de septembre. Mimouna Hadjam ne garde qu'un vague souvenir de notre première rencontre.

---

6. Éric Pelletier, Jean-Marie Pontaut et Romain Rosso, «Les braqueurs du djihad», *L'Express*, 22 décembre 2005.

7. Fête organisée tous les ans à l'initiative du journal *L'Humanité*, organe du Parti communiste français, durant le second week-end de septembre et qui réunit des organisations de gauche du monde entier. Outre les activités politiques, la Fête est un grand moment de rassemblement, de rencontres et d'échanges et comprend de nombreuses activités culturelles, gastronomiques et musicales.

Moi, j'en ai encore des frissons. Je n'étais qu'un balbutiement de femme alors que tout en elle respirait une maturité aguerrie par les combats et les deuils. C'était la première fois que le PAGS assistait officiellement à la Fête de *L'Humanité*, ce qui lui permettait enfin de prendre part à cette grande kermesse où des militants de partout s'étaient donné rendez-vous pour changer le monde. La clandestinité était derrière nous. Qu'importe si le mur de Berlin allait s'effondrer! Qu'importe si le bloc de l'Est se décomposait! Qu'importe si la perestroïka battait de l'aile et si les espoirs qu'elle suscitait partaient déjà en fumée! Qu'importe si l'avenir nous promettait des lendemains chancelants! Nous, les militants du PAGS, nous allions bâtir en Algérie un État démocratique et socialiste. La plupart des chefs historiques de notre parti pouvaient finalement sortir au grand jour. Tout le monde se bousculait à notre stand pour les rencontrer et les saluer. C'était comme une nouvelle naissance. Euphorique. Exaltante. Enivrante. Moi, durant les trois jours de la fête, je ne sais combien de merguez j'ai vendues. Je pense que j'ai continué à puer la saucisse jusqu'à mon retour à Oran. La révolution méritait bien des sacrifices. J'y étais totalement dévouée. Chargée du barbecue, je prenais mon rôle au sérieux, gardant tout de même un œil sur tout ce qui se passait autour de moi. Je guettais secrètement celle qui déjoua le destin à maintes reprises. Qui était donc Mimouna, cette femme fascinante que j'ai retrouvée à mon arrivée en France en 1994, partageant avec elle de nouveau les mêmes tribunes et les mêmes combats? Elle me raconte un bout de sa vie autour d'un café et d'un chocolat chaud 100 % *halal* à Saint-Denis, à la Table Ronde, à quelques pas de la basilique et de l'hôtel de ville. Rencontre avec Mimouna Hadjam, le 3 janvier 2008.

Pur produit de l'immigration des années 1960, elle quitte son Algérie natale à trois ans, en compagnie de sa mère, de ses frères et de sa sœur aînée, pour rejoindre son père ouvrier. Son ciel bleu vire au gris. C'est Auby, une ville minière dans le Nord-Pas-de-Calais. L'engagement politique s'est imposé très tôt dans sa vie, presque à son insu. «C'est un peu comme toi. Mon père était un nationaliste. Ça marque forcément une enfance. Peut-être certains enfants plus que d'autres. Il semble que, moi, ça m'a franchement marquée. Il avait des valeurs nationalistes au sens large du terme. Ce qui fait que la question de l'Algérie, même si j'ai grandi en France, était présente. Comme mon père était analphabète, c'était moi qui lui lisais les journaux. Ça a forgé mon identité. » En juin 1967, durant la guerre des Six Jours, la petite Mimouna invente des victoires pour dissimuler la débâcle des pays arabes. C'est elle qui nourrit son père d'histoires extraordinaires et de rêves à son retour de la mine. Elle lui lit l'assassinat de Martin Luther King, pour qui elle se passionne. Elle apprend qu'en Amérique des hommes noirs, fils d'esclaves, veulent vivre en hommes libres. Il y a le Vietnam, cette guerre absurde qui lui inspire un cahier avec les paroles de Bob Dylan et de Joan Baez. Elle écoute les discours de Nasser à la radio. Elle a envie de marcher à travers la terre entière avec Martin Luther King.

Des années durant, la petite fille du Nord continue de lire le journal à son papa. Mais ce dernier se met à l'écouter autrement. Différemment. Puis, plus vraiment. Il regarde sa fille grandir et veut la marier. « J'ai pris conscience très très jeune que j'étais une fille. Mon père, bien qu'il ne nous ait pas donné une véritable éducation musulmane, était très strict, très rigoriste. Il nous disait : "Je ne serai pas à l'entrée du paradis pour distribuer les tickets. Pour le ramadan, vous faites comme vous voulez." Dans l'éducation qu'on nous avait donnée il y avait des différences entre les filles et les garçons. À mon époque, c'étaient plutôt les sorties par rapport à l'école et les fréquentations. Il y avait des choses qui m'embêtaient énormément. Au fond, c'étaient des choses très bêtes. Je n'avais pas le droit de me lâcher les cheveux, de porter une mini-jupe. C'était hors de question. C'est vrai, il n'y avait pas le foulard que l'on voit aujourd'hui, qui est une instrumentalisation politique, mais il y avait des choses qui étaient révoltantes. C'était une résistance individuelle pour s'habiller comme on voulait dans nos familles. On trichait. On était obligé de mentir pour sortir. Cette peur de parler dans la famille… J'ai subi une tentative de mariage forcé à l'âge de 15 ans. Ma sœur n'a pas pu y échapper, moi si. Elle a été mariée à 16 ans à un homme qui était déjà marié et avait des enfants, mais on ne le savait pas. Elle a divorcé quelque temps plus tard et elle est revenue vivre à la maison avec des jumeaux. Ce n'étaient pas des mariages civils mais religieux. *H'lal.* J'ai perdu ma mère, j'avais huit ans, et au moment où mon père se savait condamné, il avait un cancer, il voulait organiser nos vies et nous marier ma sœur et moi pour mourir en paix.» Bien qu'elle en veuille terriblement à son père, Mimouna reste à son chevet jusqu'au dernier souffle pour l'accompagner dans ses ultimes soubresauts. Elle lui parle. Lui dit son dégoût d'être donnée à une autre famille pour ne devenir qu'une servante au service d'un homme et d'une belle-mère. Son père la regarde en silence et hoche la tête de temps à autre. Plus jamais il ne reparle de mariage. Ce rapprochement avec son père la marque pour la vie. Il lui permet de comprendre la violence avec laquelle s'acharnent les traditions sur les hommes de sa culture pour en faire des bourreaux qu'on craint toujours. «J'ai échappé à cette tentative de mariage grâce à des profs, en fait particulièrement grâce à une prof qui était communiste. Je n'ai pas grandi dans cette culture-là. Ma prof s'est faite très menaçante par rapport à ma famille. On ne sort pas indemne d'une tentative de mariage forcé. J'ai arrêté l'école à 15 ans. Oui, c'était en France que ça se passait. Je n'ai pas beaucoup été à l'école. Tout de suite après l'obtention de mon brevet des collèges, je suis entrée à l'usine.»

C'est une biscuiterie qui emploie en majorité des femmes. Les conditions de travail sont épouvantables et l'attitude des patrons exécrable. Le droit de cuissage se pratique ouvertement et celles qui résistent sont mises à la porte sans préavis ni indemnité. Beaucoup de celles qui y atterrissent ont échappé à un mariage. D'autres, divorcées, avec un enfant sous le bras, ont besoin de gagner leur vie. «Dans les années 1970, le travail des femmes était encore quelque chose de nouveau dans la société française et à plus forte raison pour nous. Tout était discuté. Moi, j'ai eu la chance de rentrer dans cette usine parce que ma cousine, qui avait subi le même sort que ma sœur, y travaillait après son divorce. C'est là que j'ai réussi à vraiment socialiser. J'ai rencontré des syndicalistes, des militants, des militantes qui m'ont aidée. J'ai adhéré à la Jeunesse communiste et j'ai découvert en fait la société française. Je n'avais jamais mis les pieds dans un théâtre. J'étais peut-être allée au cinéma une ou deux fois dans ma vie. C'était également la découverte d'un univers mixte où on pouvait discuter avec des garçons sans être obsédée par ce truc que nos parents nous avaient dit : fais attention à ta virginité. J'ai découvert qu'on pouvait discuter avec des garçons sans pour autant qu'ils aient envie de nous sauter dessus alors qu'on nous avait dit le contraire : si tu parles avec un garçon, il va vouloir du sexe. » Avec les lectures et les nouvelles rencontres, commence alors l'engagement féministe. « Je ne savais pas ce que c'était le féminisme mais aussi loin que je me rappelle j'étais portée par ces idées-là parce que je n'acceptais pas l'injustice. J'ai découvert les idées féministes à travers Angela Davis. J'ai lu sa biographie, son combat contre la peine de mort. Dans un passage, elle parlait du féminisme, de Simone de Beauvoir et de Sartre auxquels elle était très liée. En fait, c'est elle qui m'a fait connaître *Le deuxième sexe*. C'est marrant parce que c'est une Américaine. » Mimouna se joint à ce qui s'appelle à l'époque l'Union des femmes françaises, une organisation de femmes affiliée au Parti communiste qu'elle quitte six années plus tard, après avoir fait un mandat à la direction nationale, pour rejoindre la Marche des Beurs en 1983.

Au début des années 1980, de violentes émeutes éclatent dans le département du Rhône, d'abord aux Minguettes, à Vénissieux, puis à Villeurbanne et à Vaulx-en-Velin. Des incidents se succèdent sans interruption jusqu'en septembre, à la suite de quoi une vingtaine de sites sont classés « îlots sensibles ». Pour la première fois, la question du racisme reçoit autant d'attention que de visibilité. Cet intérêt coïncide, d'une part, avec la multiplication des crimes racistes[8] et, d'autre part, avec la montée de l'extrême droite, de manière très forte, sous la bannière du Front national. Les immigrés d'origine maghrébine marchent de Marseille à Paris. Une marche à la Martin Luther King pour alerter l'opinion publique sur le quotidien de la jeunesse issue de l'immigration. C'était la Marche pour l'égalité des droits et contre le racisme. Les contrecoups sont presque immédiats. Quelques brèches dans le paysage politique s'ouvrent. Georgina Dufoix, secrétaire d'État à la Famille, à la Population et aux Travailleurs immigrés, encourage le mouvement associatif naissant à travailler avec des jeunes femmes maghrébines pour faire la promotion de la citoyenneté. «C'est dans ce contexte, raconte Mimouna, que la mairie de la Courneuve m'a demandé de faire des activités en direction des femmes autour d'un lieu d'accueil. Je connaissais beaucoup plus les cités minières dans le Nord où il y avait une très forte solidarité ouvrière entre les Algériens, les Marocains et les Polonais. Je dois dire qu'il y avait un vivre-ensemble. Il n'y avait pas de ghettos. Alors que lorsque je suis arrivée à la Cité des 4000, il y avait une cinquantaine de nationalités. Des gens qui venaient de pays très très différents. Des pays pour la plupart très pauvres et très patriarcaux. Forcément, il se passait plein de choses et j'en étais témoin. La polygamie en provenance du Maghreb, surtout du Maroc. Nous avons eu des cas de remariages d'hommes qui sont allés chercher des femmes dans leur pays d'origine sans aucune raison apparente puisque leurs premières épouses étaient encore jeunes, étant pour la plupart dans la jeune trentaine. On devait gérer l'arrivée des deuxièmes épouses, des femmes très, très jeunes, qui venaient de régions rurales du Maroc avec souvent aucune éducation et qui, en même temps, devaient faire face aux premières

8. En février 1980, Abdelkhader Lareiche, 15 ans, a été tué par un gardien d'immeuble à Vitry-sur-Seine (Val-de-Marne). En octobre 1980, un policier abat Lahouari Ben Mohamed, 17 ans, au cours d'un contrôle dans une cité des quartiers nord de Marseille. Quatre mois plus tard, le 20 février 1981, Zahir Boudjellal, 17 ans, est tué par un autre policier, toujours à Marseille.

épouses qui nous demandaient d'être solidaires d'elles.» Commence alors une bataille juridique pour la régularisation des secondes épouses, pour réclamer un statut pour les femmes immigrées, un statut autonome et indépendant de celui de leurs époux, et un travail de soutien psychologique auprès des premières épouses. De toute façon, pour Mimouna, toutes ces femmes sont des victimes, qu'elles soient premières, deuxièmes, troisièmes, quatrièmes épouses ou encore concubines.

Animée par l'envie de comprendre les motivations des maris, elle consacre une grande partie de son temps à discuter avec les femmes. «J'apprenais au fur et à mesure de mes rencontres que beaucoup de ces hommes avaient changé, qu'ils avaient commencé à fréquenter des gens différents, qu'ils connaissaient des problèmes de chômage et puis qu'ils ont fini par aller à la mosquée.» Fragilisés économiquement, confrontés aux problèmes du racisme, les hommes, à travers la mosquée, sont en quête d'une dignité perdue et finissent par atterrir dans des organisations islamistes qui, à l'époque, commencent à s'implanter en Seine-Saint-Denis dans des zones fortement sinistrées économiquement. Ces jeunes hommes nés en France ou qui y ont grandi se cherchent sur le plan identitaire. Engloutis par la vague intégriste, ils ne parviennent pas à lui résister comme l'avaient fait leurs parents, dès la fin des années 1970. À cette époque, des tentatives d'islamisation apparaissent dans les foyers de travailleurs immigrés. Essayant d'instrumentaliser le mouvement de contestation né dans les foyers de travailleurs en grève à cause des loyers, les islamistes ne réussissent pas à conquérir leurs cœurs. Arrivés à l'âge adulte avec une identité structurée et une expérience empirique de la religion, ils font la différence entre l'islam et l'islamisme. Leur foi est intérieure et n'a rien de politique. «Ceux qui travaillent au début des années 1980, ce ne sont pas des paumés. C'est important de le dire, les paumés, ce sont les victimes, les chômeurs. Face à moi, j'avais des jeunes militants, des hommes essentiellement, des universitaires. C'était la première élite militante islamiste issue de l'immigration.» Dans le Nord où Mimouna continue de se rendre régulièrement, elle prend conscience de la force et de la capacité organisationnelle des islamistes. De jeunes Français convertis à l'islam qui s'expriment parfaitement en arabe sont envoyés pour faire du porte-à-porte, ciblant spécialement les femmes. Par ailleurs, le racisme continue de s'exprimer très violemment et les «crimes racistes» se succèdent sans condamnations pénales sérieuses. «À la Cité des 4000, il y a eu trois crimes racistes. La mort du petit Toufik en 1983, celle d'Abdel en 1986 et celle d'Ali en 1987. Les deux derniers ont été tués par des flics et le premier, qui avait neuf ans, par un voisin soi-disant excédé par la chaleur, alors que le gamin jetait des pétards un 14-Juillet. On voyait bien que l'air du temps n'était pas favorable aux immigrés, et particulièrement aux enfants d'immigrés algériens.» Les aspirations du mouvement beur ne trouvent pas d'écho favorable dans la classe politique française. La gauche, arrivée au pouvoir en 1981, ne sait pas canaliser ces formidables énergies citoyennes. Du côté des beurs, c'est la déception. La désillusion s'installe très vite à l'égard des politiques et des politiciens. Les islamistes reprennent l'initiative. Ils se positionnent solidement sur l'échiquier politique. En 1983, une quinzaine d'associations des plus grandes villes créent l'Union des organisations islamiques de France. Les premières associations s'identifiant à la fois comme «jeunes» et comme «musulmanes» apparaissent. C'est notamment le cas de l'Union des jeunes musulmans de France, créée à Lyon en 1987, ou des Jeunes musulmans de France. L'idéologie islamiste amène ces jeunes à une double rupture. Ils se revendiquent d'une identité islamique exclusive qui leur paraît bien plus gratifiante que celle de leurs parents. «Je ne suis ni français ni algérien, disait Khaled Kelkal, mais musulman.» C'est ainsi que se définissent les jeunes de la mouvance islamiste en conformité avec la doctrine de Hassan al-Banna qui a proclamé: «L'islam est idéologie et foi, patrie et nationalité, religion et État, esprit et action, livre et épée.»

Si Mimouna est suffisamment bien armée pour affronter la réalité complexe que vivent les populations immigrées, ce n'est malheureusement pas le cas de ses alliés naturels : la gauche et les mouvements féministes. Fortement marqués par des positions antiracistes, nombre de militants de cette mouvance défendent la veuve et l'orphelin, soit en fermant les yeux sur les islamistes, soit en leur faisant un appel du pied. Ces attitudes, fortement ambiguës, confortent ces derniers dans leurs positions et finissent par les rendre plus puissants et plus nuisibles. « Le premier combat qu'on a mené contre le relativisme culturel, c'est le combat contre l'excision. La gauche n'a pas été capable, à ce moment-là, de porter l'explication sur ce qu'était la culture. Est-ce que la culture c'est mutiler le corps des femmes ? Aujourd'hui, c'est la régression. L'excision qui avait connu un recul entre les années 1980 et 1990 est de retour. Des mamans maliennes nous disent : "Vous êtes racistes, vous les Blancs, vous ne comprenez pas notre culture." Il y a aussi une culpabilité liée à la guerre d'Algérie : on n'a pas suffisamment fait ; les enfants de ceux qui ont été des victimes sont aussi des victimes. C'est très difficile pour des gens comme moi, à ce moment-là, de parler de laïcité. Puis, il y a également tout un contexte mondial. Les islamistes ne sont pas nés en France par l'opération du Saint-Esprit. Il y avait toute cette fascination autour de la Révolution iranienne. Finalement, il s'est passé un événement beaucoup plus proche de nous que la Révolution iranienne : c'est l'Algérie. Toutes les maisons avaient des antennes paraboliques ; il y avait un grand intérêt. »

Alors qu'en Algérie le FIS mène des campagnes très offensives pour islamiser la société et prendre le pouvoir, on assiste dans l'Hexagone à la naissance d'un mouvement qui se revendique de l'islamisme et qui veut vivre selon ses préceptes dans l'espace public. Les mêmes méthodes sont utilisées. Une cassette audio est diffusée en plein mois de ramadan dans toutes les boîtes aux lettres de la Cité des 4000. Une cassette de terreur qui fait l'apologie de la violence et de la haine à l'égard de tous ceux qui ne se soumettent pas à la loi d'Allah. On assiste alors, dans les cités, à une islamisation des mœurs qui passe par le voile, une recrudescence des mariages forcés et arrangés, de la polygamie, de la répudiation et un retour de l'excision. L'islamisation passe par le contrôle des filles, sous surveillance du frère, du père, du cousin ou du voisin. La cité devient une extension du village natal des parents ou pire encore. « Le tribunal communautaire s'est élargi. À la difficulté compréhensible pour les filles de se plaindre contre leur famille s'ajoute la volonté de sauver leur peau. Car les filles sont victimes de violences régulières de la part de leurs frères auxquelles assistent, impuissantes, leurs mères. Une mère de cinq enfants à Drancy me raconte : "Mes fils de 17 ans et 25 ans tabassent presque quotidiennement leurs deux sœurs âgées de 16 ans et 23 ans, pourtant elles sont sérieuses, l'une est étudiante en médecine ; il vaut mieux qu'elles se marient." Ces mariages arrangés se font l'été, au pays, avec un cousin qui pourra par la même occasion obtenir le précieux titre de séjour. À Saint-Denis, deux sœurs, l'une collégienne, âgée de treize ans et demi, et l'autre de 16 ans, ont été "mariées" ; personne n'a rien vu jusqu'à ce qu'elles soient enceintes. À ceux qui disent que le foulard ce n'est pas grave, j'ai des exemples concrets dans mes cours d'alphabétisation avec les femmes. La première fois que j'ai eu affaire à une femme voilée, elle est arrivée en retard et sa seule apparition a fait taire toutes les autres qui bavardaient spontanément. Plus personne n'osait parler. Parce que devant une femme voilée, c'est l'ordre moral. C'est une apparition divine qu'on respecte ou qu'on craint. Donc, on ne délire plus, on ne rigole plus. Ces femmes islamistes, il ne faut pas les prendre pour des enfants de chœur. Moi, je le dis de manière peut-être très brutale : comme je ne suis pas pote avec les Marine Le Pen, je ne suis pas pote avec les femmes islamistes. Je suis contre tous les foulards, qu'ils soient portés à Téhéran, Kaboul, Alger, La Courneuve, Lille ou Marseille, qu'ils recouvrent une partie du corps ou totalement, car les foulards du monde entier expriment une même chose : la soumission forcée des femmes à un programme d'oppression. »

Mimouna ne mâche pas ses mots. Elle tourne le dos à ceux qui veulent clouer la moitié de l'humanité sur la croix de traditions archaïques. En portant le débat sur les droits des femmes et l'universalisme, elle aide les femmes de son quartier à devenir autonomes et à voler de leurs propres ailes. Cette franchise a un prix. Surtout lorsqu'on travaille et qu'on vit en banlieue nord. Elle reçoit des lettres anonymes, des coups de fil et de multiples pressions. Elle tient bon et ne lâche pas. Le local de son association Africa, place Georges-Braque au pied de la Cité des 4000, a été vandalisé à deux reprises en 1994. Mimouna a été agressée et violentée de même qu'une autre formatrice. L'agresseur, un islamiste notoire, a été condamné à un an de prison ferme. Et les femmes qui fréquentent son association sont menacées de mort. Des campagnes d'intimidation sont menées contre les frères des filles qui font de la danse, du théâtre, accusés d'être des «bouffons». «Moi je n'envisage pas d'arrêter ce que je fais mais je sais qu'il y a des copines qui n'en peuvent plus. Parce que notre vie de femme, notre vie de mère, en prend un coup. On est vite repérées dans ce genre de quartiers.»

Loin de l'angélisme et de la frilosité qui caractérisent la démarche de beaucoup de militants de gauche, Mimouna assume sa double culture et l'inscrit dans une perspective laïque et féministe. Une partie de son engagement est tournée vers les écoles où elle anime des ateliers éducatifs pour sensibiliser les jeunes au respect de l'autre et à l'ouverture. «Dans les cités, la pression sur les enfants est terrible. Plus un seul ne mange un chocolat sans lire la composition en graisses animales. Certains évitent même de manger du fromage puisqu'il s'agit d'un produit fermenté. À la puberté, les filles arrêtent de fréquenter les centres de loisirs et ne participent plus aux sorties d'école. Les pressions sur les filles sont énormes. On voit des gamines, âgées de moins de 10 ans, de plus en plus nombreuses, se diriger vers des caves pour assister à des prêches, foulard sur la tête. Cet apprentissage du foulard se fait sous la pression de l'entourage, pour amener la fillette à revendiquer "son foulard" vers 14 ans, en affrontant ses professeurs et en clamant "c'est mon choix". Cette recherche ethnico-identitaire des adolescentes se fait sur le dos des femmes et il se trouve de ses défenseurs pour crier au racisme. L'école, c'est le lieu où l'on peut construire et déconstruire y compris notre éducation familiale… Moi, si je n'avais pas eu d'école, j'aurais été aujourd'hui une femme complètement finie. La question de l'école nous a été posée très tôt, dès les années 1990, à travers les revendications des islamistes qui affirmaient que l'éducation des Lumières n'était pas appropriée pour les musulmans. Mon fils était au lycée en 1994 et j'en sais quelque chose. Des jeunes tenaient tête à leurs profs sur des questions en philosophie, en biologie, en littérature, en histoire, pour donner une perspective islamique à la connaissance de façon générale. Je vois toute la portée de cette régression. Je fais beaucoup de débats dans les écoles et j'entends des choses inimaginables de la part des garçons sur les femmes notamment. Il y a un garçon qui a été jusqu'à dire : "Moi ma mère, c'est une pute." Ce garçon élevé par une mère de famille monoparentale est persuadé d'être investi de cette mission morale de la surveiller. Je reste persuadée que l'éducation contre le racisme et l'éducation antisexiste, ça va ensemble. »

L'année prochaine, pendant le ramadan, Mimouna envisage d'organiser « les goûters du ramadan » avec quelques membres du Manifeste des libertés, une organisation d'intellectuels laïques de culture musulmane. Il devient de plus en plus difficile d'échapper au jeûne dans les cités. Dans certaines familles, même les enfants y sont contraints. Décidément, rien ne fait peur à cette femme des cités. Oser est son leitmotiv. Faire bouger les choses, dépasser le cercle familial, rompre avec les traditions, se donner le droit d'innover pour assumer sa mixité sont ses raisons d'être. « Tu ne voudrais pas venir tenter l'expérience avec nous ? » me lance-t-elle à la fin de notre belle après-midi, esquissant un large sourire. « *Inchallah* », je lui réponds. Nous nous regardons dans les yeux un long moment sans rien dire. Nous éclatons de rire toutes les deux. Chacune de nous sait les dangers d'une telle expédition dans la gueule du loup. Nos chemins se séparent de nouveau. Je me fonds dans la masse dionysienne pour aller rejoindre ma famille, rassérénée par la force tranquille de cette infatigable battante.

## Palabre au Sarah Bernhardt avec le Manifeste des libertés

C'est l'été de 1989. Je passe mes vacances en France. Après un détour par le Lot et le Gers, les charmes de Paris me transportent d'un bout à l'autre de la ville. La chaleur est collante. Je découvre les atours les plus délicats de cette ville qui s'offre à moi dans la magie d'un séjour que je veux éternel. J'ai le temps de passer chez le fleuriste de la rue Jourdan. « Choisissez-moi quelque chose de beau et d'original, lui dis-je, c'est ma première visite. » Je suis descendue à la station de métro Portes-d'Orléans. La voix d'Amalia Rodrigues s'échappe du 2 de la rue de Georges-de-Porto-Riche. L'immeuble en brique rouge se confond dans le paysage paisible de ce quartier du XIV$^e$ arrondissement sur la rive gauche de la Seine. Seul un balcon fleuri de géraniums, au dernier étage, se distingue de tous les autres. Là-haut, au 6$^e$ étage, les deux rives de la Méditerranée fusionnent amoureusement. Il s'y dégage les parfums de mon enfance. J'entends le parquet craquer et des bruits de pas se dirigent vers l'entrée. Brigitte laisse glisser ses doigts sur la poignée de la porte. Je suis instantanément saisie par son sourire et son élégance naturelle. « Entrez, entrez, nous dit-elle. Tewfik, ils sont là, ils sont arrivés. »

Le voyage commence d'emblée. Une odeur de citron confit parfume la cuisine. Mon regard se pose sur les murs tapissés de livres. Le piano, héritage de famille, s'impose majestueusement dans le salon. C'était avant que le parc et les jouets de Noam, leur petit-fils, ne grugent une bonne partie de l'espace. À cette époque-là, Noam n'était pas encore né. «*Ahlan, Ahlan, tfadlou*», (bonjour, bienvenue), nous dit Tewfik. Nous mangeons un bon tagine marocain comme Tewfik sait en faire tout en naviguant à travers l'histoire et les épopées de chacun : l'Algérie, la France, le Maroc, l'Espagne, la Sicile, les Cyclades et Chypre. Puis, nous nous arrêtons à Mai-68.

Maoïste, l'idée d'envoyer des intellectuels aux champs séduit alors Brigitte Bardet, née dans une famille typiquement bourgeoise. Jeune agrégée de lettres classiques, elle rêve de faire la révolution auprès de paysans et d'ouvriers. Tewfik Allal, lui, en est un. C'était avant de se frayer un chemin dans le monde de l'édition. Ouvrier, fervent syndicaliste, jeune et bouillonnant, il vient d'une famille de nationalistes algériens de Tlemcen et son cœur bat toujours pour la Révolution de Abane Ramdane qui a été détournée et ne verra malheureusement jamais le jour. Leur romance prend racine dans le mouvement contestataire dans lequel ils plongent à fond tous les deux. Ils se rencontrent en 1970, alors qu'ils militent dans le même «comité d'action» du V^e arrondissement de Paris. Peu après, viennent les années du féminisme où Brigitte se lance dans le Mouvement pour la liberté de l'avortement et de la contraception (MLAC). Cette femme aux grands yeux bleus, à la voix douce et à l'intelligence vive a eu un impact déterminant sur mon cheminement intellectuel, surtout sur la question des femmes. Au début des années 1990, elle s'engage totalement dans les comités de soutien aux femmes algériennes qui militent pour l'abrogation du Code de la famille. De manifestations en marches, de conférences en colloques, Brigitte est partout et moi jamais très loin d'elle. «So-so-so-solidarité, avec les femmes du monde entier!» crions-nous.

En février 2004, au lendemain des défilés intégristes à Paris en faveur du voile islamique, le couple franco-algérien fait converger ses efforts avec une dizaine d'intellectuels pour dire son ras-le-bol des dérives islamistes. La première ébauche du *Manifeste* est travaillée et amendée. Le *Manifeste* est lancé. «Femmes, hommes, de culture musulmane – croyants, agnostiques ou athées –, nous dénonçons, avec la plus grande vigueur, les déclarations et actes de misogynie, d'homophobie et d'antisémitisme dont nous sommes témoins depuis un certain temps ici en France, et qui se revendiquent de l'islam», peut-on lire. Reconnaissant là une «trilogie caractéristique de l'islamisme politique qui sévit depuis longtemps dans plusieurs de nos pays d'origine», les signataires du *Manifeste des libertés* prônent une «laïcité vivante», qu'ils considèrent comme l'un des héritages de la lutte menée par leurs parents, «qui appartenaient à des classes sociales, des cultures, des peuples, des nations, avant d'appartenir à l'islam». Les valeurs laïques et la liberté sont au cœur de leur engagement. «Nous sommes des femmes et des hommes porteurs des valeurs de la laïcité et du partage dans un monde commun. Liés par nos histoires singulières, et de différentes manières, à l'Islam, ayant pris la mesure des graves crises qui le traversent, nous avons décidé de nous mobiliser pour créer les conditions politiques et intellectuelles d'une culture de la liberté. Espace d'une civilisation hétérogène, irréductible au seul fait religieux et aux seuls musulmans, l'Islam est aujourd'hui, et pour quelque temps encore, un lieu qui cristallise dans le monde globalisé nombre de ses périls : fascisme identitaire et emprise totalitaire, guerres civiles et coloniales, despotismes et dictatures, inégalité et injustice, haine de soi et haine de l'autre, au milieu de violences politiques, religieuses et économiques extrêmes. À ces forces de destruction, dont ce lieu est à la fois la source et la cible, nous voulons nous opposer par une action publique, ouverte à toute personne, sans distinction de naissance ou d'appartenance, qui souscrit aux engagements que nous considérons comme nécessaires, afin d'ouvrir un nouvel horizon à l'espoir», écrivent-ils encore. Deux mois plus tard, le *Manifeste* est publié dans *Libération*. Aujourd'hui, il est signé par près de 2000 personnes qui veulent en découdre avec le manichéisme politique et les stéréotypes. Des intellectuels de renom, des scientifiques ainsi que des artistes se sont ajoutés à la liste des signataires.

Le 20 décembre 2007, au Sarah Bernhardt à la place du Châtelet à Paris, entre une bouchée de bœuf à la sauce au poivre et une gorgée de vin rouge, Brigitte et Tewfik me parlent de leur nouvelle aventure politique et font le bilan de leurs trois années d'engagement. En fait, l'idée du *Manifeste* c'était «pour créer un espace d'expression commun pour échapper, d'une part, à l'orchestration bushienne du monde avec ses dérives insupportables et, d'autre part, pour sortir de cette vision communautariste homogène et stérile. Notre objectif, au départ, c'était d'aller chercher des voix dans les pays musulmans que

personne ne connaît pour rendre compte de cette hétérogénéi-
té, de cette complexité et de cette richesse qui caractérisent les
pays arabes et musulmans», explique Brigitte. En 2006, en
pleine affaire des caricatures du Prophète, l'association prend
très clairement position en faveur de la liberté d'expression et
soutient *Charlie Hebdo*. Le 23 février 2006, le Manifeste des libertés organise, avec Ariane Mnouchkine, au Théâtre du Soleil,
une soirée d'échange et de débat sur le thème de la «censure au
nom de l'islam» qui vaut à ses deux parrains une pleine page
dans *Le Monde* avec un article élogieux intitulé «Brigitte et
Tewfik Allal à contre-Coran[9]», qui m'a d'ailleurs inspiré le titre
de mon livre. Le groupe du Manifeste est sans concessions pour
l'islamisme politique. Pas seulement. Les régimes des pays arabes et musulmans les irritent grandement, sans compter les hy-
pocrisies et les hésitations des pays occidentaux. «Les islamistes
sont venus dans les fourgons de l'occupation américaine, sans
parler des Anglais qui logent chez eux à Londres toute l'opposition islamiste qu'ils continuent de protéger. Il faut être atten-
tif au contexte politique, fait remarquer Tewfik, il y a des alliances
qui ruinent le discours sur les principes, et ce discours-là est
éminemment politique. En termes clairs, les rendez-vous des
peuples du Sud pour la liberté ne relèvent pas de l'agenda américain, ni européen d'ailleurs. On n'a pas les mêmes intérêts, on
voudrait bien mais hélas, hélas, hélas. Il faut le regretter, malheureusement cet état de fait dure depuis des décennies. D'où
ce combat pour les principes qui est extrêmement difficile.
Dans la mesure où, au lendemain des indépendances, il n'y a
pas eu le souci des dirigeants de construire des États de droit
garantissant à leurs citoyens des libertés élémentaires, ils ont
tourné le dos à cette espérance pour s'enfoncer dans le déses-
poir des identités.» Le texte du *Manifeste* dit encore: «Notre but
est de favoriser l'expression des forces de résistance, pour combattre partout l'islamisme totalitaire et les États despotiques

9. Catherine Simon, «Brigitte et Tewfik Allal à contre-Coran», *Le Monde*,
28 février 2006.

qui, conjointement, oppriment les femmes et les hommes dans le monde musulman. Convaincre les gouvernements démocratiques de renoncer à la stratégie du double langage et de la démocratie ajournée en est le corollaire. Leur engagement réel pour la paix dans les zones de conflit et de violence politique est la condition de leur crédibilité. Notre action, à vocation transnationale, vise à développer et à soutenir les expériences de la liberté dans tous les domaines de la pensée, des arts et des savoirs. »

Quarante années après Mai-68, ils n'ont rien perdu de leur fougue ni de leur disposition à s'indigner face aux injustices et aux aberrations de l'histoire. Leur capacité de mobilisation demeure toujours aussi vive. Certes, leurs cheveux grisonnent et quelques rides sillonnent leur visage. Leurs deux garçons, Mehdi et Zaki, ont grandi et font leur expérience d'homme. Brigitte et Tewfik restent convaincus de l'urgence et de la nécessité d'agir pour faire éclater cette « *oumma* fictive et informatisée ». Leur parcours à lui seul suffit à rendre obsolète les « assignations identitaires ». Leur cheminement se poursuit. Édifiant. Difficile. Ô combien nécessaire. Je sors de cette rencontre ivre de bonheur comme c'est toujours le cas lors de mes retrouvailles avec ces deux tourtereaux de la liberté. La place du Châtelet est noire de monde. Un manège d'enfants fait tourner la tête de quelques bambins. Quelques amoureux se bécotent au pied de la fontaine du Palmier. Je m'enfonce dans la bouche du métro.

CHAPITRE VIII

# Renaître de ses cendres

Que me reste-t-il de cette journée du 24 mars 1997 où je comparaissais devant la Commission de l'immigration et du statut de réfugié (CISR)? Une pile de documents dans un classeur sous le nom de «refuge»? Une photocopie des empreintes digitales de chacun de mes doigts pris un à un puis tous ensemble avec ma photo en bas de la page à côté du numéro 09461 et accompagnée de la mention «Revendicateur du statut de Réfugié»? Le souvenir ému d'un avocat qui était venu m'épauler même avec une jambe dans le plâtre? Les chants révolutionnaires entonnés par un groupe de Latino-Américains venus soutenir l'un des leurs? Leurs regards et leurs applaudissements lorsque je suis sortie de l'audience? La voix de la commissaire qui me demandait une pièce d'identité que j'avais oublié d'apporter? «Il y a des photos d'elle dans des journaux», lui avait dit mon avocat en lui donnant des coupures de presse. Était-ce un oubli conscient de ma part? Comment avais-je pu faire une telle omission? Où avais-je la tête? Quelle pièce d'identité? Mon passeport algérien, la seule identité qui comptait à cet instant pour moi, m'avait été retiré par les services de l'immigration lorsque je m'étais présentée au 1010 de la rue Saint-Antoine, au début de janvier 1997, pour revendiquer le statut de réfugié. J'en étais malade. Oublier une pièce d'identité le jour de l'audience, était-ce ma façon de protester? Je n'ai jamais trop affectionné les papiers administratifs de quelque nature qu'ils soient.

Pendant mon séjour à Paris, j'ai attrapé une véritable allergie à tout ce qui est paperasse. La bureaucratie française m'a traumatisée pour le restant de mes jours. «Bien, commençons», avait dit la commissaire en regardant les coupures de presse. À vrai dire, il ne me reste plus grand-chose de précis de ces instants cruciaux où se jouait encore une fois mon destin. J'avais grandi avec des images de femmes et d'hommes qui se battaient pour les droits humains et la démocratie. J'avais entendu parler toute ma vie de lieux d'exil, de prisons à ciel ouvert, de camps de réfugiés, de détention et de concentration. D'emblée, l'atmosphère de cette Commission instituait un rapport intime avec mes personnages. Ma réalité prenait racine dans l'imaginaire de mon enfance, ce qui était encore plus bouleversant. L'image de Abderrahmane ne m'a pas quittée de toute la journée. Je repensais au sens de son sacrifice. Allais-je être à sa hauteur? Je me suis revue, enfant, récitant des poèmes de Hikmet, Neruda, Aragon, Eluard, Prévert et Derwich que je connaissais par cœur et qui parlaient d'exil, de liberté et d'engagement. «Elle paraît si jeune, avait dit la commissaire à mon avocat lorsque je quittai la salle, mais quelle maturité!

– Elle a 24 ans, avait-il répondu, elle a tout abandonné, son pays et sa famille pour venir ici. Seule.»

Que sait-on vraiment à 24 ans? Peut-on porter sur ses épaules l'histoire de tout un pays? Peut-on se refaire seul, loin de sa famille et des siens? Peut-on s'inscrire dans la continuité de ses engagements passés ou faut-il se réinventer? Avais-je besoin de cette distance pour faire l'examen de ce passé si lourd et si fort? Ce nouvel exil, était-ce pour fuir encore une fois, se souvenir ou guérir? Était-ce pour être enfin moi-même? Était-ce pour transcender mes origines ou simplement une autre manière de planter mes racines? Était-ce mon appétit insatiable de liberté? La liberté passait-elle nécessairement par les chemins de la fuite et de l'éloignement?

Pourquoi le Canada? C'était une social-démocratie sans histoire coloniale, ce qui était primordial à mes yeux. De plus, c'était un pays d'immigrants où l'on pouvait tenter sa chance sans trop de difficultés, m'avait-on dit. Ce qui comptait au-delà de tout pour moi, c'était de devenir citoyenne du monde, de voler de pays en pays et de butiner d'un endroit à l'autre. Cependant, avec mes papiers algériens, je ne pouvais pas aller bien loin. Quémander un visa m'humiliait. Il me fallait penser à une solution à long terme, définitive. Un ami m'avait dit qu'il était possible de devenir citoyen au Canada après quelques années de résidence seulement. « Cinq, je pense », m'avait-il dit. Puis, quelques jours plus tard, il m'avait téléphoné pour m'informer que c'était trois. « Partout au Québec on parle français », avait-il ajouté. Je jubilais en écoutant son message. Cela avait suffi pour que je me présente au 35, avenue Montaigne dans le VIIIᵉ arrondissement, à l'ambassade du Canada à Paris, deux mois plus tard, pour demander un visa. J'étais à mille lieues de savoir qu'obtenir un visa pour le Canada relevait du miracle. L'agent d'immigration, un homme charmant qui parlait avec un accent bizarre, m'a demandé le motif de mon voyage.

« Pour rejoindre un groupe d'amis à Montréal et y célébrer le jour de l'An.

– Pardon ?

– C'est pour faire la fête à Montréal, insistai-je, on est une dizaine d'amis de différents pays à participer à ce voyage.

– C'est formidable ! » a-t-il rétorqué.

Franchement, je ne m'attendais pas à autant d'enthousiasme de la part d'un bureaucrate. On m'avait dit que les Canadiens étaient plutôt des gens froids. Ce monsieur-là ne l'était pas du tout. Bien au contraire, il était même « chaud ». « Vous voulez un visa pour combien de jours ? m'a-t-il demandé. « Une semaine ou deux suffirait », ai-je répondu. Je suis partie m'asseoir dans la salle d'attente jusqu'au moment où j'ai entendu à nouveau mon nom. « Mademoiselle, voici votre passeport. Bon voyage. Excusez-moi de vous avoir posé des questions un peu indiscrètes. Mais vous savez, avec ce passeport-là, les gens partent et ne reviennent plus, alors on se méfie », m'a-t-il dit, en tenant toujours mon passeport de sa main droite et en me fixant de ses yeux bleu pâle avec un air attendri. « Ah bon ! m'exclamai-je bêtement, merci encore.» Bien sûr, je ne lui avais rien laissé entendre de mes intentions. À vrai dire, rien n'était vraiment clair dans ma tête à ce moment-là. Une chose est sûre, je ne lui avais pas dit que, moi aussi, comme bon nombre de terriens, j'avais été éjectée sur les sentiers tortueux de l'exil. Le pays qui m'avait faite femme ne pouvait plus contenir mes colères. Alors, il me fallait inventer des moyens de survie. Je suis partie sans rien dire. Avant de me perdre dans la beauté de ma ville d'adoption, j'ai tout de même pris la peine de feuilleter mon passeport. Quelle ne fut pas ma surprise lorsque j'ai découvert que la durée du visa était de six mois! Oui, six mois! J'avais demandé un visa de deux semaines et on me donnait un visa de six mois! Comment était-ce possible? Mon ami avait oublié de me dire que les Canadiens débordaient de générosité. Sur le chemin du retour, je déambulai sur l'avenue des Champs-Élysées en chantonnant: Canada, Canada, Canada sur un rythme typiquement algérien. J'étais déjà sur un nuage. Je volais vers la liberté. J'étais déjà devenue une femme libre. Je n'ai même pas pris la peine d'aller à la Délégation générale du Québec, ni même à son service d'immigration, pour m'enquérir de quelques données essentielles sur ma nouvelle destination. La cadence de ma vie ne me permettait pas de faire des détours inutiles. J'avais deux mois pour faire le plein de Paris et chaque minute comptait.

Que savais-je de ce pays et de ses habitants? Presque rien. Des bribes. Je connaissais le champion du 100 m des Jeux olympiques de Séoul, Ben Johnson, qui avait laissé derrière lui Carl Lewis, avant sa disqualification bien entendu. Sur les plages d'Oran, des amoureux m'avaient chantonné *Hélène*, la célèbre *toune* de Roch Voisine. J'avais lu quelques livres de l'astrophysicien Hubert Reeves pour lequel une de mes amies de promotion à Oran se passionnait. Je ne savais RIEN du Québec. Tout au plus que c'était un dosage d'Europe et d'Amérique du Nord où l'on parlait français. Cela m'avait suffi pour tenter l'aventure. Cela m'avait convaincue de venir en plein hiver avec mon sac à dos vert que mes parents m'avaient offert pour Noël quelques jours avant mon départ. La volonté de choisir un pays pour moi-même et par moi-même pour m'y révéler telle que je suis était plus forte que tout. Était-ce réaliste? J'en doute. À 24 ans, ce sont les rêves qui font vivre. La lucidité n'est qu'accessoire. On ne connaît point ses limites. On ne s'encombre pas de grandes stratégies. On n'a pas peur des échecs, encore moins de l'inconnu. Pour moi, la liberté n'avait point de prix. Je suis partie sur la pointe des pieds sans dire au revoir à mes parents. Je leur avais laissé entendre que je me rendais à Montréal pour deux semaines de vacances. Les deux semaines se sont un peu dilatées pour ne pas dire beaucoup. Aujourd'hui, il y a douze ans que je suis établie au Québec. Je déteste toujours les au revoir. Je suis incapable d'en faire. Je n'en ai ni la force ni le courage. J'ai quitté Paris sans regarder en arrière, le ventre noué de douleurs, mon balluchon chargé de mes bricoles d'Algérie et de mon tapis de Ghardaïa. J'ai mis mon bonheur en sourdine encore une fois pour aller à la conquête de moi-même et du monde.

Pourquoi le hasard a-t-il fait que je tombe sur Bill Sloan, ce merveilleux avocat, qui m'a prise sous son aile? Dans son bureau, où la photo du Che partageait un pan de mur avec des souvenirs d'Amérique latine et des tapis autochtones, il me racontait ses périples à Cuba et en Colombie. Il me disait combien il était indispensable de continuer de se battre pour la justice sociale et la démocratie. Il me disait combien il vomissait les dictatures. Je lui parlais de mon Algérie et de mes rêves brisés. Je lisais dans ses yeux ce désir profond de changer le monde et cela apaisait ma tête bourrée de préjugés et d'ignorance à l'égard de ce nouveau chez-moi. Nous finissions nos discussions dans le boui-boui tunisien en bas de son ancien bureau de la rue Ontario. J'étais venue pour mettre un peu d'ordre dans mes sentiments. Je pensais que plus jamais je n'aimerais démesurément un pays et ses gens. J'étais à peine arrivée que déjà je commençais à m'enraciner sans même le savoir. Comment pourrais-je oublier la dette que j'ai envers ce pays qui m'a ouvert les bras alors que je ne savais trop quoi faire de ma vie et de mon existence et que je n'avais nulle part ailleurs où aller? «Madame, la Commission de l'immigration et du statut de réfugié vous a reconnu le statut de réfugié au sens de la Convention», m'a dit le juge dans la salle d'audience. Quelques jours plus tard, j'ai reçu une lettre m'invitant à présenter ma demande de résidence permanente. Était-ce possible qu'en trois mois j'obtienne un statut que d'autres peinaient à avoir des années durant? Était-ce ma bonne étoile ou simplement la générosité de ce pays qui m'a offert un nouveau départ? Je suis arrivée ici à l'âge où les adultes commencent à entreprendre une carrière, à songer à leur avenir, à fonder une famille ou même à avoir des enfants. Moi, j'étais à mille lieues de ces aspirations, décalée et en retard par rapport à tous. De toute façon, jusque-là, j'avais toujours fait les choses à ma façon et ça n'a pas tellement changé depuis. Sauver ma peau et retrouver ma sérénité d'autrefois étaient mes seuls objectifs. À vrai dire, à quoi cela m'avait servi d'être en avance toute ma vie sur les autres? J'étais entrée à l'école à l'âge où les bambins continuent de courir dans les parcs et je me retrouvais encore une fois reprenant le chemin de l'école à 24 ans pour préparer une Maîtrise en physique pour laquelle j'ai obtenu une bourse d'études de l'Institut national de recherche scientifique (INRS-Énergie et matériaux). Les astres ont continué de s'aligner un à un. Ce n'était pas la dernière fois que j'allais dépoussiérer mon cartable d'écolière. Je l'ai fait encore une fois, quatre années plus tard, à 28 ans, lorsque je me suis inscrite à la Maîtrise en science politique et en droit international. Ma nouvelle condition était devenue mon catalyseur. Je voulais «apprendre» tout ce qu'on m'avait interdit d'«apprendre» jusque-là. Mon rapport à la connaissance est né d'une frustration profonde. Il en a résulté une envie maladive d'«apprendre» et de «désapprendre» toutes les idioties dont on m'avait gavée enfant. Aujourd'hui, je sais ce que la connaissance signifie, loin du diktat des imams et des charlatans de tous poils, et j'en suis fort aise. Pour autant, je ne me suis pas totalement débarrassée de ce sentiment d'avoir été «spoliée de la connaissance». Loin de là.

«Qui a une idée des étapes à franchir pour obtenir le statut de réfugié politique au Canada?» nous a demandé l'enseignante dans le cadre d'un cours en droit humanitaire. Les réponses ont commencé à fuser dans la salle. J'ai senti des larmes me venir aux yeux. Je les refoulai. Je gardai le silence. J'ai compris alors que la connaissance n'était pas seulement livresque et que ma meilleure école était, sans aucun doute, la vie. Je me suis souvenue de ma première année au Canada. Les pieds dans la neige, traînant ma solitude d'exilée fraîchement débarquée sur des boulevards interminables et ridiculement laids. C'est ainsi que m'avait paru Montréal à mon arrivée. Insignifiante et inélégante. Avec ses autobus, ses ambulances vieillotes et ses clochers décadents qui rappelaient étrangement une époque pas si lointaine. Elle ne ressemblait à aucune ville que j'avais visitée. Son urbanisme et son architecture ne correspondaient à aucun critère esthétique auquel je pouvais me référer. Que de temps m'a-t-il fallu pour me défaire de mes anciennes références et pour habituer mes yeux à ces nouveaux paysages, diamétralement différents de ce que j'avais connu jusque-là! Mon cœur était resté place des Vosges. J'avais la nostalgie des cafés et des terrasses de la Bastille et du Marais. Mes parents, mon frère et mes amis me manquaient horriblement. Ce manque-là, il me rongeait intérieurement d'une façon profonde et continuelle. Je regardais ailleurs pour ne pas trop m'apitoyer sur moi-même. Et puis, ma nouvelle existence grugeait en moi une quantité infinie d'énergie. Alors, je n'avais nul autre choix que d'en avoir pour avancer et aller de l'avant. Il y avait tellement de choses à démêler quant à la façon de vivre des gens d'ici. J'avais tant à apprendre sur leurs rapports sociaux et leurs façons de penser. Cette langue française, qu'il fallait que je réapprenne pour me faire comprendre. Ces oreilles que je rééduque. Tous ces concepts à défaire un à un. Le déjeuner devenu dîner. Le bonjour pour clôturer une conversation. La voiture devenue un char. Le allô pour dire bonjour sans combiné téléphonique. Le 5 à 7 qui remplace l'apéro. Les blondes qui sont parfois brunes, voire même noires. Les *chums* qui peuvent être des filles. Ces invitations qui n'en étaient guère où chacun apportait sa propre consommation. Ces hommes qui regardaient les femmes autrement sans vraiment les regarder. Ces femmes qui ne voulaient plus qu'on leur tienne la porte. Cette façon sans complexe de parler d'argent à tout bout de champ. Ces étudiants qui avaient leur mot à dire sur tout. Ces enseignants qu'on tutoyait, gênés de prendre la place qui leur était due. Ces factures d'université à payer. Moi qui pensais que l'éducation était un droit universel au même titre que la santé. Ma façon d'être qui ne collait plus du tout à ma nouvelle réalité.

Ma tête grouillait de questions. Je voulais qu'on me raconte ce pays. Dans mon entourage, on en parlait peu, comme si les mots manquaient. Comme si dire le pays n'en valait plus la peine. Comme si l'Histoire avait déserté l'espace. Comme s'il y avait eu une cassure irréparable. Je cherchais des amoureux de la Révolution tranquille, de Borduas et des Automatistes. Je n'attendais nullement que les choses viennent à moi. J'allais à leur conquête. Pour ce faire, je multipliais les rencontres et les initiatives. Bénévolat au centre communautaire de la Côte-des-Neiges, émissions radiophoniques sur les ondes de CIBL, animation d'ateliers dans les établissements scolaires et pour Amnistie internationale, participation à des conférences sur les droits humains et accompagnement de réfugiés politiques à leurs audiences à la CISR. Avec tous ces efforts, même deux années après mon arrivée, je ne comprenais pas grand-chose à l'actualité. Je ne lisais les journaux locaux que d'une façon détachée. C'était bien évidemment avant que je ne rencontre le coloré sénateur Marcel Prud'homme qui me raconte toujours passionnément de nombreux épisodes d'Histoire dans son somptueux bureau de la colline parlementaire. Même la compréhension des deux solitudes, francophone et anglophone, ne me paraissait pas évidente. Et puis, il y en avait une troisième, celle des immigrants, qui se scindait d'ailleurs en plusieurs formes. Que dire alors de celle des autochtones ? Ce pays était-il un amalgame de solitudes et d'aberrations historiques ? Comment pouvais-je comprendre un pays de la taille d'un continent en si peu de temps? Faire la différence entre les pouvoirs fédéraux et ceux des provinces? Et cette allégeance à la reine d'Angleterre? Et ce drapeau canadien pas si vieux que ça? Nul ne peut imaginer ce que signifie «apprendre» un pays à l'âge adulte pour un nouvel arrivant. La tâche est immense, croyez-moi. De plus, lorsqu'on doit gagner sa vie, apprendre une nouvelle langue, élever une famille, se remettre d'un départ qui n'est pas toujours choisi et guérir ses blessures, la tâche est titanesque. C'est pour cela que j'éprouve une profonde admiration pour tous ces immigrants qui s'arment de beaucoup de patience pour s'approprier un nouveau pays. Je trouve sincèrement dommage que leurs efforts ne soient pas reconnus à leur juste valeur. Un jour à Montréal, alors que je participais avec mon amie Karima à une rencontre à l'invitation d'un organisme communautaire, la discussion a dévié sur le Québec et le référendum de 1995. Une participante a repris à son compte les déclarations de l'ancien premier ministre du Québec, Jacques Parizeau, qu'elle a répétées. J'avoue que sur le moment je n'ai pas saisi la portée de son geste. Voulait-elle me faire passer un message? Voulait-elle me tenir pour responsable d'un événement auquel je n'avais même pas participé et par lequel je ne me sentais nullement concernée? Franchement, je l'ignore. En 1995, alors que le Québec connaissait son deuxième référendum, j'étais ailleurs dans ma vie. À bien y penser, les déclarations qu'a faites Parizeau ne me blessent pas. Elles étaient maladroites, certes. Je pense qu'on ne peut résumer le parcours d'un homme qui a dédié une grande partie de sa vie au Québec en une phrase aussi malencontreuse. C'est en ce sens que je considère le procès qu'on lui a fait comme une profonde injustice.

Bien des aspects de ma vie montréalaise me séduisaient. Je ne m'ennuyais nullement des barbouzes de la station de métro du Châtelet, armés jusqu'aux dents, pointant leurs flingues sur les passants. Les questions désobligeantes des agents responsables du renouvellement des visas ne me manquaient d'aucune façon. L'équilibre des forces sociales ne semblait point constamment menacé comme c'était le cas en France.

Le civisme des institutions me frappait. C'était la première fois pour moi que ceux qui représentaient l'Autorité regardaient les citoyens sans condescendance et sans mépris. Ces appartements si faciles à louer. Il n'y avait pas de contrôleurs dans les wagons du métro, ni dans les autobus où l'on ne se bousculait point pour monter. Cette naïveté si intrinsèque aux gens d'ici me paraissait étrange, à la limite suspecte, et me mettait d'emblée mal à l'aise. Moi, pour survivre parmi les miens, j'avais menti pratiquement toute ma vie. À Chypre, mon grand-père n'avait-il pas dit à des voisins indiscrets que j'avais été baptisée? À Oran, n'avais-je pas dit à ma grand-mère que je suivais le ramadan à la lettre? J'avais cinq ans. Je n'avais aucune idée de ce que le ramadan signifiait. Je voulais faire plaisir à ma grand-mère. Alors, lorsqu'elle m'avait posé la question, j'avais répondu: «Oui je fais le ramadan comme papa et maman, nous mangeons tous ensemble au retour de papa du travail vers cinq heures.» Je doute que mes parents aient apprécié ma franchise à ce moment-là. Nous étions chez mes grands-parents en plein mois de ramadan et nous nous apprêtions à «rompre notre jeûne». La table était dressée. Tout le monde attendait le signal du muezzin pour passer à table et, nous aussi, nous faisions semblant d'attendre. Comment faire pour établir des rapports bâtis sur du vrai? Comment faire pour ne plus mentir et être simplement soi-même?

Avec l'arrivée du printemps, il y avait toute cette végétation qui sortait de terre comme par magie. Je n'en croyais pas mes yeux. Toute cette foule souriante qui grouillait sur le boulevard Saint-Laurent et la rue Saint-Denis, où s'était-elle terrée? Une autre ville prenait forme. Le dimanche, des dizaines de percussionnistes affluaient vers le mont Royal, le transformant en un village africain. Une masse festive investissait le centre-ville sur des rythmes de musiques de jazz, africaine, créole, brésilienne et raï. Montréal avait déployé son plus bel apparat pour célébrer l'été. Moi aussi, je célébrais. Mon cœur était en fête. Le bonheur cognait encore une fois à ma porte. J'étais heureuse de vivre. En juin 1997, je partais faire mon premier pèlerinage à

Charlevoix en compagnie de trois copains français qui travaillaient avec moi. Le Québec commençait à se révéler à moi, petit à petit, dans toute sa beauté, sa splendeur et sa simplicité. Je parcourais du pays, parfois seule, parfois avec des amis. Je m'imprégnais de cette nature avec ses lacs infinis et ses espaces sauvages à couper le souffle. Une année plus tard, je découvrais New York, Boston, Washington et les Adirondaks. J'étais éblouie par tout ce que je voyais. Grâce à deux amies, Sabine et Nathalie, l'une suisse et l'autre française, je recommençai à monter à cheval. Ce qui m'était fort agréable. Comme à Oran, j'avais mes «copains du cheval». Mon cercle d'amis grossissait. Mon appartement s'était encore une fois transformé en un gîte de rencontre des amoureux de la vie où l'on se réunissait autour de bonnes bouffes et de bons vins. J'avais connu une peintre, une jeune femme d'origine polonaise, arrivée au Canada enfant, avec laquelle j'ai monté des performances théâtrales qui ont connu un réel succès. Une voix de fée me disait qu'il était possible de se réaliser pleinement dans ce pays même lorsqu'on venait de loin comme moi. Je l'écoutais religieusement sans rien dire en me promettant que la réussite arriverait. N'était-elle pas en train de se réaliser? Je continuais de danser sur des rythmes orientaux, respirant à pleins poumons l'oxygène que me renvoyait ma nouvelle ville bordée par le Saint-Laurent, l'âme abreuvée des tableaux de mon ami Daniel Jonathan Montoro, un Pied-Noir, qui peignait des femmes d'Algérie dans son atelier du Vieux Montréal.

Je me suis installée rue Édouard-Monpetit, dans un joli appartement bien éclairé, à quelques minutes de l'Université de Montréal, là où se faisait la plus grande partie de mes travaux de recherche. Je détestais la tour de l'université en forme de minaret. Le reste du quartier était sympathique et à forte concentration estudiantine. Avec ses deux grandes libraires, Olivieri et Renaud-Bray, sa bibliothèque, sa Maison de la culture, ses cafés, ses restaurants, sa Maison de la presse internationale, son centre communautaire, ses marchés, ses épiceries et sa faune bigarrée, le quartier dégageait du charme et de la vie. Le passage quotidien par la Maison de la presse internationale a pris très vite la forme d'un rituel irremplaçable. J'y lisais, tous les jours, *El-Watan* et *Le Monde* et différents hebdomadaires de politique internationale. L'islamisme continuait de frapper en Algérie avec une intensité un peu moindre. Mais des innocents continuaient de tomber sous les balles assassines. Cette réalité était bien loin des préoccupations des gens d'ici. Personne ou presque ne semblait s'intéresser à l'islamisme politique et à ses répercussions. Même dans des cercles d'initiés, lorsqu'il m'arrivait d'évoquer le sujet, les gens me regardaient en faisant des yeux ronds, ne sachant trop quoi penser ni quoi dire. C'était, bien sûr, avant que l'islamisme politique et son corollaire, le jihad, ne fassent irruption dans la vie paisible de cet immense pays d'Amérique du Nord.

## Des cellules terroristes au service du jihad

Saint-Denis, le 15 décembre 1999. Mes parents et mon frère étaient en fête pour m'accueillir. Depuis mon installation à Montréal, nos retrouvailles prenaient toujours des allures de célébrations grandioses qui réunissaient mes oncles, tous exilés en France, leurs familles et nos nombreux amis. Ces moments intenses me comblaient d'amour. La sonnerie du téléphone est venue m'arracher à cet instant de pur bonheur. Je n'avais pas encore eu le temps de défaire ma valise. Je revenais à peine de l'aéroport. Je n'avais pas encore fini de serrer mes parents contre moi. C'était le rédacteur en chef d'*El-Watan*. Il m'annonçait l'arrestation de Ahmed Ressam dans l'État de Washington, à la frontière canadienne, qui s'apprêtait à commettre un attentat contre l'aéroport international de Los Angeles. J'étais abasourdie. « Ils ont infesté même le Canada ? C'est cela ? » lui ai-je dit, estomaquée par la nouvelle. « Il est encore trop tôt pour sauter aux conclusions, mais ça en a tout l'air. Je ne sais rien de plus. C'est à toi de voir ce que tu peux faire », m'a-t-il répondu. J'étais partie à Montréal pour laisser loin derrière moi les égorgeurs du FIS et voilà qu'ils venaient bouleverser de nouveau la quiétude de ma vie canadienne. Pour me tenir le plus loin possible de ces assassins, j'avais consenti à un nouvel exil pour lequel je sacrifiais ce que j'avais de plus cher : ma famille. Étais-je retournée à la case départ ? Certainement pas, mais je n'en étais pas loin. Je n'aurais jamais imaginé que ma collaboration avec *El-Watan*, qui avait commencé quatre mois auparavant, allait s'accélérer et prendre la tournure de reportages sur le terrorisme islamiste. C'est pourtant ce qui est arrivé. Ces années de travail avec ce journal m'ont apporté beaucoup sur le plan humain. Je me considère immensément privilégiée d'avoir vécu une expérience si enrichissante avec des collègues si dévoués et je veux les en remercier sincèrement. Cette aventure a été possible grâce à Omar Belhouchet, directeur de ce journal qui m'a engagée sans hésiter, et à Ahmed Ancer, rédacteur en chef à cette époque, qui m'a permis de m'épanouir pleinement au sein de son équipe. Qu'ils trouvent ici l'expression de toute ma gratitude !

L'arrestation d'Ahmed Ressam, un vétéran d'Afghanistan d'origine algérienne, en possession d'une centaine de livres d'explosifs et de détonateurs, le 14 décembre 1999, à Port Angeles, a levé le voile sur l'existence d'un réseau terroriste dans la région montréalaise dirigé par Fateh Kamel, commerçant d'origine algérienne, établi au Canada depuis 1987 et marié à une Canadienne. Le réseau réunissait une centaine de personnes originaires pour la plupart du Maghreb, et avait des ramifications en Algérie, en Italie, en France, en Grande-Bretagne, en Bulgarie, en Bosnie, en Turquie, au Pakistan et en Afghanistan. Des informations consignées dans des documents français classés confidentiels révélaient des numéros de téléphone et de fax de camps d'entraînement en Bosnie et en Afghanistan. Des liens ont été corroborés entre la cellule montréalaise et le gang de Roubaix, dirigé par Lionel Dumont et Christophe Caze, deux convertis à l'islam qui ont séjourné dans des camps d'entraînement en Bosnie en compagnie de Fateh Kamel. À partir du début des années 1990, le réseau montréalais s'est spécialisé dans le trafic de faux documents. Pas seulement. Le juge français Jean-Louis Bruguière, expert des réseaux islamistes, considérait le Canada comme une base de repli des militants du FIS et du GIA. En effet, nombre de militants de la mouvance islamiste algérienne avaient fui l'Europe pour le Canada. Ils ont revendiqué leur affiliation politique, prétextant qu'ils étaient persécutés par le gouvernement algérien, ce qui était franchement à la mode à cette époque-là, et certains d'entre eux ont obtenu le statut de réfugié. Ce qui leur a permis de s'installer tranquillement au Canada et de vivre de l'aide sociale avant d'être inquiétés par les services de renseignement au lendemain de l'arrestation d'Ahmed Ressam. Le juge Bruguière gardait toujours un œil sur ceux qui avaient transité par la France. Ahmed Ressam était de ceux-là. Ses enquêtes sur le gang de Roubaix l'ont mené à Montréal. En avril 1999, soit neuf mois avant l'arrestation de Ressam, il avait alerté les autorités canadiennes par écrit de la présence de plusieurs terroristes algériens, dont Ressam. Les services de sécurité ont attendu six mois, soit jusqu'en octobre 1999, avant de procéder à la perquisition du domicile de ce dernier, demandée par Bruguière. La fouille a été concluante et a permis de mettre la main sur un petit agenda grâce auquel on a remonté la filière du réseau Al-Qaida jusqu'en Afghanistan. Cependant, Ressam avait disparu. Libres comme le vent malgré un pedigree qui n'avait rien de rassurant, plusieurs islamistes continuaient de circuler à leur gré. De l'avis du juge Bruguière, les Canadiens ont mis trop de temps avant de réagir. Lors d'un entretien qu'il m'a accordé à Paris en décembre 2002, il m'exprimait sa frustration face à la tiédeur des services de sécurité à mettre le grappin sur des activistes islamistes, quand nombre d'entre eux avaient déjà été condamnés pour trafic de faux papiers, fraude à la carte de crédit et vols. Arrêté au Canada plusieurs fois pour vol, Ahmed Ressam ne fut jamais condamné à de la prison ferme. Un mandat d'arrêt avait même été émis contre lui pour avoir omis de se présenter à son audience à la CISR. Arrivé à Montréal en février 1994, après deux années passées en France, il avait franchi la frontière muni d'un faux passeport français. Le 16 mars 1998, il s'est rendu en Afghanistan. C'est là, dans le camp de Khalden, qu'il a fait la connaissance de Abou

Zoubeida, l'un des lieutenants de Ben Laden chargé du recrutement des « frères d'origine maghrébine ». Bien d'autres Canadiens furent enrôlés en Afghanistan. Momin Khawaja et Mohamed Khadr étaient du nombre. Ceux-là appartenaient à des cellules de Toronto, qui opéraient indépendamment de celles de Montréal. Ressam revint une année plus tard sous une fausse identité et le Service canadien du renseignement de sécurité (SCRS) qui surveillait son domicile de la rue Malicorne n'y a vu que du feu. Pourquoi cette grande tolérance à l'égard d'activistes islamistes qui de surcroît s'étaient convertis au banditisme ? Fatima Houda-Pepin, députée à l'Assemblée nationale du Québec et d'origine marocaine, en a donné l'explication aux journalistes de Radio-Canada lors d'un reportage télé sur le terrorisme au Canada diffusé le 8 septembre 2006 : « On ne s'est jamais réellement soucié du danger que ça représentait, tant et aussi longtemps qu'ils tuaient en Tunisie, qu'ils tuaient en Algérie, qu'ils tuaient en Égypte ou ailleurs. Ça se passait ailleurs et on n'a pas compris que l'ailleurs, c'est ici. Pendant les années 1990, la guerre civile a déchiré l'Algérie et de nombreuses victimes de la violence ont trouvé refuge à Montréal. Des victimes, mais aussi leurs bourreaux. Profitant de la tolérance policière, des membres du GIA, qui terrorise l'Algérie, sont aussi venus au Québec. » Pendant la décennie noire en Algérie, des amis m'ont révélé que des mosquées montréalaises appelaient à saigner les intellectuels et les forces de sécurité. Les prières du vendredi clôturaient des prêches incendiaires. Le journaliste Fabrice de Pierrebourg a enquêté sur le sujet et a publié un livre intitulé *Montréalistan* qui contient des informations fort intéressantes sur la mouvance islamiste à Montréal. En avril 1999, c'est le juge Bruguière encore une fois qui, grâce à la collaboration des services de sécurité jordaniens et saoudiens, a fait arrêter Fateh Kamel en Jordanie et qui s'est déplacé en personne pour l'arrêter. Kamel a été extradé vers la France et condamné à huit ans de prison pour sa participation à un trafic de faux papiers au profit du gang de Roubaix. Libéré quatre années plus tard pour bonne conduite, il est retourné à Montréal en janvier 2005 où il vit toujours.

C'est à travers quelques mosquées montréalaises que se faisait principalement le travail « d'approche » et de recrutement des nouveaux activistes, dont la célèbre mosquée Assuna Annabawiyah de la rue Hutchison, qui a joué un rôle clé dans l'organisation du réseau montréalais. Accusé d'avoir recruté deux des pirates de l'air du 11-Septembre alors qu'il se trouvait en Allemagne, l'imam de cette mosquée est toujours détenu à Guantanamo[1]. Comme les mosquées échappent complètement à la surveillance des autorités, des prêches haineux continuent de s'y faire. À la suite de l'assassinat en Ontario au mois de décembre 2007 d'Aqsa Parvez, on a pointé du doigt de nombreuses mosquées de Montréal et de Toronto qui appelaient ouvertement à la violence contre les femmes. Rima Elkouri, dans *La Presse*, a rapporté les propos diffusés sur le site Internet d'une association islamiste qui a pignon sur rue : « Mets un voile, sinon tu pourrais être violée. C'est ce que l'on recevait comme message jusqu'à tout récemment sur le site Internet du Centre communautaire musulman de Montréal, sous une rubrique visant à informer l'internaute non voilée des supposés dangers liés à sa condition. Ne pas porter le hijab peut entraîner "des cas de divorce, d'adultère, de viol et d'enfants illégitimes", disait l'avertissement pour le moins ahurissant. On y disait aussi que celle qui enlève son voile voit sa "foi détruite", adopte un "comportement indécent" et sera punie en "enfer". On y traitait aussi la femme occidentale de "prostituée non payée[2]" ». Richard Martineau a levé le voile également sur les propos de l'imam Abou Hammaad Sulaiman Dameus Al-Hayiti, l'imam salafiste d'origine haïtienne de la mosquée Dar Al-Arqam, située rue Jean Talon près de la 17e Avenue. Après avoir suivi une formation en Arabie Saoudite, ce dernier prodigue des prêches à Montréal. Dans deux chroniques qui dénonçaient la tiédeur

---

1. Fabrice de Pierrebourg, *Montréalistan*, Montréal, 2007, p. 116.
2. Rima Elkouri, « Du voile et du viol », *La Presse*, 17 décembre 2007.

des groupes de gauche et des défenseurs des droits de la personne face à la propagande haineuse islamiste, Richard Martineau reprenait des extraits des « enseignements » de Al-Hayiti : « Ceux qui veulent nier la différence entre la femme musulmane et la femme mécréante, au nom de l'humanisme, du féminisme et de l'égalité, n'ont pas compris la réalité de l'Islam. La femme musulmane est supérieure à la mécréante par sa foi et sa religion parce qu'elle a compris la Parole d'Allah[3]. » Des exemples comme ces deux derniers, je peux en citer des dizaines. D'ailleurs, pour avoir dénoncé les agissements et les propos criminels des islamistes, Richard Martineau reçoit constamment insultes et menaces.

La mobilisation des mosquées a joué également un rôle crucial lors de l'affaire des tribunaux islamiques en Ontario, à travers le pathétique imam tunisien Al-Jaziri et le virulent imam égyptien Salam Elmenyawi, président du Conseil des musulmans de Montréal, deux chauds partisans du projet. À Toronto, la situation est sensiblement la même. Au lendemain des attentats du 11-Septembre, le 2 décembre 2001, le *Toronto Star* a publié, sous la plume de Sam Grewal, un dossier intitulé « *In some Toronto mosques, the hard line* ». Dans son enquête, le journaliste rapportait certains faits troublants concernant des prêcheurs qui n'hésitaient pas, dans l'euphorie post-11-Septembre, à parler de jihad contre l'Occident. Une question demeure sur toutes les lèvres : qui parle au nom de qui dans la communauté musulmane ? Un reportage de la CBC diffusé en mars 2007 et intitulé : « *Who Speaks for Islam ?* » montrait l'intimidation dont sont victimes des musulmans canadiens qui essaient de parler au nom d'un islam modéré, pluraliste et séculier. Des gens qui ont quitté des pays où la liberté d'expression n'était qu'une chimère font l'objet de pressions éhontées au Canada au sein de leur communauté. Ce qui est encore plus inquiétant, c'est l'impunité dont jouissent les radicaux

3. Richard Martineau, « Le silence des groupes antiracisme », *Le Journal de Montréal*, 15 avril 2008.

qui revendiquent la liberté d'expression pour justifier leurs campagnes d'intimidation.

À l'été 2005, une cellule terroriste composée de quatre Algériens soupçonnés d'appartenir au GSPC a été démantelée à Toronto, révélait le *National Post*[4]. L'information gardée secrète a été confirmée par un haut responsable du SCRS, Larry Brooks, au cours d'un séminaire réunissant des experts de la sécurité à Toronto, indiquait le journal. Le groupe, installé au Canada depuis six ans, comptait un ancien instructeur du réseau Al-Qaida, un expert en explosifs qui avait reçu son entraînement dans les camps d'Al-Farooq et de Khaldun, dans l'est de l'Afghanistan. Arrivés au Canada en 1998, trois des quatre Algériens de Toronto avaient demandé l'asile politique qui leur avait été refusé. Ils ont été arrêtés et expulsés vers les États-Unis, d'où ils étaient entrés au Canada. Quant au chef de la cellule, l'expert en explosifs, arrivé au Canada le 8 août 1998 porteur d'un faux passeport saoudien, il avait lui aussi déposé une demande d'asile qui avait été refusée. Il a quitté le pays volontairement le 7 mars 2004 après une confrontation avec les enquêteurs. Ce n'est que depuis novembre 2002 que le GSPC est considéré au Canada comme une organisation terroriste. Selon le *National Post*, il n'y avait pas de relation entre la cellule de Toronto et celle de Montréal dirigée par Fateh Kamel. Cependant, on peut faire bien des parallèles entre elles. Une fois arrivés au Canada, les membres des deux cellules ont revendiqué le statut de réfugié politique. De plus, ils se spécialisaient dans la préparation d'explosifs.

Le 2 juin 2006, un complot terroriste qui ciblait la Tour du CN à Toronto, le Parlement et même le premier ministre Stephen Harper a été déjoué et 17 hommes, pour la plupart des Canadiens musulmans dans la jeune vingtaine et 5 d'âge mineur, ont été appréhendés dans la région de Toronto. Aucun des suspects n'avait de dossier criminel. Aucun d'eux n'avait connu de problèmes avec les autorités. La traque a permis à la police de saisir trois tonnes de nitrate d'ammonium, un fertilisant chimi-

---

4. Stewart Bell, «CSIS: terror cell busted», *National Post*, 3 novembre 2005.

que souvent utilisé comme explosif lors d'attentats terroristes. Le directeur adjoint des opérations au SCRS, Luc Portelance, a soutenu que les suspects arrêtés adhéraient à une «idéologie de violence inspirée par Al-Qaida». Un autre responsable du SCRS a expliqué que les jeunes terroristes n'ont pas besoin de s'entraîner dans des camps illicites en Afghanistan pour apprendre des techniques servant à commettre des attentats. Surfer sur le Web leur suffit. Des jeunes nés ou élevés au Canada forment la moitié des individus soupçonnés de terrorisme, l'autre moitié étant des individus installés illégalement ou ayant demandé le statut de réfugié. À la suite du coup de filet torontois, un plan de communication a immédiatement été mis en place à Montréal par une vingtaine d'associations musulmanes qui ont convoqué une conférence de presse qui visait bien entendu à dédouaner l'islamisme politique et à brouiller les cartes. Dans un communiqué de presse commun, publié sur le site Internet du Conseil musulman de Montréal, ces organisations ont attribué la responsabilité des dérives à la société d'accueil: «L'extrémisme est un phénomène social généré, entre autres, par des politiques d'exclusion sociale et des stéréotypes ethniques auxquels certaines communautés sont confrontées. Il n'est ainsi pas inhabituel que des citoyens, appartenant à des groupes ethniques ou culturels spécifiques, soient victimes de discrimination et relégués au rang de ce qu'on pourrait appeler des citoyens de seconde zone», pouvait-on lire. Comme d'habitude, ces organisations islamistes ont préféré regarder ailleurs pour ne pas avoir à avaliser l'évidence. Dans un éditorial intitulé «L'intolérable», Josée Boileau fustigeait leur ton moralisateur à l'égard de la population et a écrit ceci: «Que n'avons-nous entendu d'appels au calme et à la tolérance depuis les arrestations de la fin de semaine: un extraterrestre pourrait croire que les envies terribles de lynchage et de vengeance doivent impérativement être réfrénées dans ce pays! Pourtant, hormis les quelques vitres cassées de la mosquée ontarienne fréquentée par des suspects et les coups dans les fenêtres au moment d'une prière, aucun incident notable n'a été recensé.» Elle a rappellé qu'au Québec en particulier, aucun incident significatif n'avait été signalé et que «les porte-parole musulmans peinaient à trouver des cas concrets». Ces derniers étaient pourtant les premiers à évoquer un climat d'insécurité et de stigmatisation à l'égard des musulmans. Un reproche que Josée Boileau qualifie de «bien flou». Elle préfère d'ailleurs souligner le caractère respectueux des Canadiens à l'égard des musulmans et le civisme qu'ils ont démontré face aux événements. Qui s'en félicitera? s'interrogeait encore l'éditorialiste du *Devoir*. Certainement pas les «porte-parole» musulmans. Il ne s'en est trouvé aucun pour dénoncer le prosélytisme des imams haineux. Pourtant, les éléments de preuve qui mettaient en cause certaines mosquées dans l'embrigadement des jeunes inculpés ne manquaient guère[5].

En mai 2008, lorsqu'a commencé à Toronto le procès de l'un des cinq inculpés mineurs, âgé de 20 ans, celui-ci en pleine audience a essayé de quitter le tribunal arguant qu'il ne reconnaissait que les lois d'Allah et que les lois canadiennes n'avaient aucune compétence sur lui. Le quotidien *The Globe and Mail*[6] a rapporté qu'après avoir renié son avocat il a demandé à retourner dans sa cellule, plaidant qu'en prison au moins il pouvait prier à sa guise. Dans son édition du lendemain, le journal[7] reprenait les révélations inquiétantes de l'un des hauts responsables du contre-terrorisme canadien, Mike McDonnel, commissaire adjoint de la Gendarmerie royale du Canada (GRC), qui a révélé que la plus grande menace à laquelle faisait face le Canada, c'était l'adhésion de jeunes dans la vingtaine à l'idéologie jihadiste.

---

5. Sayyid Ahmed Amiruddin, un imam soufi qui connaissait certains des jeunes suspects, a indiqué à la télévision de la CBC le 8 juin 2006 avoir été témoin d'une transformation radicale chez ces derniers. Il a expliqué que ces jeunes avaient fréquenté une autre mosquée et avaient été «séduits» par la propagande jihadiste.

6. Colin Freeze, « *Terror suspect jailed after rejecting court system* », *The Globe and Mail*, 7 mai 2008.

7. Colin Freeze, « *Terror "wannabes" Canada's biggest threat* », *The Globe and Mail*, 8 mai 2008.

# Les revendications du fascisme vert contaminent le Canada

L'islamisme politique prend racine partout où il peut, y compris au Canada, pour imposer ses diktats aux communautés musulmanes et faire fléchir l'État. C'est à travers des revendications aussi saugrenues que farfelues que les fous d'Allah islamisent les sociétés. Que n'ai-je entendu depuis quelques années dans ce pays? Des tribunaux islamiques au port du voile, à la séparation des sexes, des salles de prière dans les universités et les établissements scolaires à la dispense de certains cours, du port du voile pendant les compétitions sportives au refus de certaines femmes de se faire examiner par un médecin de sexe masculin alors que nous manquons horriblement de médecins[8], en passant par les cours prénataux réservés aux femmes et les cantines scolaires qui deviennent la cible de parents fous et excessifs. Disons que si le débat se poursuit concernant bon nombre de ces revendications et en particulier le port du voile, celui concernant l'instauration de tribunaux d'arbitrage, qui demandait l'application de la charia pour trancher des litiges familiaux entre musulmans de l'Ontario, s'est achevé abruptement après que le premier ministre Dalton McGuinty eut affirmé qu'il refusait de reconnaître l'arbitrage religieux. Non seulement il a interdit la création d'une cour musulmane, mais son gouvernement a amendé, en 2006, la Loi sur l'arbitrage

---

8. Dans le cadre des auditions publiques portant sur le projet de loi 63, Loi modifiant la Charte des droits et libertés de la personne, Gaétan Barrette, président de la Fédération des médecins spécialistes du Québec (FMSQ), a déposé un mémoire à la Commission des affaires sociales de l'Assemblée nationale du Québec où il met en garde la population contre les dérives de certains accommodements qu'il juge «à la fois inacceptables et intolérables». On y lit entre autres que «la forme de discrimination qui nous interpelle touche spécifiquement les hommes exerçant certaines spécialités médicales. Ces manifestations discriminatoires se rencontrent nommément en obstétrique-gynécologie. Elles prennent plusieurs formes et sont devenues fréquentes dans certains établissements hospitaliers de Montréal. Elles sont directement attribuables à l'expression exacerbée de valeurs ou de croyances ancrées au sein de certaines communautés.»

religieux[9], peu importe que cet arbitrage fût juif, catholique ou musulman. En affirmant que «la même loi devait s'appliquer à tous les Ontariens», McGuinty a infligé un véritable camouflet aux partisans du relativisme culturel.

C'est d'ailleurs en invoquant la Loi sur l'arbitrage religieux et au nom de «l'égalité des religions» qu'en décembre 2003 Muntaz Syed Ali, président du Conseil des musulmans canadiens, avait annoncé sa volonté de créer un tribunal religieux musulman pour traiter des questions de divorce, d'héritage, de pension alimentaire et de garde d'enfant. Cela revenait, en fait, à reconnaître l'arbitrage des imams largement pratiqué dans les mosquées. La demande de tribunaux islamiques a secoué fortement le Canada où résident quelque 600 000 musulmans. Plusieurs associations de femmes ont crié au scandale et ont affirmé que si l'Ontario acquiesçait à cette demande, l'égalité des sexes se trouverait carrément bafouée, ce qui reviendrait à piétiner la Charte des droits et libertés. Pour étudier la question de l'arbitrage à fondement religieux en droit familial et successoral, le premier ministre avait confié la cause, en juin 2004, à Marion Boyd, féministe, femme de gauche, ancienne procureure générale et ministre de la Condition de la femme. Un vif débat s'est ouvert alors entre ceux qui, attachés aux principes de laïcité et d'égalité, ont vigoureusement rejeté la proposition et ceux qui brandissaient le multiculturalisme et la liberté religieuse pour défendre le projet. Il y avait clairement, d'une part, ceux qui souhaitaient que le religieux interfère dans la sphère familiale et, d'autre part, ceux qui s'y opposaient. Le 20 décembre 2004, Marion Boyd a produit son rapport, intitulé *Résolution des dif-*

9. Avant l'amendement de la Loi sur l'arbitrage religieux en vigueur en Ontario, les décisions des tribunaux rabbiniques et catholiques en matière familiale avaient force de loi dans la province. La Loi permettait aux parties d'engager un tiers pour trancher leurs litiges, en privé, en utilisant les règles ou lois qu'elles avaient choisies. Après l'amendement, les parties ne peuvent plus avoir recours ni aux lois religieuses ni même aux lois de leur pays d'origine, puisque les lois fédérales et provinciales du Canada en matière de droit de la famille sont désormais impératives.

*férends en droit de la famille : pour protéger le choix, pour promou-*
*voir l'inclusion,* qui recommandait le maintien de la législation
en y introduisant quelques balises telles que la formation des
arbitres et l'obligation de consigner les décisions. Le rapport a été
accueilli avec stupéfaction par les féminïstes et les laïcs, alors que
les initiateurs du projet s'en sont réjouis et semblaient déjà avoir
gagné la bataille. Mais la grogne, venant essentiellement des
groupes de femmes, montait dans plusieurs pays européens.

Si les tribunaux d'arbitrage musulmans avaient vu le jour,
cela aurait créé un précédent en Occident. Un large mouvement
d'indignation s'est organisé à travers le monde. Homa Arjomand,
d'origine iranienne, qui a fui le régime islamiste des mollahs en
1989 pour s'établir au Canada, a coordonné cette campagne internationale avec une fureur belliqueuse. Celle qui a pris la fuite
vers la Turquie en traversant les montagnes à cheval, de nuit,
dans la neige, avec son mari et deux enfants en bas âge, a créé un
site Internet qui a reçu une adhésion immédiate. Éditorialistes,
intellectuels, politiciens, défenseurs des droits humains, féministes, se sont joints à la campagne de dénonciation. La célèbre écrivaine Margaret Atwood, la femme de l'ex-premier ministre Joe
Clark, Maureen McTeer, l'ancienne ministre conservatrice Flora
MacDonald, la militante Maude Barlow, entre autres, ont en-
voyé une lettre ouverte au premier ministre McGuinty, lui demandant d'abandonner le projet. Une centaine d'organismes
internationaux se sont mobilisés, appelant à des manifestations
devant la représentation canadienne dans différentes villes euro-
péennes dont Londres, Düsseldorf, Paris, Stockholm et Amsterdam. Le 8 septembre 2005, la tension est montée d'un cran. Des
manifestations ont été organisées dans plusieurs grandes villes
canadiennes. Face à la grogne, l'idée d'instaurer des tribunaux
islamiques a été abandonnée après des mois de lamentables tergiversations. Homa Arjomand jubilait : « C'est la meilleure nouvelle que j'ai entendue depuis cinq ans. »

Forcément, le débat qui a secoué la ville reine a eu des répercussions au Québec. Bien que le Code civil québécois stipule
clairement que les questions familiales relèvent exclusivement du

système de justice séculier, le 26 mai 2005 l'Assemblée nationale a adopté à l'unanimité une motion proposée par Fatima Houda-Pepin. La motion, qui avait un caractère symbolique, a permis à l'Assemblée nationale de se prononcer sans équivoque contre l'implantation de tribunaux islamiques au Québec et au Canada. Elle soulignait que «l'instauration au Canada de tribunaux islamiques ne découle pas de la liberté religieuse, ni de l'égalité entre les communautés culturelles, mais d'une stratégie politique qui vise à isoler la communauté musulmane, à la rendre plus malléable aux mains d'idéologues et à saper notre système de justice. (…) il ne faut pas sous-estimer la menace que font peser les intégristes sur les femmes et le système de justice.» En réaction à cette prise de position, une trentaine de groupes musulmans ont signé une déclaration commune publiée dans plusieurs journaux, demandant à l'Assemblée nationale du Québec de revenir sur ses déclarations, estimant qu'elle «stigmatise les citoyens de confession musulmane et exprime une discrimination à l'encontre de leur religion». Encore une fois, on a fait croire à de la discrimination et à du racisme. Certains qui lui ont reproché d'avoir délibérément ciblé les arbitrages musulmans et d'avoir tu les arbitrages ecclésiastiques et rabbiniques, ont exigé une motion condamnant tout arbitrage religieux en droit de la famille. Cette campagne visait essentiellement à discréditer et à attaquer personnellement Fatima Houda-Pepin. J'ai toujours apprécié le franc-parler de la députée de La Pinière, une femme de courage et de principes. Je suis particulièrement fière de voir une femme de cette trempe à l'Assemblée nationale du Québec.

Au Québec, c'est dix années auparavant, en 1994, à travers le chapitre du port du voile à l'école, que les islamistes ont marqué des points considérables. L'épisode s'est conclu par son acceptation dans les établissements scolaires publics[10]. En invoquant

10. À cette époque, les écoles publiques étaient confessionnelles (catholiques ou protestantes). Il a fallu attendre 1998, sous la pression d'une vaste coalition du Mouvement laïque du Québec, pour que les commissions scolaires confessionnelles soient remplacées par des commissions scolaires linguistiques (anglaises et françaises).

la Charte des droits et libertés, une recommandation juridique de la Commission des droits de la personne avait convenu que son interdiction constituait un geste discriminatoire, compromettant le droit à l'instruction publique ainsi que la liberté de religion. Cette décision allait à l'encontre de la position de la Centrale de l'enseignement du Québec (CEQ) qui a affiché sa désapprobation au sujet du port du voile à l'école. La Fédération des commissions scolaires du Québec a proposé, quant à elle, que la décision soit laissée à la direction de chaque école, tandis que le Conseil du statut de la femme défendait le port du voile islamique. Ce dernier a expliqué sa position en plaidant que son interdiction aurait pour effet d'exclure des filles de l'école publique et de les priver de leur droit à l'instruction ou de les diriger vers des écoles privées plus conservatrices. Selon Rachida Azdouz qui prévoyait que le débat referait surface, la polémique de 1994 avait fini en queue de poisson. Aujourd'hui, certains observateurs critiquent vertement cette décision et l'associent à un recul des droits des femmes. Mais comment se débarrasser de cette épine au pied? «Tout en concluant qu'en l'absence de contrainte excessive l'interdiction des symboles religieux est discriminatoire, l'avis rappelait le caractère évolutif de la Charte et l'importance du contexte social dans la prise en compte de la diversité. Dans un contexte où l'on aurait des raisons de croire que les élèves sont victimes de prosélytisme ou de craindre que la paix sociale soit menacée, on pourrait se soustraire à l'obligation d'accommodement. On prévoyait donc que le contexte pouvait évoluer et que ce qui était considéré raisonnable ici et maintenant, en 1995, pouvait demeurer raisonnable ou devenir excessif quelques années plus tard[11].»

C'est parce que bien des femmes et des hommes sont conscients de ces enjeux qu'ils restent vigilants quant aux accommodements qui sont faits au nom des religions. «Dans un pays où l'égalité des sexes a été conquise après une lutte acharnée

11. Rachida Azdouz, «Un débat inachevé qui refait surface», *Options politiques*, septembre 2007.

depuis plus d'un siècle, (…) je ne crois pas qu'un droit fondamental puisse être raisonnable s'il n'est pas compatible avec la notion d'égalité[12]», estimait Claire L'Heureux-Dubé, juge à la retraite de la Cour suprême du Canada. Dans la même entrevue au *Devoir*, elle a critiqué notamment le jugement de 2004 sur la *souccah* juive (construction de cabanes en bois sur les balcons) et celui de 2006 relatif au port du kirpan à l'école[13]. D'après elle, ces jugements ont ouvert la porte à des accommodements «déraisonnables». Celle qui s'est opposée au givrage des vitres du YMCA[14] de Montréal, ainsi qu'à l'ouverture quelques heures par semaine de piscines publiques réservées exclu-

12. Hélène Buzzeti, «La cour suprême s'est trompée», *Le Devoir*, 9 novembre 2007.

13. En 2002, Gurbaj Singh Multani, un élève sikh d'une école de Montréal âgé de 12 ans, a demandé à venir en classe muni de son kirpan, un petit poignard considéré comme un symbole religieux. Le conseil d'établissement s'y est opposé, voyant dans le kirpan une arme potentielle. Les parents de l'enfant ont proposé de placer le poignard dans une enveloppe de coton cousue, mais cette solution élaborée en accord avec la direction de l'école a été rejetée à l'unanimité par la commission scolaire Marguerite-Bourgeoys. L'enfant a été retiré de l'école publique et est allé fréquenter une école privée anglophone, où son frère aîné étudiait déjà. En 2004, la Cour d'appel du Québec a donné raison au conseil scolaire. La décision a été annulée deux années plus tard par une autre de la Cour suprême. Dans une décision unanime, les juges du plus haut tribunal du pays ont estimé que la prohibition absolue n'était ni logique ni raisonnable.

14. En octobre 2006, des membres de la communauté hassidique ont demandé à la direction du YMCA de l'avenue du Parc à Montréal de givrer ses vitres pour soustraire ses adeptes qui se rendaient à la synagogue voisine à la tentation de regarder des femmes en «tenue légère». La direction a obtempéré. Ce qui a choqué les femmes qui fréquentaient le centre. À la suite de leurs protestations, la direction a décidé de revenir sur ses positions. Les vitres givrées ont été enlevées. La communauté hassidique a été à l'origine d'une autre controverse qui a fait beaucoup de bruit. Une recommandation du Service de police de Montréal invitait les policières à s'effacer derrière leurs collègues masculins lorsqu'il était question de «traiter» avec des hommes hassidiques. Au début de l'année 2007, une demande semblable a également été formulée à la Société de l'assurance automobile du Québec (SAAQ).

sivement aux femmes, a dénoncé la logique qui sous-tend ces jugements. Elle a déploré que la sincérité de la croyance invoquée par certains plaignants ait débouché sur des accommodements qui ont fini par ouvrir la porte aux interprétations religieuses les plus extrémistes. « De la liberté religieuse à l'extrémisme religieux, il n'y a parfois qu'un pas. Doit-on, sous le prétexte d'accommodement raisonnable, encourager ce dernier ? » s'est demandé Claire L'Heureux-Dubé.

Tout compte fait, dans ce débat sur la place du religieux dans l'espace public, nos gouvernants doivent prendre leurs responsabilités. Ce n'est pas aux juges de décider de l'orientation de notre société. Ce n'est pas à des politiciens populistes, faisant dans la surenchère partisane, de s'improviser sauveurs de la démocratie. Le débat actuel transcende les partis politiques.

De plus, en vertu du droit international, notamment de la Charte internationale des droits de l'homme, de la Convention relative aux droits de l'enfant et de la Convention sur l'élimination de toutes les formes de discrimination à l'égard des femmes, le Canada a des obligations auxquelles il ne peut se soustraire. Les gouvernements fédéral et provinciaux ne peuvent adopter des lois ou des politiques qui ont directement ou indirectement un effet discriminatoire sur ses citoyens.

### Les arguments fallacieux

Plusieurs arguments sont invoqués pour essayer de faire passer les revendications des islamistes. L'argument démographique en est un. Celui-ci veut qu'une insignifiante proportion de la population (moins de 2 % de la population est musulmane) ne puisse constituer une menace pour la majorité. C'est dans cette optique qu'intervient le mot « minorité », constamment employé pour minimiser la portée des demandes. La véritable question n'est pas de savoir qu'elle est la proportion des musulmans qui souhaitent vivre selon les préceptes de la charia, mais plutôt quelle influence exercent ces fous d'Allah sur le reste de la population. Quelles méthodes utilisent-ils ? De quels moyens disposent-ils? Bénéficient-ils du soutien de pays étrangers? Prônent-ils la violence? Yolande Geadah fait remarquer que «bien que la proportion de revendications religieuses ayant fait l'objet d'accommodements soit modeste, on aurait tort de conclure que leurs impacts sociaux sont minimes. C'est pourtant ce que font certaines personnes bien intentionnées, par souci de calmer le débat et les sentiments xénophobes qu'il suscite. Il faut évaluer ce phénomène à la lumière des enjeux qu'il soulève. En effet, certaines revendications religieuses risquent de remettre en question des normes sociales importantes[15].» L'argument démographique est évoqué avec naïveté et légèreté. À ce que je sache, le groupe des Hells Angels ne constitue qu'une infime minorité de la population. Cela n'enlève rien à son caractère criminel. À quelques exceptions près, jamais les dictatures n'ont eu besoin de s'appuyer sur le nombre pour s'imposer et perpétuer leur hégémonie. Seul le langage des armes et de la violence caractérise leur puissance. Les islamistes n'attendent pas d'être majoritaires démographiquement pour passer à l'action. D'ailleurs, ils ne le sont dans aucune société, y compris dans les sociétés musulmanes elles-mêmes.

Ceci m'amène au deuxième argument qui consiste à encourager la société et les institutions démocratiques à faire des compromis avec les islamistes. Je le dis d'emblée: la politique de la main tendue aux islamistes est la pire des politiques. À vrai dire, le compromis ne les satisfait jamais et c'est là le véritable danger. Je connais trop bien les manœuvres des islamistes. Je sais quelles sont leurs motivations. L'objectif ultime des islamistes, c'est l'islamisation de la société et la prise du pouvoir. Ed Husain, un repenti, ancien membre du groupe radical Hizb ut-Tahrir (le Parti de la libération), l'a expliqué au *Daily Telegraph*: «Je me souviens de ma période islamiste, quand mon esprit était fermé à tout argument alternatif: il n'y avait qu'une voie, celle de mon groupe. Tous les autres, y compris les musul-

---

15. Yolande Geadah, *Accommodements raisonnables. Droit à la différence et non différence des droits*, Montréal, VLB éditeur, 2007, p. 25.

mans, avaient tort et se préparaient à l'enfer. Dire que le dialogue vaincra les extrémistes est un mythe. Leur état d'esprit n'est pas réceptif aux autres opinions et il ne reconnaît pas la nature sacrée de la vie humaine. » L'argument du compromis est mis en avant en se justifiant d'un autre, celui de l'inclusion et de l'intégration des immigrants. C'est d'ailleurs l'argument que Julius Grey défend dans un article intitulé « *The paradoxes of reasonable accomodation* », publié dans la revue *Options politiques* en septembre 2007. Julius Grey fait le pari que, en matière d'intégration, le travail d'éducation, d'échanges et de rapprochement sera plus efficace à long terme que la coercition. Encore faut-il qu'il y ait volonté d'intégration. Dans la pensée de Grey, on accommode la première génération, dans le but que la deuxième et, encore plus, la troisième génération ne demandent plus d'accommodements. Or, on se rend bien compte que cette approche ne marche pas. Si l'on observe, par exemple au Québec, le cheminement des juifs hassidiques, leur cas est fort révélateur. Bien que cette communauté ait bénéficié de plusieurs accommodements, depuis des dizaines d'années, elle continue de vivre en marge de la société. Cela montre bien que la politique des accommodements, lorsqu'elle sert des fondamentalistes, ne favorise pas l'intégration. Bien au contraire, elle renforce les communautarismes. Dans le cas des hassidiques, qu'a-t-on obtenu jusqu'ici? Rien de vraiment encourageant. On « fabrique » au cœur même de notre société des individus « communautarisés » qui ne mangent que la nourriture de leur « clan », qui ne se marient que dans leur « clan », qui ne travaillent que dans leur « clan » et qui n'étudient que ce que leur « clan » leur permet d'étudier. Le pire, c'est la reproduction de ce système de génération en génération. Jusqu'à quand? L'apprentissage de la vie en collectivité passe justement par l'acceptation de l'idée que les citoyens, quelles que soient leurs origines, doivent interagir pour créer des ponts et les consolider. Lorsque les croyances religieuses deviennent des barrières au vivre-ensemble, doit-on s'en accommoder? Dans le cas des musulmans par exemple, certains jeunes Canadiens, nés au Canada ou arrivés en bas âge, posent problème bien plus que leurs parents. Ce qui est paradoxal dans le cas du foulard, c'est sa revendication par des jeunes femmes et non pas par leurs mères. Lorsque vient le moment de porter le voile, certaines le font en rupture avec leur propre famille. On aurait pu s'attendre à ce que des enfants vivant dans une société sécularisée s'imprègnent de celle-ci. Dans bien des cas, on assiste à l'inverse. Il y a là un phénomène qui dépasse largement la chose religieuse et que l'on doit cerner. C'est bien évidemment l'instrumentalisation du religieux à des fins politiques.

Cela m'amène à un troisième argument, celui des droits et des libertés individuelles, notamment la liberté religieuse, constamment invoqués par les islamistes, qui manifestent un attachement fou à la Charte canadienne des droits et libertés et à la Charte québécoise des droits et libertés de la personne. Les islamistes défendent leur projet de société, sous couvert de « respect de la religion », de « liberté religieuse » et de « sensibilités religieuses », devenus des emblèmes passe-partout. Ne nous faisons aucune illusion, cette rhétorique n'est qu'une vitrine. S'ils étaient les champions des libertés individuelles, ils n'auraient aucun mal à reconnaître la liberté de conscience, la liberté de pensée, la liberté d'expression, la liberté d'opinion et la liberté de la presse. Or, ils cherchent à imposer leur vision du monde aux enseignants, aux artistes, aux écrivains, aux cinéastes, aux dramaturges, aux caricaturistes et aux journalistes. En verrouillant les espaces de liberté et en anéantissant tout esprit critique à l'égard de l'islam, ils défient les démocraties occidentales sur leur propre terrain. Il m'apparaît primordial de déconstruire leurs discours et d'examiner leurs revendications à la lumière de leur véritable nature. Cet exercice permet de démasquer la portée réelle de leurs demandes. En cédant à ces pressions immondes, on légitime la censure, on jette aux orties les valeurs fondamentales de la démocratie, on se soumet à leur tyrannie dont les manifestations sont dangereusement contagieuses. Toute indulgence envers cette idéologie de mort n'est pas seulement une grave erreur de principe, elle est une trahison de nos valeurs et de nos idéaux qui mènera à notre propre perte. En souscrivant à leurs demandes, c'est une vision du monde que l'on encourage. C'est l'apartheid sexuel qu'on instaure. On ne peut dissocier leurs demandes du contexte social et politique. La Charte canadienne des droits et libertés, dans son article 1, dresse le cadre dans lequel on doit inscrire tous les droits et libertés qui y sont énoncés en se référant explicitement à une *société libre et démocratique*. Yolande Geadah fait ressortir le danger qu'il y a à privilégier une lecture conservatrice et rétrograde des religions permettant à quelques personnes de s'ériger en norme dans leur communauté: «Un petit nombre de telles revendications, surtout lorsqu'elles sont appuyées par des contestations juridiques, suffisent à modifier le rapport de force au profit des tendances les plus conservatrices[16].» Les chartes canadienne et québécoise ont été incapables de composer avec les intégrismes religieux: «L'approche juridique occidentale qui conçoit la liberté religieuse sous l'angle du choix individuel ne permet pas de tenir compte de cette réalité sociologique plus vaste, où des individus et des groupes organisés se réclament de la démocratie pour tenter de s'arroger un pouvoir abusif, niant ainsi des libertés fondamentales[17].»

Un autre argument qui est souvent avancé fait porter le tort aux sociétés et aux États occidentaux. Le lien de cause à effet que font certains entre la politique étrangère d'un pays et le terrorisme islamiste ne résiste pas à l'analyse. Certes la situation en Irak, en Afghanistan ou encore le conflit israélo-palestinien exacerbent les contradictions. Cependant, l'origine du terrorisme ne s'y trouve pas. La violence se trouve dans la nature même de l'islamisme politique qui porte en lui la haine. Hassan Butt, ancien jihadiste, qui a défendu pendant longtemps les attentats-suicides dans la presse britannique, a expliqué ce qui suit dans *The Observer*: «Quand j'étais encore membre de ce que l'on peut peut-être désigner comme le Réseau des

16. *Ibid.*, p. 26.
17. *Ibid.*, p. 27.

djihadistes britanniques (British Jihadi Network, BJN), un éventail de groupes terroristes britanniques semi-autonomes unis par la seule idéologie, je me souviens à quel point nous nous félicitions chaque fois que des gens affirmaient à la télévision que la politique étrangère de l'Occident était l'unique cause d'attentats islamistes comme ceux du 11 septembre 2001, de Madrid et de Londres. En faisant porter au gouvernement la responsabilité de nos actes, ceux qui défendaient la théorie des "bombes de Blair" se chargeaient de notre propagande à notre place. Surtout, ils empêchaient toute analyse critique du véritable moteur de notre violence: la théologie islamique[18].» Plus que la politique étrangère de l'Occident, c'est le désir d'islamiser la planète qui anime les extrémistes.

Le dernier argument que je veux examiner, c'est le niveau d'éducation de ceux qui se réclament de l'idéologie islamiste. Certains d'entre eux qui témoignaient à la commission Bouchard-Taylor étalaient leur bagage universitaire avec arrogance. D'autres encore brandissaient leur titre comme un gage irréfutable d'intelligence. Soyons clairs, les islamistes ne sont pas tous des idiots. Cependant, il faut constater que l'intelligence ne suffit pas à faire de l'individu un citoyen respectueux du vivre-ensemble. Intelligence ne rime pas forcément avec ouverture. L'université ne mène pas nécessairement vers l'épanouissement intellectuel. Un ingénieur, bon ou médiocre, peut choisir de se mettre totalement au service de l'idéologie islamiste. Cela n'est pas en lien avec sa capacité ou son incapacité à faire son travail. Les demandes de certains étudiants musulmans sont d'ailleurs symptomatiques d'un certain état d'esprit rétrograde. La Fédération canadienne des étudiantes et étudiants (FCEE) a produit un rapport sur les besoins des étudiants musulmans. Publié sur son site Internet, le rapport concluait qu'«il est clair que les étudiantes et étudiants musulmans se butent tous les jours, sur les campus de l'Ontario, à une discrimination islamophobe

18. Hassan Butt, «Islamisme: pourquoi la haine?», *The Observer* (cité par le *Courrier international*, 5 juillet 2007).

parfois évidente, parfois subtile». Le rapport contenait une soixantaine de recommandations dont l'installation de lieux de prière assortis de facilités pour les ablutions, l'adaptation aux pratiques et fêtes religieuses musulmanes, la préparation de repas certifiés *halal*, le bannissement de l'alcool lors des réceptions, la ségrégation des sexes dans les installations sportives ainsi qu'un système de prêts étudiants compatibles avec la charia (sans intérêt).

Au Québec, 113 étudiants de confession musulmane ont porté plainte contre l'École de technologie supérieure (ETS), affiliée à l'Université du Québec, qui refusait de leur offrir un lieu exclusif de prière. En 2003, des étudiants qui priaient dans les cages d'escaliers engagèrent une bataille juridique pour «discrimination fondée sur la religion et l'origine ethnique ou nationale». La Commission des droits de la personne a conclu que l'ETS devait permettre aux musulmans «de prier, sur une base régulière, dans des conditions qui respectent leur droit à la sauvegarde de leur dignité». Marc-André Dowd, président par intérim de la Commission, a soutenu que la liberté de religion inclut sa mise en pratique, si bien que «la prière est protégée» par la Charte des droits et libertés de la personne. Pour sa défense, l'ETS a fait valoir son caractère laïque. Ce à quoi la Commission a rétorqué que ceci ne la dispensait pas «de son obligation d'accommodement envers les étudiants de religion musulmane». L'ETS a été obligée d'offrir la possibilité de prier à ses étudiants. Cet épisode démontre bien que ceux qui poursuivent des études en sciences ne sont pas forcément dotés d'un esprit rationnel lorsqu'il s'agit de vivre en société. Je le répète encore une fois, il n'y a rien dans le Coran qui oblige les croyants à faire leurs prières à des heures fixes. Si les étudiants de l'ETS l'avaient souhaité, ils auraient pu aller prier à la mosquée qui se trouve à moins de 200 mètres de leur lieu d'études ou attendre de rentrer chez eux pour le faire. En privilégiant l'affrontement avec l'administration, en occupant les escaliers de l'École, en utilisant les lavabos pour se laver les pieds, ils ont perturbé la sérénité qui régnait au sein de l'établissement et fait monter la tension parmi les autres étudiants. La façon dont la Commission des droits de la personne a traité cette affaire est une illustration navrante de l'incapacité des chartes à juger des demandes venant des groupes religieux. Elle dénote également une méconnaissance totale de l'islam et d'un jusqu'au-boutisme juridique dangereux qui donne un signal fort inquiétant aux institutions publiques et à la société. La décision de la Commission des droits de la personne revient à encourager des étudiants à faire du prosélytisme au sein d'un établissement public qui a une vocation éducative. Le processus de sécularisation est entamé depuis fort longtemps au Québec ; il reçoit une large adhésion. Pourquoi défaire ce consensus ?

# Conclusion

J'ignore comment naissent les écrivains. Je ne sais pas si j'en suis un. Je sais seulement qu'un soir j'ai glissé mes doigts sur le clavier et je ne m'en suis plus détachée. Les phrases coulaient tel un torrent et je n'ai pu les arrêter. Elles tombaient les unes après les autres, déréglant jusqu'à mon horloge biologique et me vouant à de nombreuses nuits d'insomnie. Si mes nuits devenaient de plus en plus courtes, mes journées, elles, n'étaient jamais suffisamment longues. Le temps filait telle une étoile. La frénésie des mots me montait à la tête. Et cette langue ne cessait de me jouer des tours. Tantôt, pour m'enfanter, me renouveler, me faire grandir, tantôt pour me laisser mourir comme une loque. Une chose est sûre, mes rencontres avec l'écriture devinrent de plus en plus accaparantes. C'était un peu gênant, mais je ne pouvais rien y faire. Prise à mon propre piège, je n'y échappais ni le jour ni la nuit. Le centre de gravité de mon existence se déplaçait peu à peu. Toutes ces heures de travail incalculables m'éloignaient de ma fille.

Frida est blottie contre ma mère. Elle vient d'écouter ses comptines africaines qu'elle aime plus que tout. Elles s'abandonnent l'une à l'autre. Elles dorment toutes les deux paisiblement l'une dans l'autre. Les persiennes sont fermées. Ma mère aime être entourée de ses petits-enfants. Avoir Elias et Frida à ses côtés la comble de bonheur. J'en suis ravie. Gilles court les expositions lorsqu'il n'est pas plongé dans un livre. Il en est à son sixième en autant de jours. Il y a entre nous cette complicité intellectuelle et affective dont je m'abreuve continuellement.

Est-il en période de gestation? Il en a tout l'air. Nous sommes à Paris depuis trois semaines. Que cette ville est inspirante! Paris est un pays en soi. C'est la terre entière à nos pieds. Mon père vient discrètement me voir dans ma chambre: «Alors ça avance? Il y a du café si tu veux», me dit-il avec une tendresse infinie. J'aime l'odeur du café qui embaume la maison. J'aime aussi celle du thé vert à la menthe. Nous en prenons souvent à la maison à la fin d'un bon repas avec des amis. On me fait plaisir en me demandant d'en préparer. À peine la commande passée que la valse de la bouilloire s'agite. La menthe fraîche est lavée. Je prends plaisir à la mettre dans la théière. Je mets quelques morceaux de sucre mais pas trop, juste assez pour relever légèrement le goût du thé. Les verres sont disposés sur le plateau en cuivre acheté dans un souk marocain. Tout est prêt pour le cérémonial. «Le digestif, on le prendra après le thé», dis-je à Gilles qui brûle d'envie de sortir la bouteille de prune que notre ami Gérard nous a offerte. Par moments, les questions de mon père deviennent plus corsées. «Alors, tu en es où?» me demande-t-il. Je réponds toujours: «J'ai presque fini, j'ai bientôt fini, j'ai quasiment fini.» Comme si la fin de l'écriture était impassible. La chute finale me glace. Je la trouve quelque part antinomique avec l'acte d'écrire.

Écrire, c'est être à l'écoute des autres et aller à leur rencontre. Écrire, c'est accepter de descendre avec un scaphandre dans les bas-fonds de son inconscient tout en sachant que ça peut faire mal. Au fil des semaines, je m'enfonçais dans mon histoire et dans les dédales de mes réflexions. L'écriture est fièvre et envoûtement. Quelques mois plus tard, j'accouchais d'un livre comme j'accouchai de mon enfant. Oui, j'ai porté ce livre dans mon ventre de la même manière que j'ai porté Frida, avec amour et passion. Sans ce feu ardent de la vie qui m'habite jour et nuit, je n'aurais jamais survécu aux épreuves. Mon soleil m'a toujours rattrapée pour me propulser dans l'espérance et me tirer vers la vie. Je me rêvais pourtant un autre destin. Écrire des histoires. Seulement, lorsqu'est venu le moment de la création à travers mon premier (et unique) atelier d'écriture théâtrale à Saint-Denis en mars 1996, je suis restée coincée dans mon passé. Oran m'avait submergée et engloutie. Impossible de résister à sa force centripète. Face à elle, je n'étais que poussière. J'accostais au théâtre d'Oran, baptisé Abdel-Kader Alloula après l'assassinat de ce dernier. Il n'y avait que le nom d'Alloula qui revenait en boucle dans ma tête. C'était à travers lui que j'avais découvert le monde fascinant du théâtre, de Brecht à Gogol. Ce théâtre de la parole populaire et citoyenne, je n'y connaissais rien. Lorsque mon père m'a prise par la main pour m'emmener voir *El Ajouad* (Les généreux), j'en suis sortie fascinée. « Ce théâtre-là, quel médium! me disais-je. Alloula, quel génie! » Ce jour-là, bien évidemment, je n'avais pas compris toute la portée du message de la pièce. Cependant, le peu que j'avais assimilé suffisait pour susciter en moi la curiosité. Une dizaine d'années plus tard à la bibliothèque municipale de Saint-Denis, nous étions 10 profanes dans un atelier. Notre animatrice était écrivaine. Elle s'appelait Jocelyne Sauvard. Elle avait une voix douce et des yeux verts intelligents immensément ouverts sur le monde. Notre atelier s'est terminé par une lecture au théâtre Gérard-Philipe. Mon personnage portait le nom de Sbâa (lion en arabe, en hommage à Alloula surnommé sbâa d'Oran). C'est lui qui clôtura la pièce: « Allez, debout, les rideaux descendent!... NOIR. »

Quelques années après, à Montréal, j'ai décidé de monter sur les planches. Rien que cela. Là encore, à travers Amel – un personnage que j'avais créé de toutes pièces – j'avais encore le nez collé à l'Algérie. J'étais encore loin d'imaginer que, quelques années plus tard, c'était ma propre vie que j'allais ébruiter. Pas parce que je considérais mon cheminement hors du commun. Ce serait trop prétentieux. Je ne suis qu'une femme ordinaire. Je ne me sens pas l'âme d'une personne à la destinée exceptionnelle. Ma seule motivation à écrire ce livre était de permettre à chacun de nourrir sa propre réflexion sur l'islamisme politique et de rendre l'expérience algérienne plus compréhensible. Cette expérience unique et universelle montre comment une idéologie jalonnée de mépris pour la pensée et la vie humaine se fraye un chemin dans un pays qui a failli s'affranchir et qui s'est finalement perdu en cours de route.

Croyez-moi, lorsque j'ai quitté Oran, je n'avais qu'une seule envie : oublier. Ce que nous avions vécu était trop dur. J'étais accablée et meurtrie par tant de barbarie. Ma première année à Paris fut terrible. Ma fragilité me trahissait sans arrêt. Maîtrisant mal ma nervosité, je passais du rire aux pleurs en une fraction de seconde, sans transition aucune. Mon expérience, je la croyais scellée pour toujours dans les caveaux de l'Histoire. Je pensais qu'en Occident plus rien ne pouvait contrarier ma liberté. La menace islamiste ne serait qu'un lointain souvenir sordide. J'espérais pouvoir vivre une vie «normale» sans trop d'histoires, comme tout un chacun. J'avais tout faux. J'ai réalisé à quel point le monde n'était qu'un, que cet Occident que je croyais au-dessus de toute menace islamiste était tout aussi vulnérable que l'Orient. Pour moi, l'interconnexion de ces deux parties devenait chaque jour un peu plus évidente. Quelques mois après notre arrivée à Paris, il y eut l'attentat de Saint-Michel. Une station de métro que nous fréquentions quotidiennement, mon père et moi, à cette époque pour nous rendre à l'université d'Orsay. Le jour de l'attentat, mon père tarda à rentrer à la maison. Le temps s'écoulait. Les minutes passaient interminables et infinies. J'étais à la maison avec ma mère. Nous l'attendions. Le téléphone a sonné. Je suis sortie aussitôt de ma chambre : «Djemila, c'est ton père, il arrive, il est en route.» Ouf! Ce soir-là, je ne me rappelle plus si nous avons mangé. Je me rappelle seulement notre silence de recueillement face à la mort aveugle et injuste.

## Se mobiliser contre les intégrismes religieux

Je n'ai pas honte d'être née femme. Je n'ai pas à m'en excuser. Je n'ai pas à m'en cacher. Les islamistes rendent les femmes coupables de leurs désirs, de leurs misères et de leurs frustrations sexuelles. Ce sont des malades du sexe. La haine et la soumission des femmes cristallisent leur idéologie. Il ne peut y avoir de femmes libres et émancipées dans un État islamiste, ni d'hommes d'ailleurs. Engels avait raison de dire que «le degré d'émancipation de la femme est la mesure du degré d'émancipation générale».

Face à la barbarie toujours prête à reprendre ses droits, nous avons la responsabilité, sinon le devoir, de la combattre. Il y va de notre avenir et de celui de nos enfants. C'est un pari difficile mais ô combien salvateur pour l'humanité! Tout au long de ce livre, j'ai montré quel est le prix à payer pour la liberté. Avec l'affaire des caricatures, nous avons constaté comment les islamistes, relayés par des États puissants tels que l'Arabie Saoudite, l'Iran, l'Égypte, mais aussi la Turquie, ont fait pression sur l'Union européenne et l'ONU pour limiter la liberté d'expression par l'introduction d'une «conception islamique» du blasphème. Sachez qu'en démocratie le droit de critiquer toutes les religions, y compris l'islam, est un principe inaliénable. De même que le droit au blasphème. De plus, l'égalité des sexes, la liberté de conscience et la liberté d'expression sont intouchables.

Les dérogations pour motifs religieux nuisent aux valeurs fondamentales de notre société. Elles fissurent nos valeurs et accentuent l'emprise des religieux sur la vie publique. Je sais le prix de la compromission et des tergiversations avec les islamistes. J'ai fini, à force d'y être confrontée, par repérer sans la moindre ambiguïté toutes leurs manifestations et leurs implications mortifères. Il ne faut surtout pas que l'islamisme politique serve de cheval de Troie pour ramener progressivement l'Église à reprendre du service au cœur de notre société. Nous avons vu, au Québec, comment Mgr Ouellet a utilisé le débat sur les accommodements raisonnables pour enfoncer le clou et tenter de faire reculer la laïcité: «Quand on donne des permissions pour d'autres groupes religieux et qu'on semble vouloir faire disparaître nos propres symboles sur la place publique, je crois que là, il y a un sentiment d'injustice (...) Je demande un accommodement ou un arrangement pour la majorité. On a donné des accommodements raisonnables à des minorités ou à des individus, mais il y a encore 80 % de la population ou plus qui est soit catholique, soit protestante. Je crois qu'on doit tenir compte de cette majorité quand on prend des décisions législatives pour la transmission des valeurs et d'une culture», a-t-il déclaré sur les ondes de LCN le 20 février 2007. D'autres groupes, tel que le B'Nai Brith à la télévision de Radio-Canada le 12 décembre 2007, ont plaidé en faveur d'un élargissement des accommodements raisonnables: «Son président, Steven Slimovitch, ne voit aucun problème à laisser un juif hassidique choisir le sexe d'un médecin ou celui d'un examinateur de la Société de l'assurance automobile du Québec. Selon lui, il s'agit d'accommodements favorisant l'intégration des hassidim.» Nous savons que de tels arguments ne résistent pas à l'épreuve des faits. La communauté hassidique est l'une des plus opaques du Québec et une communauté qui, de toute façon, ne cherche nullement à s'intégrer à la mosaïque québécoise, mais plutôt à s'en tenir le plus loin possible. Si le Québec s'est libéré de l'emprise de l'Église ce n'est certainement pas pour laisser la place à d'autres religions.

En France, profitant d'une conjoncture politique fortement marquée par les allégeances du président français, Nicolas Sarkozy, à l'Église catholique et sa campagne contre la laïcité, Dalil Boubakeur, recteur de la Grande Mosquée de Paris et président du Conseil français du culte musulman (CFCM), a lancé l'idée d'un «moratoire de dix ou vingt ans» sur la loi de 1905, «afin d'opérer un rattrapage» des besoins de l'islam. «Il faut donner un peu de respiration aux associations qui gèrent les lieux de culte» rapporte Le Monde dans son édition du 28 janvier 2008. Une semaine plus tard, le 9 février, c'était au tour des parlementaires turcs d'adopter des amendements constitutionnels aboutissant à la légalisation du foulard islamique à l'université.

Pendant ce temps, Taslima Nasreen continue de dépérir en Inde où elle s'est réfugiée en 2007 après un périple qui l'a menée à Berlin, à Stockholm et à New York. Condamnée à mort pour avoir dénoncé le traitement que subissent les femmes musulmanes, elle a été contrainte de quitter son Bangladesh natal dès 1994, car sa tête y est mise à prix.

## La laïcité : seule voie de cohabitation possible

Je considère qu'il ne peut y avoir d'accommodements que s'ils sont compatibles avec l'esprit de la laïcité. « La puissance publique ne doit imposer aucune croyance », affirmait Condorcet. « L'Église chez elle, l'État chez lui », disait encore Victor Hugo. C'est exactement cela. La laïcité organise la Cité en préservant et en respectant la neutralité de l'action publique. Ne promouvoir ni l'athéisme, ni la croyance religieuse, tel est à mon sens le contenu de la neutralité. La liberté de conscience s'accompagne du principe d'égalité dans l'espace commun. L'État doit veiller à la stricte égalité des citoyens, qu'ils soient croyants, agnostiques ou athées. Dans une lettre[1] publiée dans *La Presse*, Pierre Graveline affirmait la nécessité de la laïcité de l'État, de ses institutions et de l'école : « Cette très vaste majorité [de femmes et d'hommes au Québec] souhaite désormais, j'en suis persuadé, mettre frein aux compromissions actuelles des pouvoirs publics et des tribunaux face aux valeurs intrinsèques de notre nation que sont, notamment, l'égalité de tous face à la loi, l'égalité entre les femmes et les hommes, la liberté d'opinion, d'expression et de critique. Or, ces valeurs ne peuvent se vivre pleinement et paisiblement, y compris et peut-être plus encore la liberté de croyance religieuse, que dans le cadre clair et accepté de tous les citoyens de la laïcité de l'État, de ses institutions et de la société en général : en particulier, bien sûr, l'école qui est la seule institution collective en mesure de développer une culture publique commune fondée sur des valeurs démocratiques, mais aussi à l'hôpital, mais aussi au tribunal... » L'école, quel que soit son niveau, de la maternelle à l'université, doit favoriser l'émancipation par la raison et s'affranchir des carcans

1. Pierre Graveline, « L'intégrisme à nos portes », *La Presse*, 21 novembre 2006.

claniques et religieux. C'est pour cela que ses représentants ne doivent en aucun cas être porteurs de signes distinctifs d'appartenance religieuse ou politique. Elle doit protéger les enfants des luttes idéologiques, religieuses ou politiques, et faire d'eux des citoyens autonomes.

Je n'ai pas eu la chance de fréquenter une école ouverte sur le monde et la connaissance. Dans la deuxième partie de ce livre, j'ai montré de quelle façon mon école, au service des dogmes et des idéologies, était devenue une usine à fabriquer des mutants. Des gamins avec lesquels j'ai partagé les bancs d'école sont devenus des assassins capables du pire. Ces écoles de la honte et de la haine pullulent non seulement en Algérie, mais à travers tout le monde musulman. Le 4 juillet 2006, je ne fus aucunement surprise de lire dans *El-Watan* un article intitulé: «Le Coran et la rouqya pour traiter la dépression» (Le Coran et l'exorcisation islamique pour traiter la dépression). Cet article, tout à fait révélateur de l'état de confusion qui règne dans les universités du monde musulman sur la place du religieux, nous résumait les grandes lignes d'une thèse sur le traitement de la dépression par le Coran. La thèse en question venait d'être déposée au département de psychologie de l'université de Bouzaréah à Alger.

En Occident, lieu de savoir et de connaissance, l'école n'est pas l'antichambre du vide et du néant. Elle offre aux enfants une vision du monde qui n'est pas conforme aux valeurs des islamistes. C'est pour cela qu'elle est devenue un lieu de pressions éhontées de leur part. Ces menaces s'accentuent et s'étendent aux universités. Aruba Mahmoud, une jeune étudiante voilée de 22 ans en arts plastiques de l'université de London en Ontario, a demandé à être dispensée de dessiner des nus[2]. Sa requête était appuyée par une lettre de l'imam de l'université qui arguait que l'exposition aux nus était contraire aux valeurs islamiques. L'université n'a pas cédé à ces pressions. La

2. Michael Valpy, «*No nude drawings, no art credit*», *The Globe and Mail*, 24 mars 2007.

suite, on la devine déjà : « Discrimination, ségrégation, islamo-phobie », s'écria la Fédération canadienne des étudiantes et étu-diants. Pourquoi l'école devrait-elle offrir des traitements d'exception aux musulmans ? Le seul fait d'être musulman dis-penserait-il les étudiants de leurs obligations scolaires ? Les mu-sulmans qui préfèrent se soumettre aux dogmes religieux s'auto-excluent eux-mêmes. S'ils préfèrent renoncer à leurs études, c'est leur problème. La société n'a pas à se culpabiliser de leur sort. Cependant, ces musulmans ne peuvent brandir la carte du racisme. Un musulman qui commet une infraction ne doit pas être au-dessus des lois. Dans une démocratie, les mêmes règles s'appliquent à tous. Le refus de suivre les règles mène à des sanctions. Le vivre-ensemble, ce n'est pas la juxtaposition ou l'addition d'individus. Le lien civique doit primer par rapport aux particularismes religieux et aux liens claniques qui sont ex-clusifs. Daniel Baril faisait remarquer que « si les diverses iden-tités d'un individu peuvent s'emboîter comme des poupées russes, les identités religieuses sont mutuellement exclusives ; on ne peut être à la fois juif et musulman ni être sikh et catho-lique. Les identités religieuses créent des frontières imperméa-bles entre elles. Pour cette même raison, tout accommodement religieux autorisant à déroger à une règle commune ne peut que consolider davantage l'appartenance à une communauté religieuse et renforcer la perception de vérité absolue que cette communauté a de sa religion. Le pratiquant ne peut qu'être conforté dans la croyance que sa religion est au-dessus des lois civiles laïques[3]. »

J'entends des attaques à peine voilées contre la laïcité. Au fond, c'est le procès de la laïcité qu'on fait à reculons sans pour autant l'assumer. Certains intervenants vont même jusqu'à ac-coler à la laïcité l'adjectif « ouverte », comme s'il y avait une « laïcité fermée », comme si la laïcité était porteuse en soi d'un quelconque enfermement. Que ces gens-là se rassurent, la laï-cité n'est pas une idéologie. La laïcité n'est ni ouverte ni fermée,

3. Daniel Baril, « Des ghettos religieux », *La Presse*, 28 juillet 2007.

elle est la laïcité tout court. Elle est surtout la neutralité de l'État face aux diverses religions ou visions du monde. Comme le souligne Henri Pena-Ruiz : « La laïcité n'est pas solidaire d'une option spirituelle particulière. J'irai même jusqu'à dire que la laïcité transcende les transcendances particulières puisqu'elle est l'instauration d'un lieu, d'un temps, d'un espace de rencontre des hommes qui, sans abdiquer leurs opinions spirituelles particulières, peuvent trouver le chemin de la concorde et de l'entente pourvu qu'ils apprennent à vivre leurs croyances avec assez de distance pour ne pas s'enfermer en elles : l'espace public laïque, non confessionnel, car dévolu à l'universel, est le meilleur antidote contre l'enfermement communautariste[4]. »

Des politiciens entretiennent des relations ambiguës, sinon louches, avec des prédicateurs islamistes, qui se sont autoproclamés leaders, imams, représentants, médiateurs ou porte-parole musulmans. En les considérant comme des interlocuteurs valables, ces politiciens leur offrent une légitimité qu'ils n'ont pas et ces derniers finissent par se poser en acteurs incontournables dans leurs propres communautés. De plus, cette démarche enferme les communautés musulmanes dans une perspective ethnocentriste obsolète et fait la promotion d'un islam totalitaire. Ce recours à des intermédiaires pour s'adresser aux citoyens de culture ou de foi musulmane est insultant et infantilisant. Comme si nous avions besoin d'une autorisation spéciale émanant de je ne sais qui pour valider nos actions et nos prises de position. Comme si nous formions une communauté sous la tutelle d'un représentant d'Allah. Comme si nous ne pouvions jamais être citoyens. Sachez que je n'ai délégué personne pour me représenter. Je me tiens loin de ces soi-disant intermédiaires communautaires. Je les fuis. Comme la plupart des musulmans d'ailleurs ! Je connais leur capacité de nuisance. À la solde de pays étrangers, ces prétendus chefs religieux jouent

---

4. Henri Pena-Ruiz, « Fondements et actualité de l'idéal laïque », in Thomas Ferenczi (dir.), *Religion et politique. Une liaison dangereuse ?*, Bruxelles, Complexe, 2003, p. 253.

avec le feu. Si nos politiciens connaissaient réellement la grande richesse et la diversité des citoyens de foi et de cultures musulmanes, ils seraient surpris de l'impopularité de ces imposteurs communautaires. Ce ne sont que des escrocs, des charlatans, des menteurs, des manipulateurs, des hypocrites. Rien d'autre.

Il y a quelque chose de malsain à fermer les yeux sur l'intrusion du religieux dans l'espace public, quelque chose qui n'augure rien de bon pour la santé de la démocratie. Je refuse d'être complice d'accommodements déraisonnables. «La tendance à faire la politique en passant par des "médiateurs ethniques" a des conséquences néfastes sur les pratiques politiques, constatent Yakov M. Rabkin et Rachad Antonius. Il est tout à fait normal que des personnes appartenant à la même ethnie aient des visions opposées, voire incompatibles, et qu'ils représentent donc des tendances politiques différentes. C'est un aspect fondamental de la démocratie. Ils n'appartiennent à la même communauté que dans l'imaginaire de ceux qui les considèrent comme "autres". Faut-il rappeler l'évidence que les différences d'intérêts ou de classe, que des orientations idéologiques jouent beaucoup plus que les différences ethniques, religieuses ou culturelles dans la formation des idées politiques[5]?» Certains leaders politiques font preuve de naïveté et d'irresponsabilité face à l'islamisme radical. Il ne suffit pas de mettre un couvercle sur la marmite pour éviter les débordements. Le 28 juillet 2005, par exemple, à la suite des attentats de Londres, l'ancien premier ministre Paul Martin a rencontré 18 imams de partout au Canada dans un hôtel de Toronto afin d'amorcer un dialogue[6]. De quel dialogue parle-t-on? Son successeur, le premier ministre Stephen Harper, a réitéré la même expérience, cette fois loin des caméras et à huis clos[7]. Pourquoi diable cette

5. Yakov M. Rabkin et Rachad Antonius, «Malsaine ethnicisation», *La Presse*, 28 novembre 2007.

6. «Paul Martin rencontre 18 imams», Presse Canadienne, 29 juillet 2005.

7. Nathaëlle Morissette, «Pour mieux comprendre leurs inquiétudes, Harper a rencontré des leaders musulmans», *La Presse*, 12 juin 2006.

rencontre du 11 juin 2006 s'est-elle faite en catimini, dans le secret, derrière des portes closes?

Ce débat, bien qu'il ait lieu au Québec avec plus de vigueur que dans les autres provinces, le reste du Canada n'y échappera pas. Les islamistes exercent une pression éhontée sur les instituons publiques et s'attaquent aux valeurs démocratiques partout au pays. Dans une chronique intitulée «Touche pas à mon prophète», Patrick Lagacé, dans *La Presse* du 15 mai 2008, répertorie quelques cas en Nouvelle-Écosse, en Alberta, en Ontario, en Colombie-Britannique où des islamistes ont déposé des plaintes à la Commission des droits de la personne pour non-respect de l'islam.

### Les nazillons verts ne me feront pas taire

Le péril vert est parmi nous. Le 17 janvier 2008, le réseau français de la télévision de Radio-Canada a diffusé un reportage sur les mosquées montréalaises et les prêches des imams. On pouvait y voir notamment des imams prônant le jihad, le contrôle des femmes et la non-mixité. On se serait cru à Peshawar ou à Khartoum. Bien sûr, ni le Québec, ni le Canada, ni la France, ni aucun pays européen ne risquent de basculer dans l'islamisme du jour au lendemain. Cependant, ce n'est pas parce que nous ne sommes pas arrivés à ce point de confrontation avec l'islamisme qu'il ne faut pas s'en soucier. Dans ses manifestations actuelles, l'islamisme politique est suffisamment menaçant pour qu'on le prenne au sérieux. L'islamisme politique est l'un des plus grands dangers de notre siècle. Je l'ai vécu. Je l'ai subi. Je sais de quoi les fous d'Allah sont capables. Leur double discours ne m'impressionne pas, leurs méthodes brutales, non plus. Ils terrorisent leurs femmes et leurs filles et crient au racisme et à l'islamophobie pour jeter le discrédit sur leurs détracteurs. Ce sont les ennemis de la démocratie. C'est pourquoi je les dénonce et je les combats. Je me dresserai toujours de toutes mes forces contre leurs menaces totalitaires. Je sais les dangers que je cours de les affronter. Les menaces, les traques, les intimidations... peut-être la mort. Voilà avec quoi vivent tous ceux qui ont décidé de barrer la route à l'islamisme. J'assume mes choix. S'ils savaient la force que j'ai emmagasinée au fil des épreuves. Il n'y a pas un seul jour de ma vie depuis 1994 où j'ai douté un seul instant de la nécessité de combattre les islamistes. Je ne dis pas cela par provocation. Ma vie ne vaut pas plus que celle de tous ces martyrs de la liberté lâchement assassinés par les islamistes. Pour ces derniers, ma vie ne vaut d'ailleurs pas grand-chose. Je ne suis qu'une femme et une mécréante de surcroît. Comme le disait mon amie Zoubida Hagani au pire moment de l'affrontement avec les islamistes en Algérie : « Il vaut mieux mourir debout que de vivre à genoux. » Quel sens aurait eu ma vie sans ces femmes et ces hommes debout que j'ai eu l'immense privilège de connaître et de côtoyer ? Aucun. Les nazillons verts ne me feront pas taire. Ils ne me font plus peur.

# Table

Cet ouvrage composé en Garamond corps 12 a été achevé d'imprimer au Québec
en novembre deux mille neuf sur papier Enviro 100 % recyclé
pour le compte de VLB éditeur.